山东省文化和旅游厅组织编写

山东省级非物质文化遗产普及用书

传统体育、游艺与杂技卷

（上）

山东城市出版传媒集团·济南出版社

图书在版编目（CIP）数据

山东省级非物质文化遗产普及用书.传统体育、
游艺与杂技卷：全2册/山东省文化和旅游厅编.—济
南：济南出版社，2021.7

ISBN 978-7-5488-4056-5

Ⅰ.①山… Ⅱ.①山… Ⅲ.①非物质文化遗产—
山东—普及读物②文娱性体育活动—介绍—山东
Ⅳ.①G127.52-49②G89

中国版本图书馆CIP数据核字（2021）第130679号

出 版 人　崔　刚
责任编辑　殷　剑
装帧设计　李海峰

出版发行　济南出版社
地　　址　山东省济南市二环南路1号（250002）
编辑热线　0531-86131747（编辑室）
发行热线　82709072 86131701 86131729 82924885（发行部）
印　　刷　山东彩峰印刷股份有限公司
版　　次　2021年7月第1版
印　　次　2021年7月第1次印刷
成品尺寸　170 mm×240 mm 16开
印　　张　19.75
字　　数　295千
印　　数　1—3000册
定　　价　99.00元（全2册）

编委会

主　　任：王　磊

副 主 任：付俊海

编　　委：刘朋鑫　王　尚　蒋士秋　张传英　孙育臣
　　　　　冀春雨　楚国帅

主　　编：付俊海

副 主 编：刘朋鑫　王　尚　蒋士秋　张　娜　张传英

参编人员：王天禹　王福成　卞　辉　李文浩　李怡然
　　　　　张　娜　张晓涵　焦一真　楚国帅　冀春鑫

序　言

习近平总书记指出："文化是一个国家、一个民族的灵魂。文化兴国运兴，文化强民族强。中华优秀传统文化是我们最深厚的文化软实力，也是中国特色社会主义植根的文化沃土。要积极推动中华优秀传统文化创造性转化、创新性发展。"在悠悠五千年的历史长河中，中华文明绵延不绝，历久弥新，孕育了丰富的精神文化财富。非物质文化遗产是中华优秀传统文化的重要组成部分，代表中华民族鲜活的文化基因，是民族历史的传承和民族精神的凝缩，是自古以来劳动人民智慧的生动展现。传承和弘扬中华优秀传统文化，挖掘和保护非物质文化遗产，研究和利用齐鲁大地的优秀文化遗产，是时代的要求，是历史的必然，是人民的期盼。

山东是孔孟之乡，礼仪之邦，拥有悠久的历史和灿烂的文明。在这片广袤的齐鲁大地上，生长着韵味十足、特色鲜明的非物质文化遗产。神秘动人的民间文学、地域鲜明的民俗传统、风格迥异的传统音乐、独具神韵的传统舞蹈、意味无穷的传统美术、丰韵绵长的戏剧曲艺、通灵入化的体艺杂技、创意灵动的手工技艺，都包含着齐鲁儿女的创造力，深藏着齐鲁大地的智慧，是齐鲁文化的重要代表。灿烂的非物质文化遗产充分展现了齐鲁儿女独具品味的审美个性和别具一格的思维方式，是山东文化发展的见证。

山东是非遗大省，非物质文化遗产资源极其丰富，非遗保护工作一直走在全国前列。目前全省共普查各类非遗线索120多万条，共有联合国教科文组织认定的"人类非遗代表作名录"项目8个，国家级名录186项，省级名录751项，市级名录4 060项，县级名录12 452项；现有国家级传承人90名，省级传承人429名，市级传承人2 553名，县级传承人8 025名；全省有1个国家级文化生态保护实验区，即齐鲁文化（潍坊）生态保护区，有曹州文化生态保护实验区等10个省级文化生态保护实验区。为弘扬中华优秀传统文化，充分展现我省非物质文化遗产的博大精深和独特魅力，山东省文化和旅游厅组织编制了《山东省级非物质文化遗产普及用书》系列丛书，涵盖民间文学，传统音乐，传统舞蹈，传统戏剧，曲艺，传统体育，游艺与杂技，传统美术，传统技艺，传统医药，民俗共十大门类。本套书共3册，其中传统体育、游艺与杂技类共2册，包含65个省级传统体育、游艺与杂技项目；传统医药类1册，包含34个省级传统医药项目。本套丛书内容主要是以各市申报省级非物质文化遗产代表性项目的资料为依据。本套丛书通过故事叙述与文化阐释相结合的方式，以多方视角来讲述非遗项目，内容涵盖历史渊源、基本内容、表现形态、传承发展、社会价值等方面。相信此套丛书的出版，必将使广大读者更加生动、全面、系统地了解山东省非物质文化遗产的传承历史、表现形态、文化内涵及保护现状，必将进一步增强广大群众的文化自信和文化自豪感。

下一步，我们将深入贯彻落实党的十九大精神，深入贯彻落实习近平总书记系列重要讲话精神和视察山东重要讲话、重要指示批示精神，以习近平新时代中国特色社会主义思想为引领，统筹推进"五位一体"总体布局，协调推进"四个全面"战略布局，不断弘扬中华优秀传统文化，不断推动文化建设向纵深发展，为满足人民群众对美好生活的向往，丰富广大人民群众的文化生活，保障广大人民群众的文化权益，为深入推进经济文化强省建设，实现中华民族伟大复兴的中国梦而贡献更大的力量。

山东省文化和旅游厅厅长　　王　磊

C目 录
CONTENTS

上　册

下　册

蹴　鞠

　　2006年，淄博市临淄区的"蹴鞠"被山东省人民政府列入第一批省级非物质文化遗产名录。同年，被国务院列入第一批国家级非物质文化遗产名录。

　　临淄区位于鲁中丘陵北缘、淄博市东北部，周代为齐国故都，汉代为齐王首府，三国时为青州治所，隋唐时为大郡驻地，此后为县，是华夏文明的重要发祥地之一。悠久的历史造就了临淄辉煌灿烂的体育文化。

　　蹴鞠最早流传于齐国故都临淄城（今淄博市临淄区），是一项在我国流传了2 300多年的传统体育运动项目，被国内外足球权威机构一致确定为世界第一运动——足球的起源。"蹴"有"用脚踢"之义，"鞠"是指在熟牛皮内塞上毛发制成的实心球。唐宋以后，"空心鞠"开始流行。"空心鞠"是在皮球内置尿囊充气，弹跳性能更好，和现代足球十分接近。

　　《战国策》和《史记》中已有临淄城内开展蹴鞠运动的记载："齐地方二千余里……临淄甚富而实，其民

图一　古代蹴鞠运动

无不吹竽、鼓瑟、弹琴、击筑、斗鸡、走犬、六博、蹴鞠者。"当时的齐国是富冠海内的东方大国，是"春秋五霸之首，战国七雄之冠"，发达的经济和殷实的生活促使这一运动在民间产生并流行，后向全国范围内传播。

西汉建立后，汉朝人把蹴鞠视为治国习武之道，不仅军队中广泛开展该运动，宫廷贵族对蹴鞠也甚是痴迷。据《西京杂记》记载，刘邦称帝后，把父亲刘太公接到长安城的未央宫养老，吃穿用度极尽豪华，终日看歌舞伎乐，但刘太公并不满意，依旧闷闷不乐。原来刘太公自幼生活在社会下层，接近贩夫走卒、屠狗杀牛之辈，劳作之余的娱乐活动离不开斗鸡、蹴鞠。于是，刘邦就下了一道圣旨，在长安城东百里之处，仿照原来沛县丰邑的规模，筑造了一座新城，将刘太公、刘媪及原来丰邑的居民全部搬迁到那里，重新"斗鸡、蹴鞠为欢"，刘太公这才心满意足。

桓宽也在《盐铁论》中写道，西汉社会承平日久，"贵人之家，蹋鞠斗鸡"为乐，普通百姓也是在"康庄驰逐，穷巷蹋鞠"。由此可见，蹴鞠运动曾风靡一时，极受追捧，成了当时老少咸宜的文娱活动。由于蹴鞠运动的兴盛，汉代还出现了研究这项运动的专著——《蹴鞠二十五篇》，这是我国最早的一部体育专业书籍。

关于蹴鞠还有个有趣的小故事。《史记·扁鹊仓公列传》中记载：安陵阪里的公乘（爵位名）项处家境丰裕，无所事事，便常以蹴鞠为乐。有次项处患了重病，家人请来临淄名医淳于意为其诊治。淳于意为其把脉后说道："你这是过度耗费内力所致，断不能再做操劳用力之事，应该多加休息，否则会吐血而亡。"结果项处根本没有听从医嘱，因为太迷恋蹴鞠，没几天便忍不住又去运动了。几番比赛下来，项处大汗淋漓，面色苍白，口吐鲜血，最后不治身亡。可以说，项处是世界上第一个有史可查的狂热球迷。

图二　八片仿古鞠

唐宋时期，蹴鞠得到了极大的发展。一方面在制鞠工艺上有两大改进：首先是把两片皮合成的鞠壳改为用八片或十二片尖皮缝制，鞠的形状更加浑圆；其次是把鞠壳内塞的毛发改为动物尿囊，"嘘气闭而吹之"，使之成为充气的皮球，鞠体变轻，并增加了弹性。英国发明吹气的球是在11世纪，较我国晚了三四百年的时间。另一方面，蹴鞠逐渐成为宫廷和民间广泛流传的习俗活动。唐代杜甫在《清明》中写道"十年蹴鞠将雏远，万里秋千习俗同"，宋代陆游的《春晚感事》《感旧四首末章盖思有以自广》中也有"寒食梁州十万家，秋千蹴鞠尚豪华""路入梁州似掌平，秋千蹴鞠趁清明"的诗句。因清明节要寒食禁火，为防止冷餐伤身，古人常参加一些体育活动来暖身。这些诗句彰显了清明节蹴鞠习俗的普遍性。宋代还有了专门靠踢球技艺维持生活的蹴鞠艺人。为了维护自身利益和发扬互助精神，这些蹴鞠艺人组织了自己的团体，叫作"齐云社"（又称"圆社"），这是我国最早的单项运动协会。女子蹴鞠也由此时开始发展。

元末明初，施耐庵在《水浒传》中刻画了一个因踢球发迹当了太尉的人物形象——高俅。小说虽然在人物事迹和性格上有所夸张，但基本上符合史实。北宋的确有个高俅，此人也确实是因为陪侍宋徽宗踢球而被提拔，当了殿前都指挥使的大官，这件事在南宋王明清的《挥麈后录》中有记载。

到了清代，满族人将蹴鞠与滑冰相结合，创造了"冰上蹴鞠"的运动形式，每年冬天在太液池（今北京北海地区）举行冰嬉典礼，"习劳行赏，以简武事而修国俗"，丰富了蹴鞠运动的内容。

蹴鞠是一项具有娱乐性和竞技性的体育运动，其玩法和规则与现代足球不尽相同，有直接对抗、间接对抗和白打三种形式。直接对抗类似于我们现在所看的足球比赛。间接对抗的球门设置在中间，有两尺多的"风流眼"，双方在球不落地的情况下将球度（用头顶或用脚踢鞠）过"风流眼"，数多者胜。蹴鞠队员的角色和职责都非常分明，球头的职责是专门把球度过"风流眼"，其他队员如正挟、副挟、左竿网、右竿网，着网、骁色、散立等都使出浑身解数为球头创造度球的机会。白打蹴鞠主要是比赛花样和技巧，场地简单。花样动作叫解数，用肩、胸、背、头控球叫上截解数，用膝盖、腰部、腹部控球叫中截解数，用小腿、脚面、脚踝、脚尖、脚跟等部位控球叫下截解数，可以根据球的落点和位置的不同临时组合为成套的解数。每一套解数都有多种踢球的动作，如拐、蹴、搭、蹬、捻等，古人还会给一些动作取名，如转乾坤、燕归巢、斜插花、风摆荷、佛顶珠、旱地拾鱼、金佛推磨、双肩背月、拐子流星等。

蹴鞠两队的服装必须采用两种不同的颜色或标志，上衣前后印有"球头""骁色""着网""区挟""前挟"等区分角色的文字，队员统一着布鞋参加比赛，"球头"的服装亦有差异。正式蹴鞠的时候，所有队员都要使出浑身解数，踢出若干花样。

蹴鞠不仅仅是一项重要的娱乐项目，还具备健身和教育功能。最早的蹴鞠起源于军事训练，西汉名将霍去病同匈奴作战时用蹴鞠来训练士兵，就是为了

图三　蹴鞠比赛瞬间

锻炼士兵的体魄，保持军队的战斗力。唐朝时蹴鞠被称为"发汗散"，宋朝则被叫作"化食丹"。这些名称也都体现了蹴鞠的健身功能。

作为齐鲁文化的产物，蹴鞠运动受到儒家思想的影响，非常讲究礼仪和修养。"无仁者不可同行，无义者不可同商，无礼者不可同居，无智者不可同谋，无信者不可同谈"的儒家思想和"仁、义、礼、智、信"等做人准则都融入了蹴鞠当中，影响了我国几千年来的体育活动和游戏，派生出了马球、弹球等运动项目，对当时和后代的文学、音乐等也有一定的影响，许多文学艺术作品与之相关。所以，蹴鞠具有深厚的历史文化价值。

经过十几年的挖掘、保护和传承，蹴鞠逐渐成为临淄对外开放的城市名片。当地成立了临淄区足球产业开发领导小组办公室，组建了中国临淄蹴鞠队，推动了蹴鞠文化和运动的弘扬与发展。2004年，临淄被国际足联认定为世界足球起源地。2005年，临淄建立了足球博物馆。2015年10月，习近平总书记访问英国时，将蹴鞠作为国礼赠送给英格兰国家足球博物馆。同时，临淄足球博物馆和英格兰国家足球博物馆签署了协议，建立了友好合作关系。2006年，蹴鞠参加了德国世界杯的展演。在2008年北京奥运会和2010年上海世博会上，蹴鞠也分别进行了展示和表演，收获了一众好评。

图四　蹴鞠解数——朝天子、双肩背月

螳螂拳（莱阳）

　　2006年，莱阳市的"螳螂拳"被山东省人民政府列入第一批省级非物质文化遗产名录。2008年，被国务院列入第二批国家级非物质文化遗产名录。

　　莱阳市隶属山东省烟台市，历史悠久，民风淳朴，占山田河海之利，历来为兵家必争的军事重镇，人文景观独具特色。历史的演变和社会的进步创造了莱阳市灿烂的文化，留下了人类文明史上的宝贵文化遗产。盛行于莱阳市的螳螂拳，经过300多年近10代传人的筛选、提炼、创新，已经成为最能体现莱阳传统体育竞技风貌和特点的拳术。

　　螳螂拳为明末清初胶东人王朗所创。相传，王朗祖师察螳螂捕蝉之动静，取其神态，赋其阴阳、刚柔、虚实之理，施以上下、左右、前后、进退之法，演古传十八家手法于一体而创螳螂拳法。

　　王朗之后，螳螂拳有谱可考的首位传人是莱阳的小赤山人李秉霄。《莱阳县志》载："大赤山赵珠，其（李秉霄）高弟子也……珠传海阳于山夼梁梦香（梁学香），梦香传化龙（姜化龙）……化龙传赵格庄宋耀坤（宋子德）。"宋子德是螳螂拳名家，一生授徒极多，然能承其衣钵者，仅有名震武林的"三山、二亭、一郝"。"三山"即莱阳的李昆山、王玉山、崔寿山，"二亭"是宋福亭、赵玺亭，"一郝"指郝家梅花螳螂拳。螳螂拳从莱阳传出后，由姜化龙、宋子德、崔寿山、王玉山先生于清末民初先后到烟台、青岛传授嫡派螳螂拳，当时传授螳螂拳的国术馆遍布胶东。

《莱阳县志》中记载，莱阳螳螂拳最初是不分流派的，就叫螳螂拳，至少到清道光年间梁学香时是这样的。至清末民初，姜化龙、宋子德、莱阳"三山"等前辈以精湛的武功赢得了广大武林同道的推崇。正如周振东先生在其《烟台太极螳螂史话》中所述："螳螂拳在姜化龙、宋子德时代呈现出一种蓬勃繁荣的景象，教授螳螂拳的国术馆遍布整个胶东和胶东以外的地区。不但太极螳螂拳声名越来越响，诸多衍生拳种也流传得越来越广，其声势远远超过了其他拳种，一跃成为胶东第一拳。"螳螂拳的习练者越来越多，各门派参以旧学，又各有体会。螳螂拳与其他流派技艺融合，逐渐形成以"三枝四派"为主的胶东螳螂门。

太极螳螂拳法是古传拳功，其拳功系依据《周易》之太极阴阳学说推演而成，讲究阴阳、刚柔、进退、虚实，有完整的基本功单式及桩功，体现了手法多、劲路奇的特点。其劲路与众不同，讲究以硬劲为基础的囫囵劲，俗有"传拳不传劲"之说。梅花螳螂拳拳法紧凑，刚柔并济，变化莫测，手法、步法、腿法、身法密连而巧妙，稳健而灵活，发力快速准确，在运动和技击的过

图一　太极螳螂拳第八代传人李飞林

图二　七星螳螂拳第八代传人林栋柱

图三　六合螳螂拳第七代传人张道锦

程中，除靠步法的变化创造进攻和防守的有利条件外，还靠身法的调整掌握重心，闭住对方更有力的反击。七星螳螂拳手法简洁，朴实无华，注重实战，极具效率。它刚柔相济，长短兼施，其中刚有八刚，柔有十二柔，长有七长，短有八短。它强调招之即打，打之即招，连招带打，攻势凌厉，有迅雷不及掩耳之势。六合螳螂拳是继太极、梅花、七星螳螂拳之后，汲取几家拳术之长，以"内外三合"为精髓，以缠丝旋转为灵魂，以鸡步坐山为根基，以螳螂勾搂连环手法为母手，以三捶为母捶而派生出的一种有独特风格的螳螂拳法。此外还有十多种小分支的螳螂拳。

发展至今，螳螂拳形成的多种流派，各有不同的技击特点、形法要求、理论系统、演练套路以及师承体系。在漫长的历史进程中，螳螂拳第五代传人宋子德先生以莱阳螳螂拳为载体，以周易中的太极阴阳学说为指导，在拳法中融入阴阳、虚实、刚柔的理论，使螳螂拳具有了"螳螂之体、太极手、寒鸡步"的基本特征。

图四　螳螂拳第五代传人宋子德

莱阳螳螂拳在全国武术界具有重要地位，在抗日战争时期发挥了重要作用。早在1933年春，莱阳国术馆馆长李昆山在中央国术馆（南京）举行的全国国术国考中名列长兵器第一名，荣捧"银盾奖"。蒋介石曾为其亲书金匾"一支干戈震东洋，半世英雄传天下"。李昆山后任西北军武术教官并兼任山东省西南乡农学校校长。据传，在任西北军武术教官期间，他曾训练一支骁勇善战的大刀队。在西北抗日战场上，为抗击侵略者、保卫家园，先后有数名拳师加入抗日队伍，立下赫赫战功，名震一时。

1983年，在国家体委（现国家体育总局）进行的"全国武术遗产抢救、挖掘、整理"工作中，莱阳民间拳师刘希云先生把祖传的"螳螂拳谱"献给国家，并获"雄狮奖"。同时，王玉山先生之子王元亮被确定为嫡派螳螂拳传人，并在莱阳收徒授拳。在此契机下，莱阳的武术运动盛行一时。现在在莱阳习练螳螂拳的拳师大都是王元亮先生的徒弟。另外，在全国各

图五　莱阳国术馆馆长李昆山

地乃至世界上许多国家流传着许多螳螂拳的拳法，据考证均与莱阳螳螂拳有极深的渊源。

螳螂拳大师辈出，六合螳螂拳第七代传人张道锦（1957年生）、七星螳螂拳第八代传人林栋柱（1957年生）、太极螳螂拳第八代传人李飞林（1959年生）皆自幼习练螳螂拳，在各级武术比赛和武术节中获得多项荣誉。如：张道锦曾于1991年参加国际武术邀请赛，并获传统组全能冠军；2006年，林栋柱参加烟台国际武术节比赛获金牌2枚；李飞林在2004年10月的"首届世界传统武术节"和2006年10月的"第二届世界传统武术节"中，作为山东省唯一螳螂拳派代表入选国家队，并获金牌4枚。螳螂拳得以在世界范围内流传和发扬，正是一代代非遗传承人不断努力，并在各级平台上展现螳螂拳风姿和精神的结果。

为了更好地保护优秀非遗资源，莱阳市文化局（现莱阳市文化和旅游局）筹集资金组织专业的"发掘、保护、整理、弘扬"螳螂拳文化工作班子，并与相关部门联合成立"莱阳市螳螂拳保护中心"，把螳螂拳文化发展工作列入全市年度文化工作目标责任制考核范围。此外，有关部门积极开发"螳螂拳文化故乡游"项目，并将该项目建设列入全市武术交流会计划。在社会各界的大力扶持下，莱阳市的螳螂拳文化欣欣向荣。

螳螂拳是我国古今武术家智慧的结晶，是历史文化沉淀的结果，是中华武术的重要组成部分，是胶东地域文化的精髓，具有丰富的历史价值和文化价值。它具有延续传统文化、反映地域文化、丰富人们文化生活的社会功能，还具有情感联络、庆贺丰年、崇礼重义的现实作用。

中华武术源远流长，如今它已走向世界，成为人类的共同财富。挖掘、抢救、保护螳螂拳，继承发扬这一珍贵的文化遗产，延续传统文化，从中汲取有价值的内容，具有重要的意义。

梁山武术

　　2006年，梁山县的"梁山武术"被山东省人民政府列入第一批省级非物质文化遗产名录。

　　梁山县隶属于山东省济宁市，位于鲁西南，处于山东省的泰安、济宁、菏泽和河南省的濮阳四地市交界处。据《史记》和《山东通志》记载，梁山本名"良山"，汉代为皇室猎场。西汉文帝次子梁王刘武曾北猎良山，死后葬于山麓，"良山"遂易名为"梁山"。

　　梁山历来藏龙卧虎，是举世闻名的武术之乡和中华武术四大发祥地之一。在齐鲁文化和水浒文化的影响和孕育下，梁山武术形成了。它以"忠、义、礼、信、仁"为基础，体现了梁山好汉的情怀与气派，并形成了以梁山好汉武功遗韵拳械、梁山土著拳械与外来拳种"三位一体、相互融通"为主要表现形式的传统文化形态。

　　据史籍记载，梁山武术最早始于隋末，当时梁山斑鸠店人程咬金善板斧和马槊，曾聚众数百，共保乡里。到了宋代，宋江领导农民起义，有史志记载；南宋绍兴元年（1131年），梁山六工山建福寺圆通禅师聚僧徒研习武功；南宋建炎年间，梁山武士张荣聚众万余、渔舟300余只，在梁山起义，多次战胜金兵。元代，梁山好汉的武艺开始流入民间，与梁山土著拳械交相辉映。明代，法兴寺住持西竺禅师率梁山3 000僧众开赴浙东，配合戚继光抗击倭寇；崇祯年间，李青山聚众起义，连克数县。明末清初，梅花拳、佛汉拳等外地拳种相继传入；清末，武林高手王君珂联合捻军在梁山玉皇阁起义，与清军展开血战。近现代，"村村有武馆，人人练拳脚""喝了梁山水，人人都能伸伸胳膊踢踢腿"成为梁山一大奇观。

千百年来，经过历代拳师的传承与发展，梁山武术已经成为与河南少林、湖北武当、四川峨眉齐名的中华武术四大门派之一（见纪录片《中华武术》和书籍《齐鲁文化大辞典》），形成了拥有10大拳种门派72梁山好汉拳械和36土著拳术套路的武术体系。

10大拳种门派包括梁山梅花拳（含架子、成拳、拧拳、器械、内功）、子午门（含38拳路、36器械）、梁山太极拳（共13式）、梁山少林拳（共47式）、佛汉拳（分上中下3盘、8个门头、24变式、72手、36腿）、梁山洪拳（分小洪、中洪、大洪、掌洪）、二门洪拳（分32打、72擒拿）、三晃膀大洪拳（含修身剑和18锤对练）、秘踪拳（分徒手、器械、对练、硬功、保健功）、黄氏二郎拳（分三步架等19种套路）；梁山好汉武功遗韵拳械72套主要有武松醉拳、脱铐拳、连环腿、时迁悠拳、林冲枪、关胜大刀、董平双枪、秦明狼牙棒、史进开山棍、智深禅杖等；梁山土著拳术有埋伏拳、八极拳等共36套。

梁山武术器械众多，除常说的"十八般兵器"外，还有许多独创的罕见兵器，如镗耙、燕翅镗、拦马撅、五虎神钩、流星锤、九环锡杖、梅花坤棍、林冲六合大枪、智深禅杖、李逵板斧、杨志朴刀、镇殿刀、九节鞭、八棱大锤、斧瓶拐、乌龙锤、剑镰等。

目前，梁山武术的主要文化场所有梁山县传统武术协会、梁山县佛汉拳武术协会、梁山县黄氏二郎拳协会、梁山县洪拳协会、梁山县梅花拳协会、梁山县太极拳协会、梁山泊武术学校、梁山功夫演艺团、梁山风景区各景点等。梁山风景区景点有梁山寨练武场、梁山一关、梁山断金亭、梁山点将台、梁山黑风口、法兴寺、莲台寺、左军寨、右军寨等。上述协会、学校、武团等，对梁山武术的挖掘、保护和传承，以及梁山武术文化的弘扬发挥了重要作用。

图一　中国（梁山）第二届武术文化交流大会

　　梁山武术集好汉武功遗韵、土著拳术套路与外来拳种门派为一体，形成了独树一帜的武术体系。在拳械技法上，梁山武术的特点是以技击为主，以擒拿、跌打、近身短打见长，软硬兼顾，强调以力为基、以快为上、以活为主、以巧制胜。其动作舒展敏捷，手法以甩、拍、滚、搂为主，脚法注重跳、挂、截、缠，并配以靠、闪、定、缩等身法。梁山武术重技击的特点还表现在其讲究实打实招、严戒玄虚，注重借大地、惯性之力和速度，纵力、横力兼备。梁山是水浒文化的发源地，其拳路多以梁山好汉姓名与拳名相结合，拳法与好汉们的英雄行为相结合，形成了风格迥异的拳械功夫。

　　近年来，为保护传承梁山武术，梁山县成立了专门的管理机构和学术机构，举办了"梁山武术与世界拳王争霸赛""梁山武术对外交流大会暨保护发展论坛"等国家级武术赛事和学术活动；开展了"武术进校园"活动，使梁山武术在全县7万余名中小学生中得到了普及，自主编创的"梁山武术操"进入中小学体育课程。

　　据统计，梁山全县95％以上的行政村都有梁山武术的习练者。2014年，在山东省第23届运动会开幕式上，1 200名梁山武术弟子演绎的大型武术表演《梅拳傲骨》深受大家的喜爱。

图二　第十二届中国（梁山）水浒文化旅游节开幕式

梁山武术不仅在我国30余个省市广泛传播，还相继传入新加坡、韩国、日本、德国等20余个国家和地区。梁山武术走向世界，不仅有利于中国文化的传播和武术自身的发展，也是对世界人民的贡献。

传统武术与中国古代医学密切相关，从长远来看，武术具有健身、延年益寿、调节情绪的功效，其独特的运动形式也给人一种古典艺术的美感，让人赏心悦目、叹为观止。梁山的尚武风俗锻炼了梁山人自强不息的精神和强健的体魄。新时代背景下，梁山武术文化的价值，必将在社会不断发展的过程中更加凸显。

梁山武术秉承齐鲁文化和水浒文化本色，从习武的理念到拳械技法的演练都贯穿"忠、义、礼、信、仁"的精神以及好汉情怀与气派，使人们把英雄豪情与梁山武术自然而然地联系在一起。

纵观古今，在中华大地上，水泊梁山可称为当之无愧的武术之乡。更为让人自豪的是，这里为中华武术的发扬光大做出了宝贵贡献，为祖国培养了许多杰出的武术人才，他们为国增光，也为中华武术走向世界贡献了力量。

宁津杂技

2006年，宁津县的"宁津杂技"被山东省人民政府列入第一批省级非物质文化遗产名录。2008年，被国务院列入第二批国家级非物质文化遗产名录。

宁津县地处鲁北，古属冀州，现隶属山东省德州市，历史悠久，文化积淀深厚。宁津县的杂技活动至今已有2 200多年的历史，宁津杂技在国内外杂技界颇负盛名，与吴桥杂技并驾齐驱。杂技源于"角抵戏"，春秋战国时期出现，在汉代形成了初步的体系。汉代史学家司马迁在《史记》中记载："蚩尤氏头有角与黄帝斗，以角抵人，今冀州为蚩尤戏。"此外，《汉书》《述异记》以及《宁津县志》均有关于"冀州"的"蚩尤戏""角抵戏"（杂技古称）的记述。

宁津县是中华杂技的发祥地和集散地，素有"杂技之乡"的美誉。宁津杂技始于秦汉，兴于唐代至明代，盛于清末民初，至今传承不衰。据记载，自三国、两晋、南北朝到唐、宋、元、明，无论社会环境怎样变化，宁津杂技都以极强的生命力活跃在民间。

宁津县黄家镇村位于古黄河岸边，拥有得天独厚的地理和杂技文化优势。至明代，这里形成了举世闻名、独一无二的杂技古会。古会历经数百年而不衰，其规模之大、市场之繁荣，在中国杂技史上数一数二，使宁津成为中国杂技史上当之无愧的杂技策源地和集散地。

宁津杂技有源远流长的历史和广泛的群众基础。宁津县出现了很多杂技乡镇、村庄，杂技技艺以家族为单位世代相传。山东省乃至全国很多杂技团都有宁津籍主力演员和业务负责人，以至行内流传着"没有宁津人，难成杂技团"的说法。

宁津杂技主要包括杂技类、魔术类、马戏类、驯兽类等，使用的道具繁杂多样，如彩缸、绳索、木梯、彩豆儿、竹竿、刀、叉、碗、坛、鞭、桌子、板凳和小巧动物、飞禽等。其大量使用生活用具、劳动工具为道具，富有生活气息。碗、盘、坛、绳、鞭、叉、竿、梯、桌、椅、伞、帽等平凡的用具在杂技艺人手里被运用得灵活自如，体现了中国杂技与劳动生活的紧密联系。

宁津杂技质朴粗犷、柔中有刚，突出"惊、险、奇、美、新"的特点，拥有超卓的技巧和深厚的文化底蕴。在训练时，宁津杂技重视杂技演员腰腿柔术的训练，即使是表演古彩戏法的演员也要有扎实的基本功，这就是所谓的"文戏武活"。宁津杂技软硬功夫相辅相成，演员经过严格刻苦的训练，拥有超人的力量和轻捷灵巧的形体技巧。如在《帽中飞鸽》节目的表演中，演员只需一顶帽子、一只飞鸽，平凡朴实，却能变出鲜活的飞禽，体现了宁津杂技平中求奇的特点；《走钢丝》《高车踢碗》《秋千飞人》等杂技项目向大众展示了巧妙、准确的技巧和千锤百炼的硬功夫；而传统的《叠罗汉》《耍关刀》《大小武术》则将柔术与硬功、力量与技巧结合得完美无缺。

给广大民众带来生活趣味的同时，宁津杂技在不同时代也发挥着其他的作用。中华人民共和国成立前后，宁津县杂技团听从党和政府

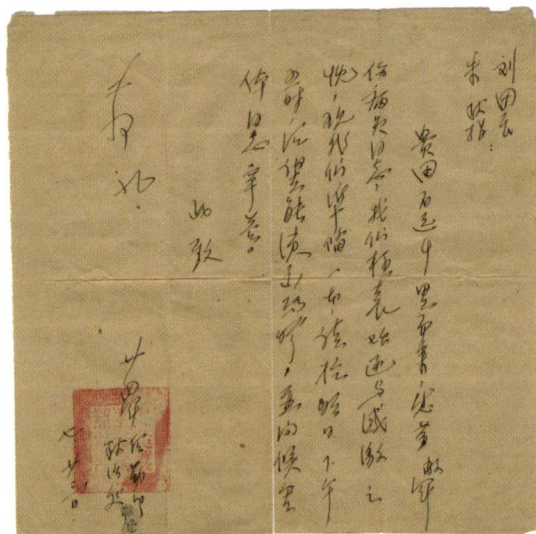

图一　1949年，中国人民解放军24军为宁津杂技"刘家门"的同乐武术马戏团书写的感谢信。

的号召，组成"渤海军区同乐武术马戏团"，奔赴多地演出，慰问解放军战士，受到部队多位首长的表扬。仅1948年至1955年，宁津县杂技团就收到部队及部队首长的表扬信、奖状共计49件。

图二　1949年1月，宁津杂技"刘家门"第三代传人刘国栋
（申报人刘俊昌之伯父）前线慰问照片。

中华人民共和国成立后，宁津杂技迎来了发展的新时期。1956年，宁津县杂技团成立，演出水平和质量日益提高，成为全国屈指可数的县级杂技团，演出足迹遍布长城内外、大江南北。自1995年起，宁津县先后出版了《宁津杂技史话》《宁津文史资料·杂技篇》等杂技艺术史论著。进入21世纪，宁津县利用新科技手段对传统杂技节目进行了摄像和文字记录，建档立卡，并利用各种方式大力宣传宁津杂技艺术，如出国演出、国内巡回演出、电视片制作等，把杂技打造为宁津的第一品牌，扩大了对外影响。

尽管当今社会各种艺术形式对杂技艺术形成较大冲击，杂技艺术竞争力开始减弱，但是宁津杂技依旧表现出了强大的适应性。这主要体现在其表演形式、场所的多样化，大到广场、剧场、盛会，小至街巷、屋内，都可以组织演出。这种较强的适应性使得宁津杂技艺术能流传至今而不衰。

为了培养杂技人才，1959年，宁津县组建成立了杂技艺术学校。宁津县杂技艺术学校是山东省唯一一所县级杂技专业学校，使宁津的杂技艺术得以进一步传承和发展。

宁津杂技"刘家门"第四代传人刘俊岭（刘俊昌之姐）表演马戏《穆桂英挂帅》。

1974年，宁津杂技"刘家门"第四代传人刘俊昌在济南演出时表演杂技《空中秋千倒立》。

宁津杂技"刘家门"第四代传人刘俊红（刘俊昌之姐）表演杂技《木砖顶》。

1974年，宁津杂技"刘家门"第四代传人刘俊昌在济南演出时表演杂技《蹬板凳上尖》。

图三　宁津杂技表演

宁津杂技的代表性传承人刘俊昌为第四代传人，出身于杂技世家——"刘家门"。"刘家门"是宁津、吴桥两县四大门派之一，自清道光二十四年（1844年）至今已传承六代。刘俊昌自幼随父兄练习杂技，于1972年考入宁津县杂技艺术学校，从师学习空中倒立、蹬板凳上尖、顶板凳上尖等杂技基本功和专项节目。1974年毕业后，他进入宁津县杂技团，开始在全国各地演出，受到了各地观众的喜爱。他自身条件较好，继承了刘家门的"顶功""跟头功"等家传技艺，表演呈现出急、高、飘、美的艺术特色，是宁津杂技团的尖子演员。

1996年，刘俊昌在退役后调入宁津县杂技艺术学校，从事杂技教学工作。在教学中，他对杂技节目进行了大胆的改革，把《柔术滚杯》从一人一把"罩"发展到一人七把"罩"，把《蹬板凳》从7条板凳2个人表演发展到13条板凳6个人表演。截至目前，他已培养

图四　刘俊昌教授杂技基本功——腰功

学生百余人。学生刘菲菲在2000年第五届全国杂技比赛中表演的《车技》《转碟》荣获"金狮奖"；学生房丽丽现就职于济南市杂技团，在2005年摩纳哥蒙特卡洛国际杂技比赛中表演的《转台高椅》荣获最高奖"金K奖""公主奖"。

2010年，刘俊昌以自己收藏的200余件藏品为基础，在宁津县文化艺术中心建立了有300多平方米展厅的宁津县杂技文化博物馆，为宁津杂技的传承发展做出了积极贡献。

宁津杂技包含了千百年来中国人民的智慧，展现了人们对美好生活的向往，跨越千年后，宁津杂技将在人民群众追求美好生活的过程中继续发光发热。

聊城杂技

2006年，聊城市的"聊城杂技"被山东省人民政府列入第一批省级非物质文化遗产名录。同年，被国务院列入第一批国家级非物质文化遗产名录。

聊城市隶属山东省，位于山东省西部，是中国杂技的发源地之一。新石器时代晚期，聊城是东夷人活动的主要区域。东夷人以体格健壮、爱好射箭狩猎著称，这些特点为当地杂技艺术的发展打下了良好的基础，可以说在新石器时代聊城杂技就已经萌芽。古代杂技源于"角抵戏"，又名"蚩尤戏"。据《史记》记载，传说中最早的角抵英雄蚩尤，生前主要活动区域之一就在聊城一带。死后，其首葬在寿张（今属聊城市阳谷县）。

春秋战国时期，聊城杂技得到初步发展，至汉代已经基本成熟。汉代是中国杂技的形成期和成长期，杂技品种不断增加，技艺不断提高，形成了一种以杂技艺术为主、集各种表演艺术于一体的新品种——"百戏"。近年来，聊城市文物工作者在东阿、阳谷等地发现一批汉墓，出土的画像石中有很多杂技表演的内容。最为典型的是在东阿邓庙村出土的画像石，其中百戏人物刻画线条优美、布局合理，展现了汉代杂技的艺术成就。三国时期，杂技马戏在聊城的东阿一带已十分盛行。著名文学家曹植（字子建）就是位承前启后的重要人物。这位被世人称为"绣虎"的才子是一位出色的杂技艺术家。史料记载，他曾"跳丸击剑，诵俳优小说数千言"。曹植《白马篇》中的"控弦破左的，右发摧月支；仰首接飞猱，俯身散马蹄"就是当时表演马术的生动写照。魏太和三年（229年），曹植被封为东阿王，与昔日结交的俳优术士会集东阿，参加百戏会。据传，他墓前的一块风水地就是他当年的娱乐场。1951年，在曹植墓中发掘出的132件文物中，有蒜头形五花石球1个，据考证为曹植"跳丸"的用具。东阿县曾流行这样一首歌谣："跑马卖解上大杆，跳丸地圈流星鞭，走江行会保平安，莫忘先拜曹子建。"可见，曹植对于东阿杂技的发展产生了很大影响。

魏晋南北朝时期，杂技艺术已经非常成熟。至唐代，杂技在宫廷和民间都非常流行。这一时期，聊城出现了很多身怀绝技的艺人。有这样一首歌谣为证："耍罢一番又一番，唐朝有个绿牡丹。老师名叫花振芳，有个女儿花碧莲。金銮殿里耍过艺，午朝门外上刀山。"聊城旧时的杂技艺人有供奉花振芳的习俗，称他为"花祖爷"。此后，聊城杂技经久不衰，杂技艺人走南闯北，足迹遍布全国各地。近现代出现了"李半仙""张大辫子""盖山东""草上飞"等身怀绝技、誉满全国的杂技艺人。

聊城杂技重视腰、腿、顶功，突出新、难、奇、美、险，艺术风格朴实、粗犷，素有"齐鲁英豪"之称，深受广大群众喜爱。聊城杂技主要包括马戏

图一　聊城杂技

类、魔术类、表演类。其所用道具十分广泛，有刀、叉、碗、坛、鞭、桌子、板凳等，所演节目不同，道具也有较大差异。马戏类节目主要有《镫里藏身》《快马大站》《双女嬉奔马》《古装关公马上劈刀》《一马三跨》《穆桂英勇擒杨宗保》《飞马拾钱》等。魔术类节目主要有《扑克升牌》《幻影》《帽中飞鸽》《悬人》《纸中取表》《碗中水仙》《天女散花》《巧变活人》《炮打银兔》等。表演类节目主要有《顶坛》《顶碗》《空中飞人》《鞭技》《踢叉》《对传叉》《蹬人》《蹬板凳》《蹬伞》《爬杆》《顶杆》《晃梯踢碗》《快乐的炊事员》《秋千飞人》《气吞钢剑》《力托千斤》《口技》《倒立技巧》《钢丝高车》《叠椅倒立》《水流星》《摔跤》《狮子舞》《碟子》等。

　　聊城杂技的传承谱系分为两支。一支为"李半仙"谱系。"李半仙"（约1858年生）是清末民初鲁西一带著名的江湖艺人。他表演戏法技巧娴熟，造诣极深。他的"罩子活"（又称"罗圈献彩"）出神入化。他表演"九连环""仙人摘豆"时能在围满观众的方寸之地，千变万化而不露破绽，由此得名"李半仙"。他一生表演以"撂地"为主，后期才成立杂技马戏班社。"李半仙"教徒众多，对后期鲁西杂技艺术发展影响很大。他的得意徒弟张鹏芳、李金芳等在全面继承他的技艺——古彩戏法基础上，又有新的发展。聊城杂技另一支为张义成谱系。张义成（1864年生）自幼受爱好戏法的父亲影响，喜欢上了

图二　聊城杂技表演《碟子》

戏法。他拜阳谷薛成琳、薛纯琳兄弟为师，学艺三年，在谢师一年后，单独行乡走会，"撂地"谋生。他精通戏法，善演气功，其中一项绝技是在辫梢上拴一桶水，用头甩动，使辫子拎起水桶当空飞舞。为此，江湖艺人送他一个艺名——"张大辫子"。当时，他在山东、河南都颇有名气。1920年前后，他以自己的子女和弟子为班底，创建"双盛杂技马戏班"，主要在河南开封、洛阳、南阳、淮阳、商丘一带进行演出，后解散。

聊城市杂技团成立于1955年，肩负着发展杂技艺术、活跃群众文化生活、服务地方、探索文化产业发展的重要职责。1993年，聊城市杂技团被国家命名为"蒲公英少儿杂技培训基地"；2008年6月，被省文化厅（现山东省文化和旅游厅）列入"山东省非物质文化遗产保护示范基地"。聊城市杂技团的传统保留节目《飞叉》《炊事员》《板凳游戏》《顶碗》等，在国内外都获得过许多奖项。

聊城杂技有着牢固的群众基础，可谓根深叶茂。山东省乃至全国很多杂技团都是在聊城原有杂技团基础上组建，或者有聊城籍的主力演员。聊城杂技世

图三 《顶碗》

代相传，出现了很多杂技村、杂技乡。从艺人员艺术水平高，历代出现了很多杂技高手，对杂技艺术贡献大。聊城杂技影响广泛，聊城是公认的中国杂技艺术之乡。聊城杂技是聊城优秀传统文化的重要组成部分与宝贵的文化资源，彰显了聊城历代杂技人不懈奋斗的精神。

聊城杂技在当代仍具有很高的审美性与艺术价值，主要表现在两个方面：

首先，聊城杂技具有精湛的技巧。无论是对演员身体各要素要求严格的人体技巧类杂技，还是充满奇幻、需要灵活运用"巧技"的魔术节目，都需要表演者拥有极高的表演技巧。技巧是杂技艺术的语言，也是杂技艺术的灵魂。纵观聊城杂技的获奖节目，皆是在原有的杂技技巧之上不断突破极限的成果，例如《梅花桩飞叉》，表演者在舞动飞叉的同时还要行走在梅花桩之上，不仅考验杂技演员的力量与灵活性，还考验杂技演员的平衡性，没有精湛的技巧是难以完成的。

其次，聊城杂技体现了艺术的综合性。杂技本身就带有"杂"字，种类繁多、内容广泛是其重要特征之一，也是其综合性的重要表现。现在聊城杂技演出时会综合舞台灯光、布景、配乐、道具及服装等多重元素，以达到最佳的效果，体现了聊城杂技综合性的特点。

在历史长河之中，聊城杂技历经波折却从未湮灭，体现出了极强的适应能力和无穷的创造力，成为一门表现力丰富的专门艺术。

查 拳（冠县）

2006年，冠县的"查拳"被山东省人民政府列入第一批省级非物质文化遗产名录。2008年，被国务院列入第二批国家级非物质文化遗产名录。

查拳是中华武术中具有重大影响的少数民族拳种，发源于山东省冠县。历史上，查拳作为一种回族拳种，只在穆斯林民众中流传，很少外传。当时，查拳在冠县主要分布于县城西街、南街、城郊张伊庄及十里铺、沙庄、里固等十几个回族聚居的村庄，后逐渐传播到全国各地的伊斯兰教众中间，在武术界素有"南拳北腿山东查"之称。中华人民共和国成立后，查拳开始广泛传播，现已成为在全国有重要影响和众多习练者的著名武术流派。

查拳起源于唐朝。"安史之乱"时，朝廷向西域大食国借兵平乱。大食国军队中有位青年将领叫滑宗歧，他因受伤流落冠县，受到冠县张尹庄村穆斯林群众的精心照料，得以康复。身体康复后，滑宗歧感到无以回报，便将自己擅长的拳术——"架子拳"传授给村民。因跟随他学艺者很多，滑宗歧又将自己的师兄查元义从哈密请来传授拳术——"身法势"。查、滑二人去世后，当地人为纪念恩师，便将"架子拳"称为"滑拳"，将"身法势"称为"查拳"。因为自古"查、滑是一家"，后世便将其统称为"查滑拳"，简称"查拳"。

　　然而，由于历代统治阶级的政策影响，在留存至今的旧《冠县志》上，对查拳没有任何记载，许多当时名震武林的查拳大师，也毫无事迹可查。清咸丰十一年（1861年），冠县爆发了"天龙八卦教"大起义，即著名的"五大旗造反"，破坏了许多当地建筑，让可能存在的有关查拳的宝贵资料化为灰烬。因此，有关查拳的传承和发展、著名拳师的生平和遗事，往往只在民间口耳相传，很难找到文字记载的确证。

　　在漫长的历史进程中，查拳通过与其他拳种的交流学习，逐渐形成了规模完备的体系。传统查拳的基本套路共十路，每路有三十至六十个动作，又因第一、二路各有副拳一路，和正拳有刚柔之别，所以查拳世称"十二路查拳"。十路查拳的具体名称是：第一路母子、第二路行手、第三路飞脚、第四路升平、第五路关东、第六路埋伏、第七路梅花、第八路连环、第九路龙摆尾、第十路串拳。查拳还吸收了四路滑拳、三套炮拳、四套洪拳、两套腿拳。弹腿，是查拳最有特色的基本功之一，它以弹腿和其他腿法为主要内容，用二十八个字回文排列，代表二十八个基本动作组合，也叫"二十八路弹腿"。其中，因为后十八路比较复杂，不易普及，目前广为流行的是前十路。因此，世人常云"南京到北京，弹腿出在教门中"。

　　查拳系的器械也很丰富，现在比较流行的套路有查剑三路、查刀四路、查枪六路、查棍二路、查镋十二路、查钩二路等器械单练套路，以及四路查拳对打、鲁八杰对打、康八腿对打、板搭铐子对练、单刀进枪、朴刀进枪、大刀擒枪、双剑进枪、双勾进枪、大铲进枪、对扎中平大枪、对劈刀、对刺剑、锐进枪、双刀进枪、朴刀进大刀、棍进枪、空手夺刀等。另外，镋、钩、镰、带是查拳门最拿手的四种兵器，号称"四绝"。

　　经过长期的发展演变，大约在清朝乾隆年间，查拳在山东冠县形成了两个不同的技术流派，即张氏查拳和杨氏查拳。张氏查拳快速敏捷、拳法严谨，以冠县城外张伊庄人张其维为代表。张其维（1853年生）是冠县查拳名家张乾的高徒。他授拳方式严格，培养出一批查拳精英，张英振、张英健、张锡太、张锡彦、张凤岭、常振芳等武林名家，均出自他的门下。张其维的孙子张子英，自幼随祖父学拳，长大后参加解放军，转战四方，荣退后又随张锡太学艺，成为查拳的又一代传人。他年届七旬时，仍在冠县体委创办的查拳学校担任总教练，学生遍及全国十一个省市。张子英的女弟子王秀芬，自幼从师学拳，曾数次在全国武术比赛中获奖，成为查拳的新一代传人。张氏查拳是冠县传承普及最广的一支。杨氏查拳舒展大方，势正招圆，以冠县城里南街人杨鸿修为代表。杨鸿修（1864年生）是冠县查拳名家张金堂、马老为的得意门生。民国时期，杨鸿修以"大枪杨鸿修""快拳杨"的名号享誉武林。杨鸿修的弟子，如闻名全国的武术家王子平、马金彪，以散打、摔跤闻名的何振江、于振声、马裕甫，授徒有方的王兆林、米广亭、马永奎等，都是武术界的知名人士。两派涌现出的一批武术大师，为博大精深的中华武术做出了重要贡献。

如今，冠县查拳已传承至第十四代，现为武术高级教练的王秀芬为第十四代传承人。她自九岁开始习武，1985年担任武术教练，2007年参加"中国武术论坛—武林会盟"，2008年参加"中国武术协会段位制审编大会"。2018年，她参加第三届"全国武术运动大会"，共获两枚金牌；5月当选为第六届山东省武术运动协会理事；7月，参加山东省传统武术比赛，担任裁判工作；8月，代表山东省武术队参加在天津举行的第三届"全国武术运动会"，获得了传统拳术和传统器械两项一等奖；同月参加聊城市第八届全民健身运动会"国

图一　查拳传承人王秀芬现场表演

图二　王秀芬在山东省传统武术比赛中担任裁判

图三　冠县清泉中学参加"千人查拳操"表演活动

武功夫杯"传统武术比赛，获得道德风尚奖。2015年，她编制了八节的"查拳操"，首先在清泉中学推广，成为课间操的主题活动。同时，她培训了多名"查拳操"教师，使"查拳操"在全县推广。2018年，在聊城市中小学生田径运动会开幕式上，王秀芬进行了"千人查拳操"大型表演。王秀芬还整理了五路查拳谱歌。

本着"积极保护、合理开发、有效利用、鼓励竞争"的原则，冠县成立了保护振兴查拳工作领导小组，筹建"冠县查拳协会"，大力挖掘查拳文化。通过在中小学推广普及查拳操、扶持建立查拳传承基地等，推动了该项目的传承发展。冠县不断加强对非物质文化遗产的保护与宣传教育工作，增强全社会的文化遗产保护意识，利用电视台、微信公众号等媒体宣传，组织查拳参加各类展演展示，加大查拳推广力度。同时，冠县政府坚持创新传承，完善模式，不仅鼓励开展查拳交流展演，更鼓励学校教育传承，传承人编制的查拳操走进中小学，其集竞技性、游艺性、娱乐性于一体，成为独特的校园文化，受到广大师生的喜爱。

图四　查拳进入莘县东鲁中学，省级传承人王秀芬给学校老师传授查拳套路

冠县查拳历史悠久，经过近千年的文化积淀，积累了丰富的文化价值。查拳对当地民间艺术产生了一定影响。冠县民间艺术中大量糅合了查拳的拳术套路动作和器械套路动作。如山东秧歌中的"武场子"，就以突出男角的武艺为特点，在舞蹈中大量吸收了冠县查拳拳术动作，粗犷敏捷，奔放刚健。查拳为山东冠县民间舞蹈向"更高、更美"的方向发展奠定了基础。此外，势正行美是查拳的重要特点，查拳无论是静是动，高势还是低势，正面还是侧面，都是对人体艺术美的一种展现。

孔楼杂技

2006年，巨野县的"孔楼杂技"被山东省人民政府列入第一批省级非物质文化遗产名录。

巨野县位于山东省西南部，隶属牡丹之乡菏泽，始建于公元前140年，东毗圣人孔子故里曲阜，北至水浒英雄聚义之地梁山，地理位置优越。这里的男女老幼自古就有习武练艺之风，代代传承，影响广泛。作为孔楼杂技发源地的大义镇孔楼村，在2004年被山东省文化厅（现山东省文化和旅游厅）命名为"民间杂技艺术之乡"。

巨野一带是当年蚩尤与黄帝征战之地。据现存资料考证，巨野孔楼杂技可上溯到五帝时期。每逢农闲时节或田间休憩之时，人们便自发表演交流，评赏取乐。人们在劳作之余，自创了像《传草帽》《甩三把刀》《甩棒槌》《晃梯》《晃板》《水流星》等杂耍节目。而随着时间的推移和节目内容的不断丰富，杂技逐步走向成熟。

孔楼杂技的兴起是在明朝。据《巨野县志》记载，明万历年间，河北沧州两位江湖匿名武师来巨野收徒传艺，最初有大义镇孔楼村的孔广梅、孔广检、孔广丽、孔广田等人拜师。不久后，学徒大增，渐成风气。至清代，习练武术、杂技之风更加盛行，仅孔楼村就同时有五六个武术杂技班社。到清末民初，全镇男丁几乎人人都能露几手杂技绝活。

1930年前后，巨野大旱，孔楼人多外出卖艺谋生。其中，老艺人孔凡令和妻子韩仰芝辗转于大江南北，并结识了江苏省马戏团的掌班夏有祥，带领孔楼村不少青年前去学习深造杂技。随后，孔凡令又特邀江苏省杂技名家吴凤英至孔楼担任教练。吴凤英艺名"麻子红"，杂技、武功兼修，功底深厚，尤其在杂技艺术方面造诣颇深。他们对孔楼村原有的武术杂技进行了规范，创新了重蹬、飞人、顶杆、叼杆、踢碗、打碗、软（硬）钢丝、柔术、马术和气功等节目形式。

因杂技表演观赏性强，又可以借此养家糊口，方圆百里的爱好者纷纷慕名前来拜师。自此，孔楼杂技声名鹊起。"山东大兴棚"就是当时组建的名气较大的艺班，由数十名技术高超的艺人组成。中华人民共和国成立初期，大兴棚分成两支，一支由孔凡令带领前往南方省区，称"孔班"；另一支由邱振才领班，称"邱班"，活跃在山东、河北一带。

深厚的历史底蕴、丰富多彩的技艺节目构成了独树一帜的孔楼杂技。它具有绚丽多彩、古朴大方的艺术特色。其主要技艺形式有蹬技、顶技、叼技、软功等。蹬技——可蹬桌、椅、缸、坛子、梯子、轱辘，还可蹬伞、蹬人等；顶技——分鼻顶、眉顶、嘴巴顶等，主要有《顶杆》《顶塔》等节目；叼技——

图一　线上芭蕾

图二　杂技"咬花"

艺人口衔棍棒，顶端置灯、瓶、碗、蛋等光滑的器物，以展示其掌握平衡的技艺，常演《叼球》《叼瓶》等节目；软功——艺人通过身体的超强的柔韧程度和超大的活动幅度表现美感，常见节目有《咬花》《钻桶》等。此外，孔楼杂技还有车技、手技、口技、滑稽、晃板、钢丝、流星、倒立、对练、飞刀、高空、爬杆、皮吊、扛梯、马术、魔术、舞狮、硬气功等30多个技艺形式，共近200个节目。

孔楼杂技注重技巧间的相互衔接和技巧的综合运用，既继承传统武术精华，又吸纳各家所长，推陈出新，经多年实践和探索，逐步形成了以"高"（水平高）、"精"（技巧精湛）、"尖"（节目出类拔萃）、"难"（动作难度大）、"奇"（不俗套）、"巧"（灵巧活泼）、"险"（似险非险，常人难以做到）、"新"（创造别人没有的节目）八字著称的独特艺术风格和浓郁的地域特色，先后创新出40多个绝活，如《高台定车带牙杆》《双层云梯》《六刀双人对抛》等。其中，《蹬大排楼》节目演出时，艺人要蹬12把椅子，上面同时还有5个女孩表演咬花节目，其难度之大可想而知。

孔楼杂技的众多演员和节目技艺在国内外有着重大影响。中华人民共和国成立以来，从孔楼走出的杂技艺人达5 000人以上，他们分布在全国各个省、直

图三 传统杂技"三推"

辖市、自治区的各大杂技表演团体中，也有的活动在国家的大型旅游景区及各大影视城、电影制片厂的拍摄现场。国内许多大型电影、电视剧都有孔楼杂技演员参与拍摄，如《齐鲁英豪》《水浒》《杨家将》《浪子燕青》等。仅孔楼村在国外长年定居和演出的杂技演员就将近200人。1958年6月，巨野县杂技团演员孔宪利、杨翠霞在济南南郊宾馆为毛泽东、朱德、陈毅等国家领导人演出，他们表演的《对口悬人》节目受到了一致称赞，孔楼民间杂技艺术初露锋芒。1959年，在山东省举办的杂技、马术观摩演出大会上，孔楼村演出的《双层顶杆》《钢丝骑高车》《秋千飞人》等节目荣获一、二等奖。20世纪70年代初，孔庆春、孔瑞平曾跟随周恩来总理参加亚洲国际贸易会，并为国际友人表演。1972年，柬埔寨国家元首西哈努克亲王访问山东，孔楼村演员为其表演了《双爬杆》等节目，并与西哈努克亲王合影留念。1976年，邱爱莲赴美国、法国、苏联、新加坡表演了《体操表演》节目，后又赴古巴、西班牙、厄瓜多尔等国家表演多次。如今，不管何时何地的演出活动，只要有孔楼杂技节目，便会观众云集、门庭若市。迄今为止，孔楼杂技演员累计出国演出1000余人次，在美、英、法、日、韩等20多个国家都有重要影响。

经过漫长的岁月，孔楼杂技艺术深深地扎根于孔楼人的心中，渗透到孔楼人生活的方方面面，深刻地反映了先辈们勤劳、勇敢、聪慧、进取的思想品质，在深入发掘考证我国传统杂技艺术底蕴、丰富杂技技艺创作、开展文化交流研究等方面有着很高的历史研究价值。

孔楼杂技艺术有独特的艺术魅力，不断地让观众肯定人体的力量、感受人体潜能，同时也感受人与社会的进步，并由此得到愉悦、惊叹、激励、启迪、充实、自豪、净化等诸多美感，能使人吸取其中的精神力量，从而对生活充满热爱，对自己更有信心。

杂技技能在旧社会是广大艺人的谋生之道。现在，杂技已成为一门艺术，也是一种职业，得到了较快发展。孔楼杂技作为一种文化资源，已成为巨野人招商引资，大力发展服务业、旅游业和文化产业的亮点，成为巨野、菏泽乃至山东的一张文化名片。

在孔楼村，一些年过花甲的老人不驼背、不虚喘，身体结实，精神旺盛；一些青壮年更是精力充沛、体格健壮，是生产中的优质劳动力。据科学研究，仅杂技中的一个倒立动作，就有活化脑细胞、增加血液内的血红素、增强记忆力、改善失眠及头痛、帮助消化、治疗便秘、减轻心悸等几十项作用。

孔楼杂技节目丰富、风格独特，素以惊险、奇巧著称，是一项极富观赏性和娱乐性的民间艺术活动。它自产生以来，就深受人们的喜爱，充分达到了愉悦观众身心的效果，在不同时期、不同年代都发挥了丰富群众文化生活的重要作用，对加强社会主义文化建设、构建和谐社会具有重大意义。

螳螂拳（崂山）

　　2009年，青岛市崂山区的"螳螂拳"被山东省人民政府列入第一批省级非物质文化遗产扩展项目名录。2011年，被国务院列入第三批国家级非物质文化遗产扩展项目名录。

　　海风吹拂山岗，海浪涤荡礁岸，浩渺无垠的海洋是陆地关于远方的遐想，孕育出开放进取、兼容并包的美好品质。青岛，一个诞生和成长于海边的城市，风光旖旎，人杰地灵。悠久的历史岁月在这里积淀下深厚的底蕴，赋予了青岛别样的魅力。这片钟灵毓秀的土地不仅曾让许多文人墨客流连忘返、创作出脍炙人口的传世之作，而且各派武学也纷纷在这里落户扎根，其中便有著名的螳螂拳。

　　螳螂拳传承历史悠久，根据史料记载，其起源大致可以追溯到明末清初。螳螂拳的创始人是山东栖霞人王朗。据传，王朗的原名叫于七，是明末清初的一位抗清运动领袖，因在同胞十人中排行第七，所以被称为"于七"。他曾在胶东一带领导农民起义，后来在清军的层层围剿下失败。专家考证，于七后来成功躲避了官府通缉，改为王姓，遁入崂山华严寺，剃度出家，法号善和。

　　虽然已经遁入空门，但王朗（于七）的心中对武学却始终牵挂不舍。传说，有一天他恰好见到了螳螂捕蝉的景象，突然脑海中灵感迸发，回去之后就对看到的场景反复推敲、仔细琢磨。日复一日的细心钻研终于有了收获，他依照螳螂捕蝉之动作章法，创立了一门全新的拳法——螳螂拳。后来，王朗继承了前任方丈的衣钵，成了华严寺第三代方丈，他将自己悟出的螳螂拳无私地拿了出来，对一众寺僧倾囊相授。再后来，螳螂拳又传入民间，在崂山地区广为流传。

除史料记载以外，关于螳螂拳的起源，民间也有一个广为流传的说法，讲述的是一段惩奸除恶的英雄故事。传说，当年崂山有一个臭名昭著的大恶霸，名唤"李四磕子"。这个李四磕子依仗自己有一身武艺，横行霸道，无恶不作，乡民对他深恶痛绝。有一次赶集的时候，李四磕子看上了一位名叫金葵的姑娘。李四磕子正待强抢之际，一个好汉挺身而出。这个好汉名叫牛青，平生专好打抱不平，早就决心要教训李四磕子，好为乡亲们出口恶气。牛青与李四磕子打得难解难分，但无奈李四磕子人多势众，牛青惨遭毒手，不幸身亡。牛青的儿子牛广知道后便来找李四磕子，想要为父报仇，但无奈武功不敌恶霸，身受重伤。牛广大难不死，在金葵姑娘的细心照料下身体逐渐恢复了起来。为了打败李四磕子这个恶霸，牛广日思夜想，最终决定以螳螂为师，学习螳螂的动作招式。功夫不负有心人，牛广果然习得了一身武艺。凭借高超的螳螂拳，他轻而易举地就打败了以李四磕子为首的恶霸。自此之后，崂山百姓过上了安居乐业的好日子，而这套螳螂拳则被世世代代传承了下来。

清朝乾隆年间的李秉霄是螳螂门中真正有史可查、有谱可考的首位传人。李秉霄是山东莱阳人，因使用双钩出神入化，被尊称为"李二钩"。关于李秉霄学习螳螂拳的经历，在《莱阳县志》中有记载。当年，李秉霄随父亲宦游南中，当地监狱里有一个大盗病入膏肓，官府贴出告示寻求名医为其救治。李秉霄精通医理，经过他的悉心救治，大盗得以痊愈。为了报恩，大盗便把螳螂拳传授给李秉霄。经过多年勤学苦练，李秉霄的螳螂拳得以大成，成为一代宗师。

经过后人的不断操演，螳螂拳在传承的基础上又取得新的突破，并演化出太极、七星、梅花、六合四大流派。各流派虽然各有特色、自成一体，却又同根同源。

姜化龙是近代螳螂拳的重要传承人，在其推动下，近代山东螳螂门走向了辉煌。姜化龙在清末民初有"打得硬姜化龙"之誉，是当时山东武林的泰斗之一。他一生收徒众多，最能继承其衣钵的是宋子德。宋子德对螳螂门历代先师的绝学进行整理，使得螳螂拳技艺得以完整地传承保留；他还吸收各派武学精华，形成了别具一格的太极螳螂拳。后来名震武术界的莱阳"三山""两亭"便是宋子德的徒弟，其中就有王玉山。王玉山曾凭借螳螂拳击败众多名手，时有"螳螂王"的美誉。王玉山的儿子王元乾是太极螳螂门的第七代传人，20世纪80年代在"全国武术遗产抢救、挖掘、整理"工作中，被确定为嫡派螳螂拳传人，为中国传统武术螳螂拳的继承、弘扬做出了杰出贡献。如今，太极螳螂拳已经传承到了第九代。

梅花螳螂拳也是螳螂拳的重要分支之一。清末民初的郝连茹师承梁学香，习得了正宗螳螂拳。其以枪法闻名于世，故有"神枪郝"之誉。他对梅花螳螂拳的套路进行了整理，补充了理论内容，使梅花螳螂拳得到了进一步的完善和丰富。郝宾是梅花螳螂拳代表人物郝恒禄的儿子，也是近代烟台螳螂门最具影响力的人物之一。他在继承家传武功的同时，又吸取了太极螳螂门的武功精要，形成了烟台郝家太极梅花螳螂拳功。郝宾终生以授拳为业，桃李遍布大江南北。

图一　螳螂拳单人展示

现如今的青岛螳螂门中，除了太极螳螂拳和梅花螳螂拳外，还有七星螳螂拳一派。七星螳螂拳的第三代传人李之箭师承于升霄道长，有"闪电手"和"快手李"的美誉。其后又有第五代传人范旭东，他曾登擂力挫沙俄拳击高手，勇夺锦标，宣扬国威。第六代传人林景山天资聪颖，全面继承了七星螳螂拳之精髓，是近代七星螳螂拳发展史上的风云人物。

螳螂拳虽属于"象形拳"，却是"重意"而不"重形"。所谓螳螂拳，顾名思义，必然与螳螂息息相关：在精神方面，螳螂拳汲取螳螂所具备的刚毅坚定、机智勇敢等武学品质；手法方面，充分借鉴螳螂运用双臂时的快速灵巧；步法方面，学习螳螂的踏实稳固和腾挪突跃；身法方面，吸取螳螂腰身的灵活多变。螳螂拳师法自然却又不为其形所限，凝集螳螂动作的精髓，终成独树一帜的武学流派。

另外，太极、梅花、七星三门螳螂拳的拳法各有特色。太极螳螂拳法是根据《周易》的太极阴阳学说推演形成的，讲究阴阳、刚柔、进退、虚实，主张以硬劲为基础的囫囵劲，故而有"传拳不传劲"的说法；七星螳螂拳更加主张实战，讲求效率，看起来质朴无华，实则攻势凌厉，有迅雷不及掩耳之势；梅花螳螂拳比较紧凑，刚柔并济、长短兼备，在施展之时变化莫测。螳螂拳的拳术讲究长短兼备、刚柔一体、勇猛快速、结构巧妙、灵活多变，与其他拳种相比，螳螂拳风格独特，自成一家。

图二　螳螂拳双人展示

二十世纪六七十年代是青岛螳螂拳极为兴盛的时期，当时，青岛各个主要的公园、山头、地段遍布传授螳螂拳的站点，练习者比比皆是。当时，青岛街面上还流传着"要想地面走，学会螳螂手"的说法。

图三　孩子们练习螳螂拳

螳螂拳历史悠久、内涵丰富，是中华武学的宝贵财富。螳螂拳充分体现了中华传统武术"象形取意"的优点，彰显了习武之人的尚武勇敢的精神力量，承载着中华武魂。一方面，螳螂拳以其风格独特的武术成就，向人们娓娓讲述着一个门派武学的发展历程；另一方面，作为一项重要的非物质文化遗产，螳螂拳具有文化传承和强身健体的价值。在党和政府的大力支持和推动下，螳螂拳逐渐与日常生活紧密结合起来，极大地满足了人们的精神文化生活需要，同时也有利于提升人们的文化自觉与文化自信，推动中华武术以开放进取的姿态走向世界。

图四　螳螂拳进校园

螳螂拳（栖霞）

  2009年，栖霞市的"螳螂拳"被山东省人民政府列入第一批省级非物质文化遗产扩展项目名录。2011年，被国务院列入第三批国家级非物质文化遗产扩展项目名录。

  栖霞市，隶属于山东省烟台市，位于胶东半岛腹地，为金代伪齐阜昌二年（1131年）置设，因"日晓辄有丹霞流宕，照耀城头霞光万道"而得名。这里早在6 000多年前就有人类族群聚居，有着悠久的历史积淀。螳螂拳是一种模仿螳螂动作演变而来的传统拳术，在山东胶东地区广为流传，是中国武术优秀拳种之一，被列为全国武术表演比赛项目。螳螂拳以栖霞、海阳、莱阳等胶东广大地区为主要传承地，现已推广至全国10多个省市及世界20多个国家和地区。

  相传螳螂拳为明末清初栖霞人王朗（于七）所创，距今已有300多年历史。梁学香所著螳螂拳谱《可使有勇》中记载："昔者王朗老师，作为分身八肘，乱接、秘手……"

  于七，名孟熹，字乐吾，栖霞唐家泊人。周绍贤《清初于七之变轶史》载"其祖父善武术，好交游……于七幼受家教，昼习文，夜习武，年弱冠，技艺已成……参加科举考试得中武解元"。据《栖霞县志》记载，1662年，于七抗清起义失败，逃往崂山华严寺削发为僧，改名为王朗，后成为第三代方丈。期间，于七在其所学少林罗汉单打拳的基础上，潜心研究，不断创新，集古传十八家手法于一体而创螳螂拳法。其后人也逃至胶州，繁衍生息，至今于七的十代孙于桂明等仍健在。

螳螂拳创立之后，主要在海阳、莱阳一带传承，有史可查的传人便是莱阳的小赤山人李秉霄，之后是赵珠、梁学香、姜化龙、宋子德等。

大约在梁学香和姜化龙时代，螳螂拳出现"学术回流"，先后从海阳、莱阳逐渐传至栖霞。当时，梁学香在栖霞铁口宋家埠传授孙英及其四子螳螂拳，其中以其四子为嫡传，集大成者为其孙子——孙忠民；姜化龙则在栖霞城区和桃村一带收徒传艺。螳螂拳的另外一支，是栖霞筐里村人战德在观里东南庄、纸房一带传授的小架太极螳螂拳，传人有张洪锡、衣寿春等。在栖霞臧家庄镇东杏山村，姜化龙的徒弟冯环义在此传授八步螳螂拳，后其徒弟卫笑堂将八步螳螂拳在我国台湾发扬光大，后传向世界各地，成为最有影响的螳螂拳种之一。

到清末民初，栖霞一带螳螂拳已非常普及。据调查，当时全县螳螂拳传播村庄达54个，授拳点遍及城乡，习练者达数千人之众。而此时，莱阳、海阳的传习活动也十分活跃，许多拳师纷纷到烟台、青岛及周边市县传授嫡派螳螂拳，螳螂拳国术馆遍布胶东各地，逐渐形成了现今烟台螳螂门的三支五派，包括太极螳螂、梅花螳螂、七星螳螂、六合螳螂、小架螳螂等。其中，太极螳螂、梅花螳螂、小架螳螂等拳种在栖霞比较流行。

1. 梅花螳螂拳

梅花螳螂拳拳法紧凑，刚柔并济，长短兼备，上下交替，内外拉接，变化莫测。其手法、步法、腿法、身法密连而巧妙、稳健而灵活，并且活中具快、快中具稳，动作刚而不僵、柔而不软、脆而不弱、快而不乱，发力快速准确。梅花螳螂拳在运动和技击的过程中，除靠步法的变化创造进攻和防守的有利条件外，还要靠身法的调整掌握重心，防御对方后更有力地反击。梅花螳螂拳是一门既具勇猛顽强的战斗精神，又有优美艺术性的精妙拳法。

套路：乱接、崩补、八肘、偷桃、摘要。

器械：乱门刀、六合枪、少林棍、四门刀、八仙剑、流星锤。

2. 小架螳螂拳

小架螳螂拳自成体系，风格独特。其内容有理、拳、械、功、术、用。其功上身后主要体现在"十二字"打法上，即闪转腾挪、粘沾傍贴、来叫顺送，有眼疾、心定、步灵、身稳、手快、功硬之特长。在发力上讲究"起、发、顺、达"，即起于腿，发于腰、顺于肩、达于梢。在运用上讲究松沉、弹抖，发放自如。其结构架小紧凑，手法密集，劲整力圆，周身一体，打防同步，变化无穷。外观以螳螂手、寒鸡步为形，螳螂手千变万化，寒鸡步变化无穷，此为小架螳螂拳之特点。

套路：崩补、拦截、八肘、摘要、大劈砸、小劈砸。

功法：硬功和内功。硬功有铁砂掌、螳螂爪。内功有螳螂摸太极。

器械：疯魔拐刀、螳螂双手剑、双匕首、螳螂乱扎十八枪、双钩、疯魔棍。

暗器：梅花针、飞刀、飞镖。

3. 太极螳螂拳

太极螳螂拳法是古传拳功，其拳功系依据《周易》之太极阴阳学说推演而成，有螳螂手摘要365手，八肘的"八八六十四肘"，讲究阴阳、刚柔、进退、虚实，有手法多、劲路奇的特点，有完整的基本功单式及桩功。其核心理论中"进退虚实、蹿跳出入、闪转腾挪、开合收闭、长短起落"的歌诀总结概括了太极螳螂拳的主要特点。太极螳螂拳劲路讲究以硬劲为基础的囫囵劲，俗有"传拳不传劲"之说。

内功：练气歌、气功口诀、八段锦、排功歌、气功八字、三回九转气功等。

套路：乱接、崩补、梅花路、中路翻车、螳螂手摘要六套365手、八肘四套64手。

器械：六合棍、双手剑、十八枪、乱枪、大刀、单刀摘奇、梅花刀、掠水棒等。

螳螂拳经历了300多年的传承与发展，经过几代武术家的努力，形成了具有鲜明特色、实战威力大的拳术流派。拳法中贯穿阴阳、虚实、刚柔的理论，

图一　传承人王胜其展示螳螂拳法"护手钩双叉花"

使螳螂拳具有"螳螂之体、太极手、寒鸡步"的基本特征，拳法讲究刚柔相济，手法灵活多变，招式以连贯见长，出手以弧与圆结合。

19世纪中期，栖霞的螳螂拳进入兴盛期，出现了孙英、孙忠民、杨学海、杨学珍、杨学武、杨振宝、杨德常、米华彩、米华国、米卓福、邹良等一批螳螂拳高手。由栖霞筐里人战德所创的小架螳螂拳，传人有张洪锡、衣寿春、单金生等。八步螳螂拳从栖霞传入全国及世界各地，卫笑堂、卫延义兄弟是重要传承人。

图二　传承人张传利习练螳螂拳招式"螳螂钩步"

到20世纪80年代，螳螂拳的传习活动进入一个非常活跃期，仅在栖霞一带，习练者就达数千人之多。1984年，栖霞组织了一次大规模的武术普查，之后举办了武术比赛，盛况空前，参赛者近百人。目前年龄在40—60岁的螳螂拳师大多是在20世纪80年代习得拳法，成为螳螂拳的重要传承人。进入21世纪，栖霞市在各方努力之下成立了螳螂拳协会，螳螂拳习练者达到百人之多。从2007年开始，栖霞市政府每年至少拨专款10万元对螳螂拳进行保护。

螳螂拳在它产生的数百年里，经过历代武术家的总结提炼、创新发展，逐渐形成了特色鲜明、长短兼备、刚柔相济、勇猛快速、实用性强的独特风格，有着鲜明的技击特点，实战威力强，同时还有强身健体、祛病延年的功能。

图三　传承人王胜其教授徒弟螳螂拳

济南形意拳

　　济南市位于中国华东地区、山东省中部、华北平原东南部边缘。在齐鲁这片钟灵毓秀之地，历史上文韬武略之才举不胜举；而泉城济南作为山东省的省会，是国家历史文化名城，史前文化——龙山文化的发祥地之一，孕育传承着丰富的中华优秀传统文化。武术作为中国传统文化的重要组成部分，可谓源远流长，堪称中华"国粹"。

　　形意拳是一种古老的拳术。它吸取了道家哲学和养生思想，内为养身之术，形为运动之道，生克变化为攻防之法，神形并重，内外双修，心意诚于中，肢体形于外，外形与内意高度统一，故名形意拳。它和八卦掌、太极拳、少林拳并称为"武林四大名拳"，又与八卦掌、太极拳并属三大内家拳系，是中国优秀的传统文化遗产。据古拳书谱记载和民间先辈相传，形意拳源于宋朝武穆王岳飞。至明末清初，山西蒲州人姬际可得岳武穆王拳谱，他又精于枪法，以枪为拳，遂成"心意六合拳"，即形意拳的雏形。至清朝中叶，河北李洛能又有所创新，并将之定名为"形意拳"。至今，李洛能所传的形意拳已形成各地区不同的风格流派，济南形意拳是形意拳的重要流派之一。

　　济南形意拳以中国古典哲学中阴阳五行"生克制化"的原理为指导思想，

融贯儒学之道，内容主要包括三体式站桩、五行拳、十二形拳、对练等拳械。形意拳总体来说具有形神兼备、内外合一、舒展大方、朴实明快、严密紧凑、稳捷扎实的特点。它的拳理和运动实践充分体现了中国古典哲学中的宇宙整体观和传统医学中的人体整体观，形成养生上的祛病延年之功和技击上的克敌制胜之能。

形意拳在济南的发展主要分为三个时期：

初期可追溯到20世纪初期。1929年，山东国术馆在济南创立，由教务主任李玉琳兼教形意拳。1932年，济南形意拳宗师李应埙（又名李向左）被聘为国术教授。李应埙师承李镜斋，是形意拳宗师李洛能的再传弟子，为形意拳在济南的传承发展奠定了基础。国术馆内有发放工资的练习班和派教员授课的民众班。后来，练习班因经费困难，改为自费的师范班。李应埙同时传授两班形意拳，并于1960年正式收高医俗、李静轩、罗本祺为徒，为形意拳在济南的传播做出了重大贡献。

1937年11月，日本侵略军占领黄河北岸，国术馆成立武士队（国民军义勇队）参加抗战，李应埙也加入武士队。队伍几经战斗，伤亡惨重。李应埙在队伍被打散后又辗转回到济南，在济南中山公园（后改为人民公园）等地授拳，

图一　杨遵利（右一）与高医俗（左三）、李静轩（右二）、罗本祺、朱蕴山合影

直到1966年去世，终年76岁。

第二时期是1980年左右。随着国家大力提倡挖掘中华武术文化，李应壎之徒高医俗率先在济南英雄山下成立济南英雄山形意拳第一辅导站。随后，其师弟李静轩、罗本祺、朱蕴山进入辅导站。朱蕴山设立了工人文化宫形意拳第二辅导站。高医俗向国家贡献出了拳经拳谱，获国家"雄狮奖"。高医俗晚年积极筹备成立济南形意拳研究会，但因生病去世，未能实现夙愿。高医俗去世后，其师弟李静轩、罗本祺在济南英雄山形意拳第一辅导站继续教拳，高医俗之徒杨遵利成为辅导站教练，朱蕴山仍旧在工人文化宫形意拳第二辅导站教授形意拳，他们对济南形意拳的发展起到承前启后的作用。

第三时期是以高医俗之徒杨遵利为代表的济南形意拳发展时期。杨遵利自幼好武，先后师从高医俗、李静轩修习形意拳，并得到罗本祺、朱蕴山的指点。他擅长形意拳、太极拳，通八卦掌等，系统继承了李应壎先生的拳学体系，是形意门的代表人物。

1986年，济南形意拳研究会成立，济南形意拳迅速发展。以杨遵利为代表的传承人著书立说，设点传艺，广收门徒，进学校，进社区，广泛交流，形成了具有济南地域风格和相当规模的济南形意拳文化品牌。

杨遵利从拜师高医俗到高医俗去世后，一直坚守在高医俗先生创立的济南英雄山形意拳辅导站，后带队参加全国比赛、担任裁判并成为济南形意拳研究会负责人，出版了50万字的《形意拳述真》，收徒300余人。在杨遵利先生的努力下，济南形意拳走进了大学、中小学。他认真落实全民健身的宗旨，弘扬武术文化，使济南形

图二　杨遵利展示济南形意拳"金鸡上架式"

图三　杨遵利所著《形意拳述真 》

意拳队伍得以不断发展壮大，并密切同各地形意拳组织进行广泛交流，为济南形意拳的传承发展做出了突出贡献。

在杨遵利先生的带领下，济南形意拳在济南六里山东麓、趵突泉等地设立非遗传习基地，在部分高校成立济南形意拳大学社团，与济南师范天桥附属学校合作，将形意拳作为学校的特色体育项目，并在山东省的青岛、临沂、淄博等地及北京、上海、重庆设有分会。除了对济南形意拳进行校园普及和视频采集建档外，杨遵利先生还积极开展对外武术交流宣传活动，参加国际形意拳比赛，使济南形意拳受到世界各地的广泛关注，形成了较大的影响；创办了济南形意拳网站，拓宽了济南形意拳的宣传推广渠道，协助形意拳更好地传承。济南形意拳传承活动开展得非常顺利，济南形意拳研究会也成为全国的形意拳组织中影响较大的一个。

杨遵利先生培养了国内外大批弟子，正式拜师入门者300余人。其弟子多次参加全国、国际武术比赛，获金、银、铜牌200余枚，并曾荣获团体总分第一名的好成绩。其中，有52人获济南市文化局（现济南市文化和旅游局）颁发的非遗技能武英一级、二级、三级奖，300余人获得中国武术段位，有30余人入编《中国武当武术家大辞典》。

济南形意拳因其文化内涵及价值，成为中华武学的重要组成部分。通过习练形意拳，人的思想得到升华、技能得以提高、身心得以健康，可达到体悟人生、改善精神气质的目的，能够培养浩然大勇的尚武精神和崇高的人格。济南形意拳服务广大群众，具有文化意义和社会功能。

形意拳源远流长，是中华武术中一个优秀的拳种，经历代武术名家的潜心研究、传承，已形成了比较完整的体系。山东是武术之乡，形意拳在山东济南传承发展，已成为济南武术文化的重要部分。济南形意拳的历史文化内涵及其价值，是山东历史文化中不可分割的一部分。

形意拳文化的传承和发展体现了武术之精华，具有深厚的中华文化底蕴，以杨遵利为代表的济南形意拳传承人致力于使形意拳服务广大群众，服务文明的发展、服务人类社会。

图四　杨遵利携济南形意拳走进大学

图五　杨遵利先生在六里山形意拳场地教拳

孙膑拳（市北）

　　2009年，青岛市市北区的"孙膑拳"被山东省人民政府列入第二批省级非物质文化遗产名录。2011年，被国务院列入第三批国家级非物质文化遗产名录。

　　市北区地处青岛市区中部，是青岛工商业的发祥地，更是青岛革命运动的摇篮。城市发展，时代变迁，这里沉淀了深厚的文化底蕴。在这里，不仅文学与艺术得到了繁荣发展，中华传统武术也有良好的发展。在市北区有一种拳，它不仅历史悠久，而且与古代军事名家孙膑息息相关，这就是国家级非物质文化遗产项目——"孙膑拳"，也被称为"长袖拳"。

　　孙膑拳是一种流传于山东的古老拳种，据史料记载，孙膑拳的发展与传承可以追溯到清朝末年。清末民初之际，孙膑拳就在山东济南、青岛、聊城、淄博，以及河北馆陶等地流传，后来孙膑拳开始在青岛广泛传播，成了青岛武术门派的重要组成部分。《中华舞史》1991年刊载《孙膑拳精华》一文，指出是清末山东省茌平县（今茌平区）的张景春传下了孙膑拳。张景春是一位爱国武术家，他自幼习武，广结天下豪杰，平生以武会友，在比拼中常以孙膑拳取胜，因此闻名于冀鲁一带。他毕生仅授徒三人，杨明斋（武学名为杨金栋）是张景春的三弟子。

　　虽然孙膑拳究竟创始于何时，至今仍众说纷纭、莫衷一是，但大家普遍认为孙膑拳是由杨明斋先生传承下来的。文献记载称："杨君精于大小架子拳术，此拳流传极少，即北方亦不多见。显技时，须衣特殊之长袖衣，又精于孙膑三百六十手。"由此可见，杨明斋在孙膑拳方面成就极高。

　　20世纪初，孙膑拳在青岛广为流传。杨明斋于1922年12月来青岛定居。1923年，青岛建立"国技学社"，以传授孙膑拳为主。1928年，在青岛市广东路1号建立青岛国术馆。杨明斋在国术馆任职期间，择徒授艺，高作霖、孙文宾、孙绍棠三位武术名家都是杨明斋的弟子。自此，孙膑拳在青岛传播开来，而青岛也因孙膑拳闻名于武术界，享有"孙膑拳市"之誉。第三代传人孙文宾在1930年应邀来青岛跟杨明斋研习孙膑拳法，他一生从事武术事业，传授中华武术，培养出大批武术人才，孟宪堂便是其众多弟子之一。

　　孟宪堂是孙膑拳的第四代代表性传承人。1935年，孟宪堂在青岛出生。他是国家一级武术裁判、一级拳师，曾担任世界传统武术联合会主席、青岛市武术文艺协会主席、中国俗文学学会武术文化委员会主任、青岛孙膑武馆馆长兼总教练、青岛大学武协顾问等职务。他自幼酷爱武术，后拜孙文宾为师，学习孙膑拳。在传统套路的基础上，他又吸收其他拳械及功法的精华，使孙膑拳更加完善。

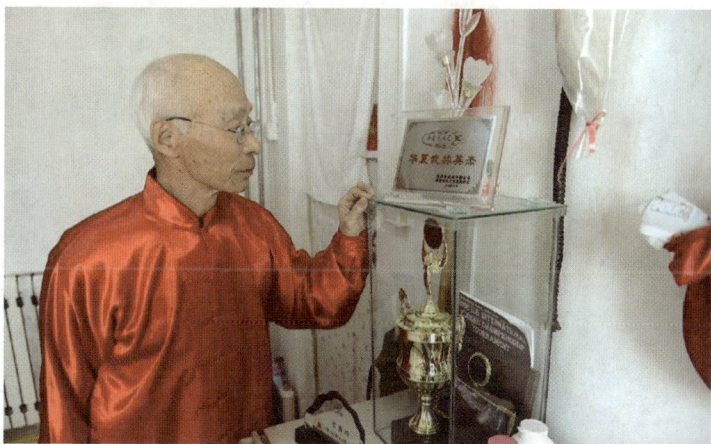

图一　孙膑拳传人孟宪堂

　　五十余年间，孟宪堂不惧风吹雨打，始终在青岛榉林公园练拳、授拳，坚守习武初心。因为曾有"传单不传双""传男不传女"的陈规，所以孙膑拳一门一直人丁不旺，练的人也越来越少。现在，孟宪堂打破了"传男不传女"的陋习。经过他的悉心教导，认真传授，如今第五代传人已达60余人。为了将中华武术发扬光大，他还多次远赴匈牙利、奥地利、美国、新加坡、马来西亚等国授业。孟宪堂一生专心授拳，还著有《中国孙膑拳》一书，为孙膑拳的传承发展做出了巨大的贡献。

　　《孙膑拳谱》用生动形象的语言向后人展现了孙膑拳的精妙之处。"孙膑留下长袖拳，三百六十手相连，鸡腿龙腰泼猴性，鹰眼猿臂象鼻拳。"孙膑拳的拳理要求习武者静似雄鸡、动似龙腰、灵似泼猴、神似鹰眼、松肩如长臂猿。其拳型多以"象鼻拳"为主，步法则多为"蹒跚步"。"蹒跚"取意于《孙膑兵法·数阵之法》，要求习武者努力做到"蹒跚跛行左右移，前进后退莫换脚，左摇右摆寻真机"，在左摇右晃中寻找机遇克敌制胜。

　　孙膑拳拥有自己的手法、掌型和拳型。当孙膑拳操演时，修习者的手兼具攻防的双重作用：在攻击过程中，双手就如同尖锐的长矛一样，向对方连连发起猛烈锐利的攻击；当需要防御之时，则成了护身之盾，保证自身不受伤害。

图二　孟宪堂和徒弟练习孙膑拳

孙膑拳的手法以点穴为主，并搭配以弹、钩、挂、缠等手法。孙膑拳最常用的拳型有平拳、象鼻拳、措拳、砸拳四种，招式不一，形式多元。孙膑拳的掌型则有侧劈掌、正推掌等合计八种，灵活选用，威力无穷。

孙膑拳的腿法也颇具特色，素有"二节腿"之称。因为孙膑当年曾经受膑刑，所以孙膑拳也有了独特的腿法。因在操练过程中习武者腿部关节像无牵连一样，故而得名"二节腿"。明朝大将戚继光在《拳经》中所载的"山东李半天之腿"，可能就是指孙膑拳的腿法。

图三　传承人兰春玲展示日月燕翅圈

在技法方面，孙膑拳以"圆、角、线、点"为总则。"圆"，指步法不走直线；"角"，指站立在对己有利之角度；"线"，指抢占攻敌最佳路线；"点"，指尽量减少攻防次数，做到一触即发，一发就到，一点就胜。在战术

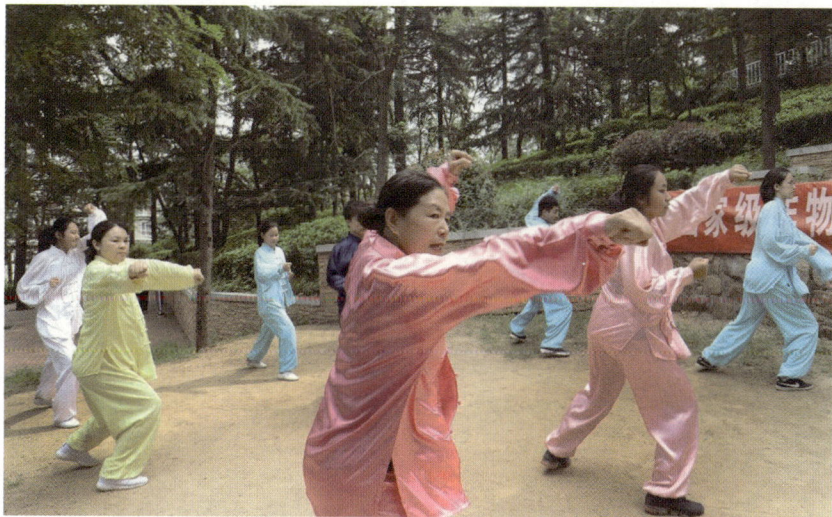

图四　传承人兰春玲带学生练习孙膑拳

053

方面，孙膑拳讲究"空、诓、虚、实、晃"，以动作迷惑对方，有真有假，有虚有实，最终做到真假难辨、虚实难分，以产生迷惑对手的效果。

孙膑拳因孙膑而得名，自然与闻名于世的《孙膑兵法》关系密切。在孙膑拳的拳法中，可以领略孙膑的兵法思想。孙膑拳传承《孙膑兵法》的理论，融合了军事策略，自成一家，铸就了一套风格独特的理论系统。其中，"蹲走跛行"是其最突出的特点，尤其强调静坐行功，以达到事半功倍的效果。

孙膑拳的内容丰富，风格独特，防身健体，老少皆宜。在长期演练中，孙膑拳吸取了武林各门派的击技优点，使其更臻于实用，具有行拳出手顺达流畅、攻防显著、迅捷勇猛的武学特色。而且，孙膑拳在多年传授中还运用枪、刀、棍、剑、双刀、双圈等武术器械，其中孙膑拐最能体现其特色。据传，孙膑受膑刑后，经过敖莱河时，遇到了两条青龙，二龙化为双拐，即为孙膑手中兵刃，故而得名"孙膑拐"。孙膑拐共88式，练时要求拐随身走、身随拐拧，手腕发力，身法刚柔相济，行如蛟龙出海。

孙膑拳汲取《孙膑兵法》的思想，是武术拳种与军事谋略巧妙结合的产物，更是前人留下的珍贵财富。孙膑拳能击敌防身，且易学易练，修习者还能通过练习孙膑拳健身养性，对身体健康大有裨益。在工作生活之余，练习一套孙膑拳，可以在一招一式中体悟古人的卓越智慧，在动静结合中领略人与自然的和谐相生。

崂山道教武术

　　2009年，青岛市崂山区的"崂山道教武术"被山东省人民政府列入第二批省级非物质文化遗产名录。

　　《齐记》云："泰山虽云高，不如东海崂。"崂山素有"海上第一名山"的美誉，在我国的海岸线上，崂山当数最高峰。这里山势曲折，峰峦耸秀，古柏苍劲，云海翻腾，历史上曾有不少帝王将相、方家术士和文人骚客慕名而至，只为一睹"人间仙境"的无限风光。奇特秀丽的风光赋予崂山以浪漫奇幻的神话色彩，这"神仙宅窟"成了道教重要的修行之地。崂山道教武术是崂山道教文化的有机组成部分，与崂山道教音乐并称为崂山道教文化的"两大精髓"。

　　关于崂山道教武术的起源，最早还得从张三丰讲起。张三丰创立了武当山内家拳术，将道教气功与武术融为一体，开辟了道教武术流派，而崂山道教武术就是道教武术流派的一种。《太清宫志》记载，张三丰为崂山道教祖师之一、崂山拳术武当派之祖，开创了习武修道的先河。《崂山志》又记载道："永乐年间张三丰者，尝自青州云门来于崂山下居之。"张三丰一生之中曾经到崂山三次，将自己在武当山练成的包含拳术、剑法、气功、点穴术等一身武艺悉数传授给了崂山道士。

　　崂山道教武术自创建以来，先后诞生了徐复阳、孙玄清两位大师。徐复

图一　崂山道教武术展示

阳，字光明，号太和子，山东掖县（今莱州）人。他曾拜入得张三丰真传的龙门派道士李灵仙门下刻苦修行，后开创了全真龙门派的一个新支派——鹤山派。鹤山派成为明代崂山全真道教三大派系之一。孙玄清，字金山，号紫阳，山东寿光人。他深谙静心养性之法和阴阳颠倒五行之术，开创了全真龙门派下的一个新支派——金山派。金山派是明代崂山道教的主要门派。徐复阳、孙玄清承袭前人衣钵，将道教的玄学思想和武学内涵进一步完善提升，取得了新的成就。

　　匡常修是近代崂山道教武术的集大成者。匡常修出生于清光绪年间，他自幼喜武好道，26岁就到崂山白云洞出家，从此潜心修道习武。他深得师祖李师庆和师父匡真觉的真传，以武当内家功法为主，辅以中国传统武术，同时本着海纳百川的气魄，将自己曾经访学习得的武术精华融会贯通，在继承的基础上进一步开拓，形成了武当崂山派系，即"崂山道教武术"。

　　作为崂山道教武术的开创者和道家武学的传承人，匡常修一生笃定习武授业之志，坚持弘扬优秀传统道家武学精神。数十年间，他悉心授艺，门下培养出了众多文武双全且德才兼备的优秀弟子，实可谓是桃李芬芳。匡常修不仅在实践中摸索和钻研武学，而且注重将传统的道家武学和自己的习武心得加以整理，形成了《玄真篇注解》《武当武功》《乾元丹指》《先天气功基础要诀》

《武当别传》等重要书稿。除了习武授艺，匡常修还继承发扬了济世救人的道家风骨，在习武的同时悬壶济世，凭借精湛的医术深受百姓爱戴。

政府与传承人的共同努力，为崂山道教武术的传承发展打开了新的局面。为了传承道教武学、弘扬崂山道教武术，最大限度地保护这一项优秀的非物质文化遗产，在崂山区政府、青岛市宗教事务局的大力支持和倡导下，崂山太清宫成立了崂山道教武术团，这也是山东省首个道教武术团。武术团以崂山道家武术掌门人、匡常修道长的嫡孙、武术名家匡如湖和部分太清宫道士为核心成员，他们作为新一代传承人，自觉地担负起振兴崂山道教武术的光荣使命。崂山道教武术团使得崂山道教武术有了专业的组织归属，推动崂山道教文化保护迈上了一个新的台阶。

崂山道教武术主要以徒手拳术及器械剑术为主，兼习刀、枪、棍等器械套路。崂山道教武术的拳术大致可以分为三个阶段，分别是玄功拳、玄真拳、玄化拳。这三者之间相互联系，而又有所精进，充分展现了崂山道家武术精益求精的治学要旨。玄功拳动作朴素，招法实用，有白鹤亮翅、窝心脚、转身莲花拳等招式，是拳术的初级阶段。玄真拳则是崂山玄真内家拳的中级阶段，是道家的上乘功法，远近各有不同的招式，进攻防守严密精湛，制敌招式精妙实

图二　崂山道教武术团的少年武术展示

用。玄化拳则臻于崂山玄真内家拳的高级阶段，以腿法为主，其内在意蕴展现出神龙般的威严与气势。

龙华剑是崂山道教武术中极为出彩的一种器械。"崂山龙华剑，道祖代代传"，龙华剑法是全真教龙门派祖师邱处机在崂山明霞洞修真时所创，传习历史悠久，后由匡常修道长传承下来。龙华剑以庄子提倡的"示之以虚，开之以利，后之以发，先之以至"及"见之似好妇，夺之似惧虎"为主旨，追求最终达到剑道合一的高深境界。在龙华剑舞动展示之时，可以带给人大气磅礴的震撼效果。

崂山道教武术既具有深厚的传统武术文化底蕴，又含有精湛玄妙的道家文化，将武功与养生巧妙地结合在一起。崂山道教武术的道家特色鲜明，主要特点表现为以柔为主，却又柔中有刚。它讲究"用意不用力"，从而实现四两拨千斤的效果。崂山道教武术以养身练功、防身保健为宗旨，将武术和健身术合二为一，习道教武术者外能抗敌以自保，内能强身健体以养生。

崂山道教武术流传极为广泛，其威名远播海内外，在山东青岛、济南、烟台、临沂等地市，以及辽宁、河南、北京等省市的各地市中都可以见到修习者

图三　崂山道教武术传承人匡如湖

的身影，甚至在美国等国家也不乏练习之人。其中，青岛崂山一直都是最为著名的传播和习练之地。

崂山道教武术上承中华传统之要义，下继道教文化之薪火，兼具重要的历史文化价值与学术研究价值，是非物质形式存在的、活态化传承的宝贵资料。习练崂山道教武术，是修身，更是修心。在当代社会，崂山道教武术不仅蕴含着一份回归质朴、回归本我的宁静，而且鼓舞着喜爱武术、热爱和平的人们强身健体，勉励每一个人都应当矢志不渝地传承见义勇为、爱国保民的奉献精神。

图四　崂山道教武术传承人匡如湖展示武术

孙膑拳（李沧）

　　2009年，青岛市李沧区的"孙膑拳"被山东省人民政府列入第二批省级非物质文化遗产名录。

　　20世纪初，青岛港以其得天独厚的优势，招徕国内外的众多投资，宁静的岛城逐渐活跃起来。1925年，青岛的武术运动刚刚开始萌发。随着工商业的发展，众多名噪国内武坛的武术家先后来到青岛设馆授课，武术运动在青岛如雨后春笋般蓬勃发展起来。20世纪20年代中期，青岛市区北部的沧口（今李沧区）工厂众多，工人数量也领先于全国。而很多工人又把习武当作业余活动，所以习武之风盛行一时，当时国内武坛都称沧口地区为"拳窝"。许多武术绝技都在这片沃土上成长起来，其中的杰出代表就有著名的"孙膑拳"。1927年，武学名师杨明斋来到沧口的大翁村设馆授徒，培养了不少武术人才。

　　孙膑拳，又名"长袖拳"或"二节腿拳"。孙膑拳的由来目前大致有两种说法。第一种说法是，孙膑拳是由孙膑本人创立的。相传春秋战国时期，著名军事家孙膑遭到身为魏国大将的同窗好友庞涓陷害，先是锒铛入狱，后又惨遭膑刑，而这孙膑拳就是孙膑在遭劫后所创；第二种说法是，孙膑拳并非其本人所创，而是有人根据拳中的"瘸单掌"姿势附会孙膑之名罢了。因历史久远、资料不全，孙膑拳的真正起源如今难以准确判定，但是孙膑拳作为一门独特的拳法，在武术界所达到的高度则是有目共睹的。

　　孙膑拳的第一代传人是清朝末年的武术名家张景春（又名张右春）。他自幼习武，广交天下豪杰，在比武切磋时常以孙膑拳制胜，在冀鲁一带赫赫有名。第二代传人是爱国武术家杨明斋。杨明斋，字廷栋，因为在孙膑拳门派排行"金"字辈，所以武学名为杨金栋。他曾任国术馆编辑课课长之职，为青岛武术事业的发展发挥了重要作用。"卢沟桥事变"前夕，怀有一颗真挚爱国之心的杨明斋在青岛国术馆内宣传反日，遭到内奸告密，不幸被日军抓捕。后在武术界人士的呼吁和当地政府出面交涉下，杨明斋先生终于被释放了出来。后来，他又投身到与日寇的战斗中，于1941年为国捐躯，时年五十七岁。英雄千古，浩气长存，虽然杨明斋先生逝世了，但是孙膑拳的传承薪火没有断，这颗寄寓着数代人心血的武学种子继续在青岛乃至神州大地上茁壮成长。如今，孙膑拳已经传承至第七代，技艺也更加精湛。

　　张学智是孙膑拳的第五代传人，也是孙膑拳代表性传承人之一。他自幼跟随师父张贵宾学习孙膑拳，从22岁练拳至今。为使这一拳种不断传承下去，张学智常年在李沧区牛毛山教授弟子习练。在授徒之余，张学智还多次参加"非遗进校园"等展示活动，将孙膑拳武术课程与学校教学课程相结合，推广武术，宣传武德，让古老的孙膑拳以生动鲜活的方式展现在年轻人的眼前，为孙膑拳的推广普及做出了较大贡献。

　　孙膑拳吸取武林各派的击技特点，拳法深得《孙膑兵法》诸多理论之精髓。孙膑拳在战略上，讲究"空、诓、虚、实"；在战术上，运用"速、巧、软、绵、小"的技法。其以"蹲走跛行"为最突出的特点，有一套自己的理论体系，风格独特，击技性强，注重拳法的实用价值。孙膑拳别称"长袖拳"，其由来是练习者讲究穿长袖过指的衣服，在操演之时可以凭借长袖藏拳，虚实相生，真假共存，出其不意，

图一　孙膑拳传人合影

图二　张贵宾老师指导张学智习武

攻其不备，颇具纵横征伐的兵家风范。

在孙膑拳的拳谱中有"鸡腿龙腰泼猴相，鹰眼猿臂象鼻拳"的说法，就是指其以鸡腿、龙腰、鹰眼、猴相为形。有形亦有用，只有二者结合才能发挥出最大威力。孙膑拳以三节胳臂二节腿为用，拳以锥形拳（又名"象鼻拳"或"单顶拳"）为主。在技法上讲究高不架、低不压，不封不闭，你打我也打，攻防一致，打穴击要。面对对手时，不攻则罢，一攻连发，直至命中，即如拳诀所云："一掌不倒二步跟，二掌不倒步步跟。"

孙膑拳的套路主要有三种：孙膑拳中架、孙膑拳小架和孙膑拳大架。孙膑拳中架由32式组成，故又称"孙膑拳三十二手"，是孙膑拳基础套路中最短的套路，吸取了孙膑拳各套路中的精华，具有短小精悍的特点，呈现出迅猛速攻之势。孙膑拳小架，由64式组成，故又称"孙膑拳六十四手"，属于孙膑拳基础套路的中等套路拳，在演练上要灵活轻巧、以攻制攻、急速敏捷。孙膑拳大架由96式组成，故又称"孙膑拳九十六手"，是孙膑拳基础套路中的长套路，讲究手脚并用，猛攻猛打，虚实多变，攻上为主。除了套路以外，孙膑拳还有24字手法与12字步法，可谓内容完备、攻守兼具。

在文化多元发展的现代社会，优秀传统文化已经成为我们需要坚守和传承的瑰宝。经过历代锤炼，中华武术已经取得了极高的造诣，形成了具有中国特色的武术技艺与武学体系，包含着保家卫国的爱国精神和勇敢正直的价值观念。作为中华武术宝库中珍藏之一的孙膑拳，在当今社会具有重要的传承价值。孙膑拳集文化、医学、养生、军事、美学及体育等诸多要素于一体，不仅能够反映中华武术从无到有、从简到繁的发展历程，而且在当代社会也具有文化价值与体育价值。通过练习孙膑拳，可以让生活于当下社会的我们，透过历史的烟云去探寻武学精要，去感受古人在武术方面精益求精的精神，从内心深处感受非物质文化遗产的独特魅力，在实践中锻炼坚强的品格与毅力。武术与健康也是紧密相连的，练习孙膑拳无疑给我们提供了锻炼身体机能、收获健康体质的途径。

图三　张学智教授徒弟宋圣杰孙膑拳

图四　张学智给孩子们示范动作

傅士古短拳

2009年，青岛市城阳区的"傅士古短拳"被山东省人民政府列入第二批省级非物质文化遗产名录。

傅家埠位于山东省青岛市城阳区惜福镇街道，地处崂山北麓。这里前后二河环绕，村内外翠竹葱茏，果产丰饶，景色幽雅。当地流传着"傅家埠的狗都会打拳"的说法，虽然这只是村民口中夸张的戏谑之言，不过倒也能够生动地反映当地习武风气之盛。傅士古短拳就是这里的杰出代表。

图一　傅士古短拳实战展示

傅士古短拳是由清朝武术名家傅士古创立的。傅士古，字商贤，是清乾隆年间的武林高手。俗话说，"南拳北腿山东查"，指的就是南派拳师以拳闻名。傅家祖上是云南来的"军户"，自然受南派拳的影响很深，所以傅士古的拳术多数是手上功夫，擅长短打。傅士古自幼就练习拳法，力大无比，后来又拜在许青云门下，成了许青云的亲传弟子。这许青云又是何许人也？据传，许青云是山东海阳人，精通少林拳法，臂力过人，喜练硬功。他在晚年汲取百家之所长，创立了别具一格的"三合掌"。所谓名师出高徒，傅士古跟随许青云果然练就了一身的好功夫。许青云看傅士古品德贤良、谦逊好学、不惜气力，于是就向他传授了自己的独门绝技——少林地功拳。傅士古深得师父的真传，其后来所创立的傅士古短拳就属于少林地功派。

在师父的谆谆教诲下，傅士古的武艺不断精进，但他并没有就此止步，反而更加勤奋好学，以求取得新的突破。他频频外出寻师访友，足迹遍及山东、山西、东北等地，每到一处均以武会友、虚心求教。他广涉其他拳路，兼收并蓄，博采众长，功夫更上一层楼，与宋允通、孙克让号称"胶东三杰"。民间流传有"打得精，宋允通；打得强，孙克让；打得武，傅士古"的说法。傅士古也成了妇孺皆知的武术名家。

关于傅士古学习拳法的经历，民间还流传着一个有趣的传说。早年间，傅家穷得叮当响，吃了上顿没下顿。为了维持生计，兄弟们只得外出扛长活、打短工。在亲友的照应下，十几岁的傅士古到一个大地主家去给人家扛长活。傅士古为人朴实，又力大无穷，干起活来十分勤快，样样都拿手。地主家里有一个喂牛、马的活，需要一个既懂规矩又勤快的人来干，于是管家就想到了傅士古。南边是牛栏，北边有马棚，虽然距离不远，但也需要从早到晚来回忙个不停。虽然活很累，但机缘巧合下也给傅士古带来了一个习武的好机会。转眼到了盛夏七月，一天夜里，傅士古起身小解，经过一道一米多高的土墙根时，恰巧听到土墙的东园里传来"扑通扑通"的响声。起初他还没在意，等他小解回来，听到土墙的东园里又发出了"扑通扑通"的响声。他不禁感到好奇起来，究竟是哪里来的声音呢？傅士古双手扒上土墙一看，竟是一群青年汉子在练习武功。从那以后，傅士古每天晚上都偷偷地去看。

　　为了学武，他下午不给马喂食，专等晚上给马加料，正好偷看土墙东园里练武的。经过认真揣摩，傅士古偷学了一套拳脚。等回家的时候，傅士古就向村里的兄弟们传授拳功。为了不让管家知道自己偷学武艺，他每次回村都找不同的人传授各路拳脚，在村东、村西、村南、村北都有自己的徒弟。

　　傅士古精通气功和拳械。他的气功名为"仙人拱手"，拳术以短拳为主，虽然动作看起来简朴无华，但内可健身、外可防御，具有很高的实用价值，颇合健身、自卫的宗旨。在傅士古的影响下，傅家埠村民习武成风，久而久之就成了远近闻名的武术之乡。至清朝光绪年间，乡间竟然有五六十个拳坊，有的拳坊收徒竟达百人之多。傅家拳自成一派，千里之外慕名前来学艺者络绎不绝。北到东三省，西到山西，南至市内四区，都受到傅家拳的影响。现今山东，特别是青岛地区的许多拳路都是从傅家埠流传出去的。

　　继傅士古之后，傅士古短拳的薪火代代相承，延续至今。第二代传人是傅士古的两个儿子——傅清世和傅浃世。他们兄弟二人全面继承父亲的拳路，进一步发展了短拳，有"拳打卧牛之地"之说。无论地形如何，该拳只要是在近距离内交手都能运用自如。由是，当地人都戏称其为"炕头拳"。傅清世的两个儿子傅廷笏和傅廷策不仅继承了家传拳法，还广泛地借鉴其他拳种，尤以棍法著称于世，有"棍打一大片"之说。第四代、第五代传人傅兴斗和傅堂功也

图二　傅士古短拳传承人

都是武艺精湛，曾经先后在青岛摆设擂台，将前来挑战的日本浪人打得落花流水。第六代传人傅贞宓，讲究拳和腿的配合。他的拳架势较小，腿法突出，拳腿相随，快慢具理，虚实相辅，变化灵活。第七代传人傅普先今尚健在，他从青年时便拜师学艺，被当地人亲切地称呼为"拳王"。第八代传人傅相贵10岁开始学艺，继承发扬了前辈的特长，拳法和腿法皆擅长。傅家拳对传人有六大要求：一要心术正，二要胆气重，三要耳目灵，四要手足硬，五要身法轻，六要力量猛。正是有了这六项要求，严格把好收徒关，傅士古短拳才得以在社会动荡的环境下代代传承，历经沧桑而又重新展现在世人面前。

傅士古短拳的特点表现为短小精悍、结构严密，在较为狭窄的空间内依然可以发挥拳脚威力，充分展现了少林拳不受场地限制的优势。它套路攻防严密、招式多变，动作健壮而敏捷，运用灵活而有弹性；着眼于实用，不练花架子，具有很多攻防特色，以其刚健有力、朴实无华和利于技击而威名远扬。

傅士古短拳以防御为主，所以全部都是徒手或者使用短兵器。徒手功夫以强身健体为主要目的，主要套路有"四面采手""胸前挂印""回马""大泰山""小泰山""仙人拱手"等。器械有三花刀、太极刀、双龙剑、齐眉棍等，主要套路有"太极刀法""双龙剑""齐眉崂山棍"等。

图三　傅士古短拳套路

　　在党委和政府的大力支持下，当地成立了傅氏拳法文化遗产保护中心。政府专门设立了帮扶资金，修建了固定的活动场所，同时运用新媒体技术对傅士古短拳进行挖掘、整理和保护，已经形成了较为完备的档案。随着我国改革开放的不断深入，傅家拳法和一代宗师傅士古的故事，已流传到韩国、日本、菲律宾、马来西亚等国家和地区，有不少外国友人和海外侨胞慕名前来拜师学艺。

　　传承中华功夫，扎根淳厚乡土，傅士古短拳体现了中国古代的习武者对于武功招式的深刻认识和对于尚武精神的充分发扬。不拘于场地，不练花架子，傅家短拳的一招一式都指向实用，有阳刚劲猛之美。在现代技术快速发展和非物质文化遗产不断被重视的当今社会，我们坚信，经过传承人与社会大众的共同努力，重新振兴傅士古短拳指日可待，傅士古短拳中所蕴含的刚正坚毅、灵活质朴的美好品质也必然得到人们的广泛认可。

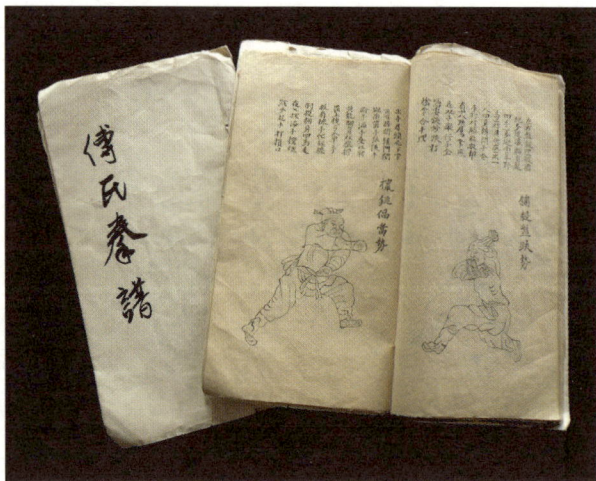

图四　傅氏拳谱

大洪拳（滕州）

2009年，滕州市的"大洪拳"被山东省人民政府列入第二批省级非物质文化遗产名录。

滕州市旧称"滕县"，是枣庄市下辖县级市，东临山亭区，南接薛城区，西与济宁市微山县相邻，北和济宁市邹城市交界，自古便是"三国五邑之地、文化昌明之邦"，是北辛遗址的重要发掘地之一，也孕育了博大精深的武术文化。武术是中华民族特有的传统体育竞技项目，以技击方法为主要内容，以套路、格斗、功法为运动形式，具有庞大的体系，能在实战中发挥重要的作用。滕州五里屯大洪拳便是中华武术的一种。它属于长拳类，源自少林寺，是少林第十二代弟子根据古时函谷关以东的关东拳所创立。因少林寺第十二代弟子为"洪"字辈，又因这种拳打起来大开大合、起伏分明，故此拳又被称作"大洪拳"。该拳种主要分布在我国河南、安徽、江苏、山东、河北、吉林、辽宁、黑龙江等省份。在山东，以滕州五里屯的几位拳师最为有名。

大洪拳在滕州的繁荣发展与五里屯的习武风气密不可分。据史籍记载，三国时曹操统一中原后，在今滕州荆河街道建五里军屯点兵操练。于是这里成了当时的练武要地，五里屯也由此而得名。五里屯村民风淳朴、正直、强悍，1700多年来，这里一直保持着习武健身的传统，特别是大洪拳传来之后，习武之风日盛。

　　滕州大洪拳的第一代传人为滕州冯村人冯佩（又名冯云佩）。相传，清乾隆年间，少林高僧至菩禅师将大洪拳传给了俗家弟子冯佩。冯佩回滕县（今滕州市）后开始开武馆收徒，传授大洪拳。数年间，冯佩培养了弟子冯云兴、狄玉清、狄玉增、左宝申、张广方、马仿等人，其中以掌门大弟子狄玉清武功最高。冯佩去世后，左宝申和马仿等人到江苏宿迁开办武馆，狄玉清则留在了家乡五里屯收徒授武。狄玉清曾三下江南，带领徒弟在南京、苏州、上海开设镖局，并将大洪拳传播到当地。光绪六年（1880年），日本武夫黑山大佐在南京玄门观设擂台比武，狄玉清闻讯后赴南京打擂，使用大洪拳绝技"外撒箍"将黑山打败，展现了中华武术的魅力。

　　狄玉清后将大洪拳传给了儿子狄兴启及徒弟张守谦、冯宝林等人。滕州大洪拳通过家族和师徒传承的方式代代相传，至今已至第七代，现任掌门人为第五代传承人狄瑞珍。他7岁时基本功就已练得非常扎实，手、眼、身、法、步等一些大洪拳初级套路打得虎虎生风、准确到位；15岁时就能娴熟地掌握"五趟锤""六路式"等动作的精髓，并能够在武馆里独自带班。多年来，他共教授了1 000余名弟子，并数次带领徒弟参加国家、省市级的体育活动和武术比赛，为大洪拳在当代的传播和发展做出了巨大贡献。

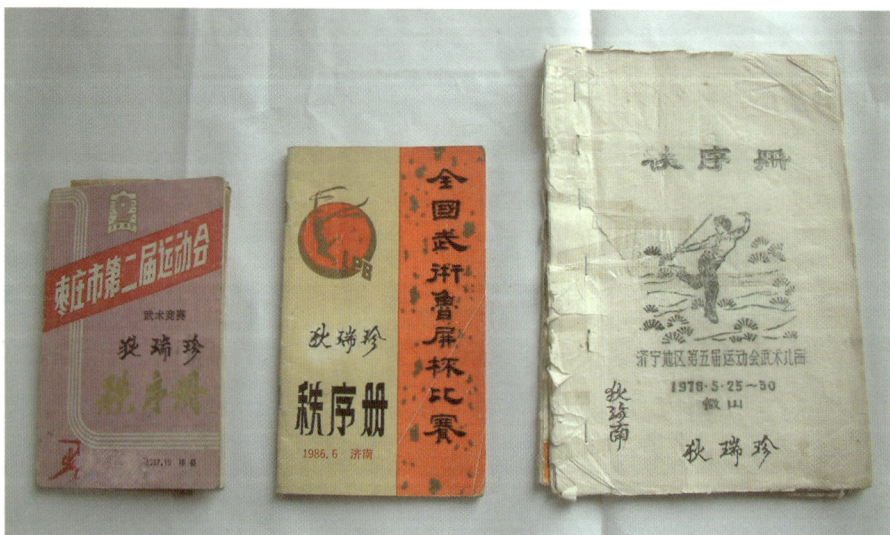

图一　狄瑞珍带领徒弟参加各类比赛的秩序册

　　二十世纪六七十年代，大洪拳的发展到达了鼎盛时期，当地几乎人人都会习练大洪拳。在山东省举办的全省民兵大比武中，五里屯的民兵获得了第一名，五里屯也被誉为"武术之村"。全国各地区的许多体育工作者都来到五里屯村参观学习。1975年7月31日，新闻片《五里屯盛开体育花》在全国放映。

　　凡练少林拳术、器械、散打、搏击者，都先从大洪拳起手，所以很多人称大洪拳为"诸艺之源"。它包含100多套拳法，分为"徒手类"和"器械类"两种。徒手类包括徒手单练和对练；器械类包括器械单练和对练。徒手单练又分为黑虎拳、卯时拳、六路式、二步架、"8"字步拳；徒手对练有五趟锤、梅花捶、少林捶、靠臂捶、长打捶、十二捶、十四捶、十八捶、靠山捶、外扒眉等。器械单练套路有鞭、羊角拐、太平刀、双刀、六路大刀、枪、棍、剑、绳镖等；器械对练套路有盘龙棍、双刀枪、单刀枪、白手夺枪、白手夺刀、大梢子对枪、三节棍对枪、四节子镗对枪、六进单刀、双铜对枪、滚肚枪、一百单八枪等。

图二　20世纪70年代，五里屯大洪拳传人狄瑞珍教村里孩子们习练大洪拳

　　大洪拳的显著特征是气势磅礴、架势优美、舒展大方、起伏分明、攻防有力，尤为适合体格健壮、性格粗犷的人练习。大洪拳自传入滕州五里屯以来，经几代拳师的努力，不仅得到了普及，而且有了新的发展和提高，带有鲜明的滕州地域特色。大洪拳刚健有力、朴实无华、节奏严谨、舒展大方，出拳自始至终在一条线上，动作流畅。演练时，"眼似闪电，目随手走，注目斜观"。出拳两臂曲而不曲，直而不直，滚出滚入，运用自如。身起时望高，束身而起；落时望低，展身而落。步法稳固而灵活，足随手起，手起足落。有的大洪拳架势较低，发劲短促，以掌法变化为主，多用暗劲。

　　在动作方面，滕州大洪拳有"弓、马、扑、虚、歇"五种步型，"拳、掌、勾"三种手型，手法有劈、拍、挂、砸、抓、缠、拧、绞等，步法有进、退、盖、插、震、疾、点、丁等，腿法有弹踢、侧踹、飞脚、挂面、后打、前扫等，跳跃时有二起腿、箭弹腿、旋风腿等。传统的左右二起腿连做和"恨地无环""仙人指路""金龙合口""仙人睡觉""金丝缠腕""迎风拂尘""白猿献桃""指前打后"等动作组成攻守招法交错的套路，表现出勇猛、有力、干

图三　大洪拳动作展示

脆、利索的形象和与其他拳法迥异的风格。滕州大洪拳注重外家拳的修炼，而少林寺的大洪拳注入了"禅"的意境，偏向于内功的修炼。相对来说，外家拳习练起来更方便。大洪拳讲求败中取胜、借力打力、变化多端，极具实战效果；但是，在实战中要遵守"能制服不打伤"的原则，以切磋交流为主。

大洪拳是我国北方武术界的一项重要拳种，对于研究中华武术，特别是北方武术的发展史，具有历史和学术价值。传统武术与传统医学有着共同的理论渊源，并且相互融合、渗透，又共同丰富发展。滕州大洪拳简单易学，群众基础广泛，可以调节人的生理机能，增强体质。滕州大洪拳人才辈出，特别是在民族存亡的关键时期，大洪拳传人勇敢地站出来抵御外敌，体现了习武之人的豪迈品格和高尚武德，是当下人民群众爱国主义教育的优秀素材。大洪拳拳法流畅、动作优美，有着极为丰富的艺术价值。

近几年，滕州市非物质文化遗产保护中心对大洪拳传人进行了采访、录像，制作了《五里屯大洪拳》和《大洪拳传承人狄瑞珍》等宣传纪录片，挖掘、整理了大洪拳的发展史和拳法套路等内容，并联合五里屯村委会，设立了训练场地两处，建立五里屯大洪拳传习基地，促进了大洪拳的发展。下一步，滕州市将多方筹集资金，建立"五里屯大洪拳保护协会"，并新建训练场，增加武术器械和武术表演服装，出版《滕州大洪拳拳谱》，使大洪拳得到充分的保护并一代代传承下去。

吴式太极拳

2009年，莱州市的"吴式太极拳"被山东省人民政府列入第二批省级非物质文化遗产名录。

莱州市是山东省辖县级市，位于烟台市西部，历来有"武术之乡"的美誉。太极拳作为中华民族优秀的文化遗产，是我国"四大国粹"之一。随着王茂斋、修丕勋、修占等大师级人物的出现，莱州吴式太极拳的发展得以更上一层楼，在全国武术界占有重要的地位，当地的大武官村亦被尊为"吴式太极拳故乡"。

太极拳源远流长。它以道教五行八卦学说为理论根据，是一套"动中求静、静中蕴动、动静相兼、体用结合"的内家拳术，在锻炼习练者身体的同时，它还着重修炼习练者的头脑和心灵。"人法地，地法天，天法道，道法自然"，人处在"道法自然"的状态下，就能身心合一，掌握随心所欲的攻击和防守能力。

吴式太极拳是从杨式太极拳发展而来的，初创于全佑，经吴鉴泉、王茂斋、郭松亭等人逐渐完善，形成了轻静柔化、紧凑舒伸、川字步型、斜中寓正的特点，以长于柔化享誉武林，成为太极拳五大流派之一。

吴式太极拳在技击方面突破了"壮欺弱、慢让快"的传统思维限制，创造出以柔克刚、以静制动、小力胜大力的理论体系和训练方法。长期习练太极拳，不仅能掌握防身制敌的本领，而且能锻炼人的胆魄，陶冶情操，提高人的生理素质和心理素质。

据史料记载，杨式太极拳创始人杨露禅于19世纪40年代后在北京王府教拳，随其习拳者除王公贵胄外，还有万春、凌山、全佑。三人"一善发、一善拿、一善化"，有"筋、骨、皮"之称。

全佑（生于1834年）作为王府护卫，在习练太极拳技艺过程中常做王公的陪练。这使他既继承吸收了杨露禅、杨班侯父子拳法的精华，又突出了练习过程中舒抻筋骨的内容，以加强防护、减伤止损。人称其拳为"中架式太极拳"，这是吴式太极拳的雏形。

根据印制于1929年的《太极功同门录》所记，全佑传人有王茂斋、吴鉴泉、郭松亭等。吴式太极拳以全佑为一传，吴鉴泉、王茂斋为二传，此后进一步开枝散叶、繁荣壮大。1902年，全佑逝世之后，王茂斋和吴鉴泉、郭松亭等一起精研师父所授技艺十余年，并吸收其他优秀的太极拳技法，深化对王宗岳所传《太极拳论》的实践，加强对舍己从人、以弱制强太极观的落实，形成了川字步型、斜中寓正、松静舒伸、通顺得体、轻柔自然的功架新特点。经过他们的传播发扬，吴式太极拳名声显赫，并在莱州得到了良好的传承。特别是20世纪90年代以后，莱州吴式太极拳花开遍地，名动四方，为推动地方文化体育事业的繁荣发展做出了突出贡献。

吴式太极拳有"南吴北王"二位宗师，"南吴"指的是南方（派）吴式太极拳的代表人物吴鉴泉，"北王"指的是北方（派）吴式太极拳的代表人物王茂斋。

吴鉴泉是全佑之子，自幼随父学练太极拳。其父去世后，吴鉴泉注重吸收其他门派的优秀技艺，并与师兄弟共同研修，把家传太极拳推向了一个全新的高度。1928年，吴鉴泉先生应邀迁居上海传拳。他是把吴式太极拳传到长江以南的第一人，从学者甚多。

王茂斋是山东掖县（今莱州市）大武馆村人，中年始师从全佑学练太极拳。他为人笃实厚道、敬师诚谨、勤修善悟，遂成一代大家，极大地推动了吴式太极拳的发展。1928年，吴鉴泉南下以后，王茂斋留在北平，一边经商一边传拳，受业者众多，成为北方吴式太极拳之带头人。

吴鉴泉、王茂斋一南一北，在长期的教拳实践中，不断加强对拳理、拳法的研究、体悟，逐渐形成了吴式太极拳"南吴北王"的发展特色。

吴式太极拳第四代传人——修占为王茂斋高徒修丕勋的次子，他自幼耳濡目染，接受吴式太极拳的熏陶。14岁那年，父亲开始教他正宗吴式太极拳的拳理、动作、招式，使他不仅学会了动作到位的拳架，还领悟到中国武术的博大精深，从心里迷上了吴式太极拳。从此，不管严寒酷暑、风霜雨雪，修占从未间断对拳术的修习。他功夫精纯深厚，自1983年起，多次在全国、省、市武术比赛中获得冠军，名闻遐迩。1985年，修占南下上海，拜访吴式太极拳泰斗马岳梁、吴英华夫妇。两位老人亲自指点他，并为其分析了南北两种拳架的异同，毫不吝啬地表达了对修占的赞叹。

修占为人谦和温润、德艺双馨，与人推手时从不让人难堪，访者对其武德无不叹服。他对父亲传授的太极十三刀、麻眉刀、太极剑、太极枪、太极棍、太极大枪等器械更是勤奋练习，无私传授，其弟子遍布全国各地，并远及海外多个国家。他为传统武术文化的传播做出了巨大贡献。

图一　传承人修占演练吴式太极拳老架

图二　传承人修占参加中国第二届世界太极文化节

　　修淑玉是吴式太极拳第五代传人，修占之女，6岁起跟随父亲学习吴式太极拳王茂斋老架、太极推手以及刀、剑、棍、枪等器械。修淑玉寒暑不辍，刻苦练功，基础扎实，形成了端庄大气、松沉得体、稳健优美的个人风格。

　　自1995年起，修淑玉先后多次在国家、省、市级太极拳、械、推手比赛中获得佳绩。她还积极参与文化遗产继承保护的工作。为了做好吴式太极拳的传

图三　传承人修淑玉演练太极刀

承保护工作，2010年，修淑玉与父亲修占一起创办了吴式太极拳振武馆，至今已培养了国内外学员数千名。同时，修氏父女注重将非遗保护工作与提升社会效益相结合，他们积极参与各类公益展演和群众文化体育活动，受到了社会各界的广泛赞誉，夯实了莱州吴式太极拳的群众基础，为吴式太极拳的传承和发展做出了突出贡献。

吴式太极拳动作柔和、缓慢、连贯、协调，适合男女老少和患有慢性疾病的人练习，具有极高的康养价值。关于太极拳的康养价值，我国体育界早已有过总结。事实证明，长期坚持太极拳锻炼，对人体骨骼、肌肉、呼吸功能、心血管功能、代谢功能有良好的改善作用。吴式太极拳长于柔化，遵循守静而不妄动、舒伸而不张扬、紧凑而不拘谨的原则，既体现了慈、和、俭、让的传统文化观，又契合当前以人为本、持续发展、优美自然、注重质量的生活观念，符合健身养生的需要，被人们称为"养生拳""长寿拳"，因而受到广泛推崇。

图四　传承人修淑玉带领莱州市吴式太极拳团队参加海内外吴式太极拳同门拳友联谊会第二届交流大会

戚家拳

　　2009年，烟台市蓬莱区的"戚家拳"被山东省人民政府列入第二批省级非物质文化遗产名录。

　　蓬莱，一个古老而又神奇的城市。它地处山东半岛最北端，濒临渤海和黄海，是中国古代重要的军事基地，也是戚家拳的发源地。

　　戚家拳，一种有着400多年历史的古老拳术，由明朝著名爱国将领、军事家戚继光创编而成。戚继光（1528—1588），字元敬，号南塘，晚号孟诸，山东登州（今烟台蓬莱）人。他是将门之后，自幼在登州随父习文练武，17岁袭武职，扫平倭寇，为国为民征战一生，立下不朽功勋，深受人民爱戴。他结合练兵与平倭的实战经验，写成了《纪效新书》《练兵实纪》等军事名著。

　　明嘉靖三十二年（1553年），戚继光升任山东总督，辖山东三营二十四卫，专司防御山东海上倭寇之责。他结合实战需要，从民间著名的16家拳法中，吸取了32个姿势编成拳套，称作《拳经》三十二势，编入《纪效新书》，即《拳经捷要第十四》，作为士兵练习刀枪剑棍等兵器的"武艺之源"。

　　戚继光极重视士兵武艺（拳术、刀术、枪术）的训练和演习，他用消灭敌人、保存自己的道理，激发士兵练武的热情。在山东备倭的两年里，"戚继光拳"在他的不断改进下深入军心，迅速演变成"戚家军拳"。

　　自明嘉靖三十四年（1555年）开始，戚继光转战福建、浙江、广东沿海，

"戚家军拳"逐渐在东南沿海所属军队中推开。"戚家军拳"吸取了众家拳法之精华，长拳短打，刚柔相济，具有勇猛刚烈、气势磅礴、实战性强等特点，成为当时军队士卒防身、杀敌、制胜必练的武艺。此时，"戚家军拳"日臻成熟完善；后来，随着戚家军官兵的逐步退役，"戚家军拳"开始在民间传播；自清代起，人们将"戚家军拳"改称"戚家拳"。

在军营，戚家拳法深入军心，助士兵抗击倭寇；流传到民间后，它是老百姓健身防身的实用拳法。清代以来，以戚家拳、戚家枪、戚家刀等武艺为主的民间练武活动在浙江部分沿海地区及北京通州、山东蓬莱等地蓬勃兴起，民间出现了戚家拳社等武术组织。戚家拳传承人、戚继光第十四世孙戚宝祥根据家传拳法及戚继光《拳经捷要》中三十二势拳法，整理出戚家拳现在的演练套路。它内容充实，势架完整，起伏转折，体现出戚家拳注重实战的特点和防身健身的作用。

戚家拳有鲜明的技击攻防风格。它朴实无华，实战性强，刚强勇猛，缠裹挤靠，非踢必打，非摔必拿；它式式相承，变化无穷，踢、打、摔、拿、跌、劈、崩、砸、冲、扫、挤、靠、缠、挑、弹、挂无所不包，动则摧枯拉朽，静则深不可测。它的每个拳势、每个动作，都有实战攻防的意义。戚继光在《拳

图一　戚家拳传承人李万胜与徒弟张洋

经捷要》中也讲道："故择其善者三十二势，势势相承，与敌制胜，变化无穷，微妙莫测……"戚家拳也有其代表性兵器，如戚家枪、戚家刀等，其中戚家枪法有二十四势，戚家刀法有八势。

戚继光在《拳经捷要》中指出，拳术具有"活动手足，惯勤肢体"的作用。他还说："大抵拳、棍、刀、枪……莫不先由拳法活动手足，其拳也为武艺之源。"戚家拳中有着丰富、巧妙的技术和锻炼方法，包括跳跃、平衡、滚翻、跌扑，及多种腿法、步法、手法和身法、眼法，对锻炼肌肉和韧带以及提高身体力量和弹跳能力有显著作用。其中的扫转、翻腾、跳跃、平衡等复杂动作组合，有很大的难度和强度，可使人体的呼吸系统、血液循环系统、神经系统等得到全面提高。

为了传承和保护戚家拳，蓬莱市建立了戚继光爱国教育基地，成立了戚家拳武术协会，在全市各中小学建立了戚家拳传承基地，培养戚家拳传承人几千人，并出版了与戚家拳相关的书籍，在武术杂志《武魂》《武林》中也有相关介绍。在戚继光的故乡蓬莱，一部分人为强身健体仍在习练戚家拳，并将其作为表演项目在故里广场、蓬莱水城上展示。

图二　2015年，蓬莱市易三小学戚家拳传承教育基地揭牌

如今，中华武术已走进"奥运"，武术早已超越国界，成为人类的共同财富，收集、挖掘、整理、研究、推广戚家拳，继承发展这一珍贵的民族文化遗产，传播民族文化，对提高全民整体素质，促进国际友谊和文化交流，有着十分重要的现实意义。此外，传承、研究戚家拳，可以让更多的人全面了解戚继光，进而陶冶爱祖国、爱人民的高尚情操，弘扬爱国主义精神。

图三　蓬莱市易三小学学生表演戚家拳

青州花毽

　　2009年，青州市的"青州花毽"被山东省人民政府列入第二批省级非物质文化遗产名录。2011年，被国务院列入第三批国家级非物质文化遗产名录。

　　青州历史悠久、文化昌盛，是中国"古九州"之一。从西汉至明代的1 400多年间，青州一直是齐鲁大地上政治、经济、文化比较发达的地区。据专家考证，青州还是中国丝绸之路的源头、东夷文化的发祥地。得天独厚的人文历史和自然景观为青州花毽的产生发展提供了坚实的基础。

　　据史料记载，青州花毽是由古老的蹴鞠运动发展演变而来，已有2 000多年的历史。众所周知，山东临淄是世界公认的蹴鞠发源地，而历史上，青州与临淄密不可分。《尚书·禹贡》记载，大禹治水划分九州，青州为古九州之一，临淄地属青州；春秋战国时期，临淄为齐国首都，成为青州第一个治所；秦朝时，全国设36郡，青州属临淄郡；至清代，临淄隶属青州；现淄博市临淄区与青州市距离只有20多公里。所以蹴鞠在青州的大地上也极为普及。

　　"蹴"就是用脚踢的意思；"鞠"，其形如现在的篮球，用皮革做成，内有茅草和毛发等填充物，类似现在的实心球。蹴鞠是源自3 000多年前殷商时期的一种祭神祈雨的舞蹈，边跳边踢，使球来回滚动，增加乐趣。到春秋战国时期，盛行于齐鲁大地的"蹴鞠"球体变小，而且设有蹴域（专用场地），踢球人分占两边，中间划线，两边攻守比赛，是青壮年非常喜爱的一种游戏。但蹴鞠运动量大，不适合儿童及老人玩耍。

图一　青州花毽花样——落地拾金钱

　　传说，当时鲁国有一个球员为了让儿子也能享受蹴鞠的乐趣，就给儿子做了一个小球，直径约15厘米、内以羽毛填充，供儿子玩耍，这种玩具就是"蹴毛丸"。由于蹴毛丸弹力较强，且较为轻巧，很适合老幼玩耍，因而迅速流传开来。在齐国（春秋战国时青州隶属齐国）有一个孩童，不小心将球踢破，露出了羽毛。他急中生智，用一条细线将破球从中间缠了一下，形成月牙葫芦状，上为羽毛、下有皮革为托。由于阻力增加，这样踢起来更加稳健，所以很受人们喜爱。这就是毽子的原型。后人不断改进，做成了以公鸡花翎为主体的鸡毛毽。

　　由唐到宋，鸡毛毽已定型，踢法也大有改进，从一人踢、双人踢到多人围踢；踢的花样也逐渐增多，有里拐、外拐、跳跃耸膝、佛顶珠、剪刀、跳梁等动作。这一时期踢毽的花样、名称和毽子的制作技巧已与今天类似。那时，妇女也参加了进来，并发明了用脚内侧踢（盘踢）的动作，有人一次竟然可以踢到6 000多个。宋代高承《事务纪原》中有这样一段文字："今时小儿以铅锡为钱，装以鸡羽，呼之为毽子，三四成群走踢，有里外廉、拖枪耸膝、凸肚、佛顶珠、剪刀、拐子诸名色。"这一段文字记载说明，现代毽子的制作技术和踢毽技巧大都继承自唐宋时代。那个时期，踢毽已成为一项有广泛群众基础并具有相当技巧水平的民间体育活动形式。宋代以后，鸡毛毽更加盛行。

清代前期，鸡毛毽又有改进——上用鸡毛捆扎，下用皮革为毽托，中间夹一铜钱。雍正八年（1730年），青州建立"满洲驻防旗城"，因与青州"南阳城"相对，又称为"北城"。花毽老艺人李贤臣介绍："老辈曾说，当时是镶黄旗一位王爷驻守青州。一日，王爷在南城东门外看到有人踢毽，觉得很好玩，于是就把踢毽人请入府内传授技艺。后来，王爷去北京给皇上拜寿，命人为皇上表演踢花毽，龙颜大悦，重赏王爷，并把踢毽人留在了宫内。花毽也因此在京津地区流传开来。那时的青州南北两城，民间踢毽运动极为盛行。清代末年，老艺人杨庆来等4人围井踢毽，时间长、花样多而毽不坠地，成为青州一绝。青州花毽运动，也因它特有的民族文化特色，得以迅速发展起来，并传承至今。"

青州花毽以花毽制作、踢毽运动和花样比赛为基本内容。花毽分一般毽、比赛毽和艺术毽（工艺品）。其制作过程及要领如下：

一般毽。最好使用柔软不易断且好上色的白色乌鸡绒毛，将其染成五颜六色，绚丽多彩。毽身用一根不易折断的尼龙杆为主肋，最多分5层捆扎，1层1～2根，2层3根，3层4根，4层5～7根。要求长度一致，前左后右对称，使其不偏不歪，弹力好，落地稳，其高度不超过15厘米。毽托用皮革做垫，有一元硬币大小，中间穿孔，用皮革做毽绳穿起，配有垫钱两个，其分量不超过15克。然后将毽身、毽托用细线捆牢，即成完整的花毽。

比赛毽。其制作程序跟一般毽一样，但其造价较高，主要选用上等优质羽毛，如火鸡毛、雕翎毛。每支毽最少两根羽毛。

艺术毽（工艺品）。制作随心所欲，花样百出，费时费工费料，20厘米、30厘米、1～2米等规格的都有，20厘米以上的就得接羽毛，因为鸡毛最长不过5厘米。各种绒球所需数量不等，比如30厘米长的需要绒球6～8朵。一般不实踢，只供欣赏把玩。

踢花毽讲究身形架步优美、心意相随、眼到脚到、反应灵活、人随毽舞、毽随人转，低踢毽如彩蝶飞舞，高踢毽如凌空飞燕。平时踢毽有很好的健身效果；比赛时，以踢毽的花样多少、难度高低、时间长短、动作优美程度为考核标准。青州花毽分单人踢和多人踢，多人踢是单人踢的组合，难度更高，花样更丰富，因而艺术感染力和观赏性也更强。青州花毽花样繁多，其中较为精彩的有连升三级、鸳鸯拐、大蹁马、蜻蜓点水、一柱擎天、童子拜佛、尘埃落定、垂首龙、转印、双蹁马、凤凰摆尾、孔雀开屏、反观蝶、夜叉探海等。现在，青州花毽爱好者还在不断创新，一些新的踢毽花样正在编排练习之中，如大姑娘甩辫、云驼三山秀、毽穿云门洞、雁落凤凰顶、草船借箭、怒发冲冠、携手祝福、侠女跨马、洋溪晚钓等。

图二　青州花毽花样——铁拐李摔拐

青州花毽是一种既能踢又能观赏的艺术珍品。青州踢花毽以花样多、技巧难度大为主要特点。如张飞蹁马、二郎担山、苏秦背剑等，既有武术的阳刚之气，又有舞蹈的柔韧之功。青州花毽每一个动作能否顺利完成主要决定于踢毽过程中花毽的走势、方向、高低程度甚至自然环境（如风向）等。多人踢毽更需要心意相通、配合默契，而且一系列的动作必须在一瞬间来完成，踢毽者要具有高度的灵活性。青州花毽表演动作优美，其高难度花样惊险刺激、扣人心弦。还有很多动作名称与当地民俗相结合，表演过程生动诙谐，具有很强的趣味性、观赏性和艺术性。

青州花毽作为蹴鞠的演变品，是古青州历史文化不可缺少的组成部分。踢青州花毽可以使全身每一个关节都得到充分锻炼，既醒脑练眼，又强身健体。而且操作简单、易于普及，是提高国民身体素质的重要体育运动。青州花毽在制作毽子时，充分考虑力学原理，具有很高的科学价值。青州花毽不仅色泽艳丽、制作精良，而且花样丰富。它的踢毽技巧从最初流传的十多种发展到66种之多，灵巧多变，刚柔相济，使人赏心悦目，有极强的感染力，也有独特的文化艺术价值。青州花毽的发展，对于丰富地域文化内涵、增强旅游文化魅力具有相当重要的价值。

孙膑拳（安丘）

　　2009年，安丘市的"孙膑拳"被山东省人民政府列入第二批省级非物质文化遗产名录。2011年，被国务院列入第三批国家级非物质文化遗产名录。

　　中华武术向来以博大精深、流派繁多而著称于世，一门拳法往往综合了体育、军事、哲学、艺术、医学等诸多方面的精华，流传于安丘的孙膑拳就是这样的拳法。孙膑拳是以战国军事家孙膑的名字命名的中华古拳，又有"大架拳""二节腿""长袖拳"之称，是我国武术中起源较早的拳术之一。

图一　孙膑拳国家级传承人刘海港指导弟子孙膑拳技艺

虽然现存资料中并没有孙膑拳法的专门文献，但依据孙膑拳的风格特点及口授心传的技法原理推敲，它是在吸取武术各派之长的基础上，融合孙膑兵法的思想、原理而创编的拳种，这是无可争议的事实。该拳种风格古朴雄浑，尤重技击实战，深得历代武术家的推崇。

探究孙膑拳，首先要了解一下孙膑其人。孙膑，战国中期人，生卒年不详，主要活动于前380年至前320年。司马迁《史记·孙子吴起列传》载："膑生阿鄄之间，膑亦孙武之后世子孙也。"这是说孙膑是春秋时期著名军事家孙武的后代。孙膑幼承家学，后来又与庞涓拜战国隐士鬼谷子为师，学习兵法。孙膑忠厚老实，聪明勤快，深得鬼谷子的喜爱。经多年考察，鬼谷子看孙膑能担当大任，便将孙武所著兵法13篇与白猿通臂拳法传授给他。后来，庞涓嫉贤妒能，将孙膑骗下山来，使其惨遭膑刑致残。后来，孙膑以伤残之躯，佐齐威王，成功指挥了桂陵之战和马陵之战，这两次战役是历史上有名的以寡敌众的战役。马陵之战后，孙膑退隐鄄邑孙家花园，设馆授徒，钻研兵法，著有《孙膑兵法》39篇。相传，孙膑就是在此时根据兵法谋略创编了孙膑拳。

象鼻拳是孙膑拳的独有特征，中指突出成锥形，取意于《孙膑兵法》中的"锥形阵法"："锥形者，所以冲坚毁锐也。"孙膑拳步法为蹒跚步，也取意于《孙膑兵法》，指撤退时不走直路，左晃右移，动中求静。点穴为孙膑拳的主要技法，采用象鼻拳的锥尖去击打对方的穴位，并且以"避实就虚，打阴不打阳，挫其锐，毁其利"为进攻原则，选择对方肢体的内侧面和远端为进攻点，有"出手打手，出脚打脚"的要求，进而达到"一节痛，百节不用"的目的，充分体现了孙膑兵法的谋略思想。由于《孙膑兵法》早已遗失，因此唐以后很少有人提及他的兵学，甚至有人怀疑此书是否真实存在过。直到1972年在临沂银雀山考古发掘中发现了《孙膑兵法》的残简，这千古疑问才有定论。

孙膑拳传于安丘，可推至清光绪十年（1884年）。据《安丘乡土志》《安丘文史资料》记载，清朝光绪年间，安丘城及邻乡有很多武林名人。听老人说，那时有任继昆、任继峨兄弟二人及曹四龙、张崔等。当时流传着这样一种说法："任继昆的杆子，张崔的刀，曹四龙的神拳没法招。"其中曹四龙的神拳不知所宗，只知他是东阿出徒，亦说为少林寺出徒；但民间流传的"四龙神拳一阵风，袖子里头藏真功，翻手是云覆手雨，正面不打侧面攻"的民谣，与孙膑拳拳理极为相似。

曹四龙是安丘市安丘镇东大城埠村人，自幼酷爱武术，常着长袖衣服，外号"大马褂子"。其拳术以出其不意、奇正互依、突变快捷、虚实相生、出拳稳狠为主要特色。安丘武术名家王建国先生说："听老人讲，清朝末年，一个河南武士专程来安丘拜访四龙，只有四龙长子在家。武士手中托着一方豆腐，一见四龙不在，故意使威，用豆腐把四龙的影壁墙打倒了，四龙长子也来了个以牙还牙，一指头把门前的青石碾盘戳上了一个窟窿。武士见状目瞪口呆，急忙返回老家。三年之后，河南武士又来安丘访友，正巧四龙在家，双方展开了一场比试，四龙将武士逼到一墓碑前，出手朝武士猛击，武士左右躲闪，四龙没打着，故意一拳将坟前的石碑打断，又一拳将坟前搂抱粗的松柏齐腰打断。武士扑通下跪道：'好，有你四龙在，我再也不敢来安丘城比武了。'说罢便起身走了。"

曹四龙的神拳一传十，十传百，传遍了齐鲁大地。不少武林高手慕名前来安丘曹家比武访友，一交手，有人认出曹四龙神拳正是孙膑拳。

孙膑拳具有完整的技术和理论体系，以孙膑智慧为文化内涵，吸收了孙膑的兵法思想，具有散手、武术精华之特点。孙膑拳共计三百六十手，有三套拳

图二　孙膑拳表演

路，为三十二手、六十四手（小架）、九十六手（大架），另一百六十八手为散手，也是大多由以上三套拳路拆化而来。

孙膑拳的手型主要有拳与掌两种。拳分为平拳、立拳与象鼻拳；掌型除同长拳类拳术相同的外，还有自然掌型。其掌法与拳法有：推、劈、托、拍、按、抓、挑、甩、砸、蹦、弹、抓、钻、拉、擂、摆、抄、砍、截、拦、点、捅、旋、堵等。

孙膑拳的基本步型有鸡脚步、麒麟步、站立步、寻步、马步、四六步、虚步、歇步、独立步等，步法有上步、跟步、滑步、叉步等，基本的腿法有踢、碰、蹬、踩、扫、挂、跪、挫、截等。

身法要求吞吐含展，伸屈俯仰要灵活自然，能与四肢协调，发力放长击远。 基本技法要求在拳谱中有"孙膑留下长袖拳，三百六十手相连，鸡腿龙腰泼猴性，鹰眼猿臂象鼻拳"之说。练习时要求"静"似单腿独立的雄鸡，"动"像伸缩灵活的龙腰，"灵"似机警敏捷的泼猴，"神"似敏锐的鹰眼，"放"似放长击远的猴臂，"上"达于突出的肢端。孙膑拳在练法上有"三节胳膊""两节腿"之说，以"十字劲""深坠劲"方法为主，以腰发力，让肩、肘、腕三个关节依次屈伸，这与通臂拳的发力也有类似之处。动作大多以组合形式连发，发拳要拧绞缠旋钻，套路练习时要求直来直往，进退起落，转折在一条直线上运行，动作走弧线，圆中带方直，发力走直线，方直之中带圆，刚柔相济，其他要求同长拳。

孙膑拳古朴雄浑，尤重技击，侧身应战，手脚并用，三出一主，招式可连，动作舒展，可放长击远、猛打快攻，节奏分明，方法清晰，以勇见长。练习时蹲走，以长袖掩饰象鼻拳，虚实多变，灵活机警，上下兼顾，动中有静，踢崩钻点加尖铲，力狠招硬。旋转缠绕重巧惰，避实击虚，指西打东，精通经络，内外相应，点准即发必取胜。

孙膑拳的练习除基本技法要求外，特别重视内外兼修，注重保健养生及硬气功的练习，尤其强调静坐行功的动静互补修炼法。

孙膑拳重实战，民间常有"精华拳""实战拳"之称。在战术上讲究以"空、诓、虚、实、晃、活、巧"为主，以假动作迷惑对方，让对方真假难分，虚实难辨，以利于击打对方。实战中要求侧身对敌，攻中有防，防中有攻，边打边防，边防边打，打防结合。总结起来就是：侧身对敌一字形，交手须知保三中，护住头胸腰三位，顺势技击不留情。

孙膑拳法很少有单击动作，每一手即为一个用法，三百六十手可以串联使用，进攻时多以组合的形式连击，讲究"一掌不到二掌跟，三掌四掌齐跟进"，认为"进之则愈长，退之则愈促"，应首先抢占有利方位，取得有利于自己的攻防之势。

在民间，又有孙膑拳是"点穴拳"之说。象鼻拳的突出锥尖、腿法上的尖子脚，就是实战中贴身点穴之用。在实战上以蹬、弹、劈见长，有"蹬弹劈打带挂式，双手掏捶带反背"之说。

孙膑拳的第五代传人刘海港，是国内专业推广孙膑拳的武术能手，致力于孙膑拳的传承与发展工作。他培训弟子3 000多人，多次参加全国和省市孙膑拳武术比赛、中华武术精粹邀请赛和海峡两岸孙膑拳武术交流活动，为继承发展孙膑拳做出了突出贡献，是公认的孙膑拳代表性传承人。

图三　孙膑拳保护单位安丘市青云山武术馆

文圣拳

　　2009年，汶上县的"文圣拳"被山东省人民政府列入第二批省级非物质文化遗产名录。

　　汶上历史悠久，旧石器晚期即有人类足迹存在，北辛文化、大汶口文化、龙山文化、岳石文化遗迹均有遗存。夏商之际为厥国，春秋为鲁中都邑、阚城、桃邑，唐天宝元年（742年）称中都县，金泰和八年（1208年）因汶水更名汶上县至今。

　　建于明永乐年间的引汶济运南旺分水工程，科学地解决了蓄水、泄水、进水、出水、减水、平水、分水等重大问题，堪与李冰父子的都江堰工程媲美。文圣拳便形成于运河文化的中心地带——南旺镇宋庄村。

　　文圣拳是一种古老而稀有的拳法。它扎根于中华大地，深受中华优秀传统文化的熏陶，内容丰富，自成体系，源远流长，堪称中华武林的一朵奇葩。它虽然历经沧桑，但仍然保留着古朴自然、简捷实用、养生与实战为一体、二次呼吸和二次发劲为特色的独有风貌。它把拳术动作与导引、吐纳术相结合，注重意识、呼吸和动作的内外统一。由于文圣拳门中长寿老人甚多，有"八十出功，九十不松"的说法，故人们又称其为"长寿拳"。

　　明末清初，唐朝皇族后裔与宋太祖后裔隐名避祸于深山。李氏后裔刘奉天所习的文功静坐之法与赵氏后裔皋南国所习老洪拳的精华动作相融合，就形成了"文圣功",又称"五步架""杜家拳""神拳"等。清乾隆年间,此功传至山东冠县的杨士海,杨士海传于山东嘉祥的杜恒信,杜恒信在运河两岸广收弟子,尽授其艺,有"南京到北京,运河两岸都是杜家兵"之说。清朝末年,杜恒信后裔杜金房(1884—1958)又将该拳传授给山东汶上的宋传平(1892—1996),宋传平传宋如一(1916—1991),宋如一传宋连洪(1953生)。

这种拳术在不同时期的传承发展中有"文圣功""离卦拳""五手""五步架""杜家拳""神拳""先天无极道圣拳"等诸多称谓,且很多地方在拳术研习中存在缺失和不规范等现象。为此,宋传平先生殚精竭虑、去伪存真,在晚年将一生所学逐一定架、定式并取名。经拳门认同后,他与具有丰富战场搏杀经验的儿子宋如一将其定名为"文圣拳"。"文"字取意于文功静坐之法,"圣"字显其拳理高深,非圣人难解拳中奥妙之意。

文圣拳运动能量大,功力深奥,以气为主,以强为本,刚柔相济,招招式式皆技术。主要特点为抻筋拔骨,松腰活胯,分膝拔顶,含胸拔背,沉肩坠肘,身正步稳,顿挫发力,气力合一,意贯始终。方法上讲究粘、沾、连、挤、推、托、靠、钻等。它朴实明快、严密紧凑、沉实稳健,男女老少、体质强弱皆可习练。

文圣拳以阴阳无形转化和五行生克制化的原理为拳艺指南,由文功和武功两部分组成。文武相辅相成,文成才能武就。有文无武,不能自卫;有武无文,艺不惊人。

图一　宋传平

文功是武功的根本,主要是存神养气、调息入静、养气练意。它传承古老质朴的修习方法,调和气血、协调脏腑、平衡阴阳。研习方式有静坐、仰卧、侧卧、站立等。

武功主要是练形求法,动作中讲究阴阳变换,刚柔含展,意、气、力相结合。研习方式有头趟架、二趟架、二趟托打、散手等。练习武器有文圣剑、文圣大刀、六合大枪、跃步奇枪等。

头趟架是文圣拳的基本拳法,也是其精华所

在。它将大枪、大刀、弓箭的实战技法融入拳架，其拳势动作配合呼吸，势势讲究发力，久练此拳不仅力大身灵、攻防敏捷，更能舒筋活血、强壮筋骨，对内脏器官亦有强健之裨益。它身正步稳，顿挫发力，气力合一，意贯始终，无高难动作，五步之距即可练拳。

有歌曰："野马分鬃走向前，滚肩下捶高低攀，回头望月丹田练，乌龙摆尾把海翻，迎面捶打分上下，怀中抱月理当然。"

图二　宋连洪

二趟架共有6路，在头趟架的基础上融入了蹿、蹦、跳、跃等身法步法，是对文圣拳技击方法的初步认知。目的在于锻炼整体的连贯性、灵活性和自身体能，也是为二趟托打训练做准备。

二趟托打共有6路，是在二趟架的基础上，通过两人或三人之间的攻防演练，熟练掌握沾、粘、连、挤、推、托、靠、钻等技击方法。在防中进攻、攻防结合的演练中，锻炼整体的感知力、应变能力和对抗能力，具有较强的实战价值，也是为散手训练做准备。

文圣剑是文圣拳的短器械，是在二趟架的基础上，结合抽、提、刺、搅、压、截等剑法变化而成。其剑势稳健，刚柔相济，飘洒轻快。演练时，身正自然，以身领剑，体静神舒，剑身合一，劲力顺达。

　　文圣单枪是文圣拳的中长器械，枪法灵活，变化莫测，主要有拦、拿、扎、扑、点、拨、舞花等用法。进时锐不可当，回时迅疾如风，纵跳翻腾时身不离枪，力贯枪尖。

　　文圣大刀是文圣拳的长器械，共有9路，以撩、砍、截等刀法为主，主要有关公撩袍、关公斩蔡阳、拦腰大截、刀杀四门、云刀、搓刀、扛刀等刀式。其动作舒展，意圆气满，气势威严。进退闪转、纵跳翻腾时，刀随身换，身刀合一，力贯刀刃。

　　文圣六合大枪是文圣拳的长器械，枪长一丈，共有六合，主要有让枪、扛枪、劈枪、扑枪、小刀枪和对篆枪等枪式。其走势开展，虚实相生，神化无穷，需要两人共同演练。要身正步稳，吊肩沉肘，跃膀合肩，顺势借力，扎枪如品脉。

　　文圣拳初看简单，研则高深。其动作简捷，想要练好却非易事。研习者要在名师口传身授的精心指导下，历经"一年二年是行家，三年四年是篱笆，五年六年不会练"的潜心研习之后，才会有所体悟。其拳理拳法，更是要在千学万练的基础之上，用心思考，才能有所领悟。

　　有歌曰："一阴一阳起变化，有高有低分上下。攻中有守守亦攻，不开不躲粘挤打。解得五行真奥意，神仙难躲圣拳法。"

　　历史上，文圣拳秘不外传，有"学得金刚护身艺，万两黄金不传人"的说法。文圣拳拳学思想中国传统天人观和整体观的影响，主张以圣贤之心悟拳法之道。其拳术特点鲜明，拳式造型古朴，动作稳健，以气发力，刚柔并济。强调内外兼修，突出健身养生之功用，又具有极强的技击威力，对于研究和丰富中国传统武术文化的多样性具有重要意义。

梅花拳（梁山）

　　2009年，梁山县的"梅花拳"被山东省人民政府列入第二批省级非物质文化遗产名录。2021年，被国务院列入第五批国家级非物质文化遗产代表性项目名录扩展项目名录。

　　作为梁山梅花拳发源地、承载地的梁山县位于山东省西南部，西枕黄河，东濒京杭古运河，北临八百里水泊遗迹——东平湖，山水交错，湖河相连，港汊纵横，气势磅礴。梁山历史悠久，相传早在上古时期，九黎部落酋长、兵主战神蚩尤就在这一带"制五兵、创百艺"。据对境内的国家重点文物保护单位——青堌堆古遗址的考查，新石器时期，已有先人在此耕种，繁衍生息。梁山历来藏龙卧虎，县内有以农民起义历史遗址为游览主题的4A级景区。这一特定的历史和自然环境，为优秀武术文化的形成、传承与发展提供了得天独厚的条件。这里是举世闻名的武术之乡和中华武术四大发祥地之一。

　　传统梅花拳又称"梅花桩"，拳分五势，正合梅花五瓣之形，故取名梅花拳，是我国最古老的拳种之一。一般认为，传统梅花拳起源于北宋至元初，兴盛于清康乾年间。明以前，梅花拳一般是在父与子、子与孙之间传承，因此又称"父子拳"。

　　清朝乾隆三年（1738年），梅花拳师祖、顺德府（今邢台）平乡东田庄人氏王法胜，仰慕梁山乃好汉云集之地，至梁山脚下的马振杨村，立坛场传授梅

图一　梁山梅花拳弟子戴茂腾等演练"梅花桩"

拳。后来梅花拳与梁山好汉拳械相融合，自成体系的梁山梅花拳始得形成。

梁山梅花拳不是对传统梅花拳的简单传承，而是一种发展与升华。它是传统梅花拳的主要分支，也是当今中国梅花拳传承发展的领军力量。它的传入和形成确立了梁山作为中华武术四大门派之一的武林地位，成为当今梁山最大的一个拳种。

梁山梅花拳以忠、义、礼、信、仁的理念为基础，渗透了梁山好汉气魄、山东大汉气派，融入了拳种原发祥地、流传地、流入地的文化，特别是受黄河文化、运河文化、道教文化、齐鲁文化和水浒文化的熏陶与滋养，形成了具有独特文化内涵、完整武术技法与系统理论体系的武术拳派。

梁山梅花拳以文养武，以武济文，其指导思想和套路均遵循中国传统文化"五行八卦九宫太极无极"原理，因此又被誉为"文化拳"。在传承架子、成拳、拧拳、器械和内功五大传统梅花拳基本功法的基础上，梁山梅花拳又创新内家拳72路和与梁山好汉武功相融通的拳械套路18套，主要有脱铐拳、戴宗夜行拳、三雄拳、天罡拳、地煞拳、智深大力拳、旋风硬拳、水上漂拳、时迁悠拳等；内功功法主要有小周天、大周天、八段锦、十二段锦、易筋经；梅花桩步分为"大、顺、拗、小、败"五势；技击手法由拳、掌、腿法等组成，主要有搬拦反打、偷梁换柱、抡臂环打、三锤五点、定步锁手、连环八打、迷魂巴掌等，以及六把总拿、七十二把巧拿等擒拿手法。近年来，传承人又将几近失传的"九龙阵""蛇龙阵""七星凹牛阵""野战八方穿梭大战拳"等阵法整理了出来。

梁山梅花拳的罕见内家器械有梅花桩、群母枪、量天尺、五虎锛、文棒、提戟、拦马撅、护身披、锐耙、燕翅锐、五虎神钩、流星锤、九环铲杖、南阳叉、梅花坤棍、风火轮等；好汉武功器械有阮小二钢叉、徐宁钩镰枪、霹雳狼牙棒、呼延灼双鞭、庄上柳叶刀、好汉拐子等；暗器有飞蝗石子、低头弩、飞抓、梅花锁等。

图二　梅花拳制空训练

梁山梅花拳第八代主要传承人是山东省省级非物质文化遗产代表性传承人冯建武。他精通梁山梅花拳，曾到三大洲20余个国家进行武术交流，培养梅花拳学员8 000余人，本人和弟子在国家、国际武术大赛中获金银铜奖50余项。从2008年起，在世界武协和亚洲武协的支持下，冯建武作为总发起人，发起并成功承办了6届中国梅花拳国际演武大会暨保护发展论坛。

梁山武术研究学会是梁山当地和海内外梅花拳界学术研究和武术交流的牵头单位，每年都举办梅花拳学术论坛、演武交流活动；多次承办CCTV、国家体育总局、省市政府组织的梅花拳表演、比赛和中外影视剧拍摄活动；创作编排梁山梅花拳操，利用全县中小学的体育课，开展"梅拳操进校园"活动，经过三年的不懈努力，该操已在全县7万余中小学在校生中普及；组织梅花拳学术论文创作并出版专著；与梁山泊武校一起筹建大型武馆——梅花拳武术院。

梅花拳以爱国爱民为拳规拳训，师承关系清晰，讲究能者为师。"梁山梅花拳，珍珠倒卷帘，徒弟倒把师傅传。"当徒弟的文理精通或武艺高强时，可向师父和长辈传授。这一良好的拳规门风，铸就了梁山梅花拳近300年之兴盛。

子午门（梁山）

2009年，梁山县的"子午门"被山东省人民政府列入第二批省级非物质文化遗产名录。

子午门发源地——水泊梁山，东靠孔孟之乡曲阜，西临中原文化中心带的曹州，北望古齐都临淄，南近古巨野泽，黄河、京杭运河流经县域，古代是兵家必争之地。

子午门功夫实用价值极高，且其功法渗透了兵家思想。子午门功夫的实用性可以说直接得益于齐人的技击术。《荀子》中就有"齐人隆技击"之说。齐国首创技击术2 000年来，"技击"一直是中华武术的代名词，并成为子午门防身自卫的有效方法。

图一　子午门二十一世掌门人宋义祥

子午门是中华武术中的一大流派，与少林、武当、峨眉齐名。北宋宣和年间，以宋江为首的36名好汉啸聚水泊梁山，征战之余常与梁山北六工山建福寺方丈圆通法师共同习练武功。他们反复切磋

101

演练，功夫日深。又经后人的研究发展，形成了功法雏形，于1131年正式命名"子午门"。

据了解，"子午门"名称的来历，一是因练功多在阴极之时的子时和阳极之时的午时；二是因练先天之躯补后天之精华，练后天之精华补先天之不足，先天为阴，后天为阳，阴为子，阳为午，故名"子午门"。这就形成了其阴阳互补、阴柔与阳刚兼备的功夫特色。

子午门功夫在发展过程中，汲取百家之长，又有自身特色，自成一体，且极具开拓精神。它在演练中与内功浑然一体，摔打推拿，快准狠稳。其技术方法可分为踢、打、破、摔、拿、击、刺等。踢、打指的是以腿法见长的上下肢进攻方法；破指的是防守化解之法；摔指的是使对方身体失去重心而倒地的方法；拿指的是擒拿之法，包括锁、点等法，以反屈对方关节和点穴为主要手段，一般擒拿之后加点法；击、刺主要是指以器械击败对方的方法。这些方法都比较适合当时的作战方式，特别重视实用性。

子午门功夫还特别强调"气"的运用，将内功始终贯穿于整套技击动作之中。它既重实战，又讲养生之道；它注重内外兼修，练习时要求心神合一，手脚并用，讲究"心、神、意、气、力"贯通，提倡"善养吾浩然之气"；它还主张顺应人体阴阳平衡，经络贯通。

子午门功夫一向单传、秘传，其门规相当严格，尤其把武德提到了至上的地位，充分反映了它受齐鲁文化（以儒家思想为代表）影响之深。齐鲁文化一向被称为"道德文化"。子午门特别强调"本门弟子要绝对忠于师门"。而所谓"师徒如父子""一日为师，终身为父"的告诫，除表明师徒情深之意外，还体现出徒弟对待师父也应讲究"孝"。

另外，子午门功夫有"八打"与"八不打"之说，它强调对攻击部位进行限制，比武较技时提倡"点到为止"。当然，这种"恕"也是相对而言的。辩证地讲，对穷凶极恶、屡教不改的残暴之徒的"恕"，就是纵容了他的"恶"，让其去"不善""不仁"，因此对恶徒应严惩不贷。

子午门功夫强调"凡吾门习武之徒，需谦虚好学，尊师重道……"在其诫约中强调"凡吾门内之徒，应戒骄，戒诈，戒浮夸逞能……"在技艺交流或向师长请教时，应先行抱拳礼或持械礼，以示谦虚恭敬。另外，子午门门规规定：本门掌门人在正式接任之前，都必须云游四海，向武林各大流派名家虚心请教，探讨经验，印证武功。这些门规、诫约明显受孔子"三人行，必有我师焉"、荀子"人无礼则不生，事无礼则不成，国无礼则不宁"等儒家言论的影响。守信重诺同样是子午门中所强调的，如"信义为立身之本""不信者不与教""对待侪辈，须诚信勿欺"等。

图二　蒋长勇

子午门功夫自创立至今，经历了一个不断丰富发展的过程。二世掌门公孙正茂在前人初创拳路的基础上，把意念融入拳功，创立了"智深拳"和"燕青拳"。至元代，五世掌门江泓将吸提呼松之法融入拳法，创立了"麒麟拳""夜行拳""风火拳"。至明代，九世掌门西竺禅师把以动求静之法融入拳械之中，创立了"子午八卦游身桩"和"子午八卦拳"。

子午门历代掌门中有佛家、道家、儒家、兵家，它以海纳百川之胸怀兼采武林众家之长。它承梁山好汉传统，以爱国、尚义、保民为宗旨，又吸取儒、道、兵三家思想，形成独特的武技和武德。子午门创建之初，就有许多门人积极参加抗金活动，在著名的岳家军中就有许多被称为山东义军的子午门弟子。在明朝，九世掌门西竺禅师曾率梁山法兴寺众武僧抗击倭寇。至清末民初，因西风东渐，社会生活及人们的生存方式发生了改变，子午门功夫也逐步由临阵抗敌转向防身护院，并渐渐成为一种民间群众性健身活动。

子午门功夫源远流长、博大精深，包括内功、硬功、轻功、徒手、对练、各种兵器。经历代前辈言传身教，子午门功夫形成了武松拳、智深拳等72种徒手套路、72种器械套路，以及36套内功功法，是中国武术的重要组成部分。

72套徒手套路有：子午拳、子午八卦游身桩、宋江拳、麒麟拳、子午八

图三　李玉华

卦拳、关胜拳、林冲拳、霹雳拳、天威拳、箭拳、旋风拳、扑天拳、天拳、智深拳、戳脚连环腿、董平拳、天捷拳、杨家拳、天佑拳、急拳、夜行拳、八步拳、黑风拳、九龙拳、快拳、雷横拳、李俊拳、天剑拳、天平拳、五行拳、大力拳、水浒拳、杨雄拳、风火拳、天暴拳、解宝拳、燕青拳、轻身拳等。

72套器械套路有：宋江追魂刀、卢俊义奇门棍、公孙胜八卦剑、关胜浑圆大刀、林冲六合大枪、秦明霹雳狼牙棒、呼延灼龙行双鞭、花荣单刀、柴进子午棍、李应盘龙枪、朱仝刀、智深禅杖、武松双刀、董平连环双枪、张清阴阳枪、杨志朴刀、徐宁钩镰枪、索超夺命斧、戴宗夜行刀、刘唐单刀、李逵板斧、史进齐眉棍、穆弘柳叶刀、雷横八卦刀、李俊七星剑、阮小二朴刀、张横砍刀、阮小五钩镰枪、张顺齐眉剑、阮小七拐子、杨雄单刀、石秀棍、解珍三齿钢叉、解宝燕翅钢叉、燕青方天画戟、时迁轻身柳叶刀等。

36套内功功法分别为：子午指、铁指功、斩手功、子午竹叶手、子午推山掌、沙袋功、铁臂功、黑砂掌、断魂掌、飞檐走壁功、内功入门、大力阴阳功、铁内衫、桩功、内养功、子午内功、子午洗髓经、子午易筋经、子午腿功桩、子午轻身术、子午养生功、子午运腑功、子午运脏功、子午周天功、子午六通功、子午合一功、子午掌功、内外兼修功、子午八卦功、护体功、子午金刚功、子午夜行功、子午眼功、子午换气功、子午童子功、子午五行功。

子午门使中华武术增加了一个富有地方特色的民间武术门派，其飞檐走壁、悬空断物等绝技填补了武学空白。它以忠孝、尚义、诚信为主的武德，影响了梁山一带古朴、仁义的民风。子午门功夫植根于齐鲁大地，是齐鲁文化的体现；流行于中国，是中华民族智慧的体现；走向世界，是世界武术之瑰宝。

徐家拳

　　2009年，新泰市的"徐家拳"被山东省人民政府列入第二批省级非物质文化遗产名录。2014年，被国务院列入第四批国家级非物质文化遗产代表性项目名录。

　　山东省新泰市徐家拳，起源于清雍正年间，距今已有280多年的历史。其拳术和器械独具特色，在充分吸收南北派功夫精华的基础上，根据多年实践经验，形成了稳、准、狠的基本特征。它既有北派功夫出拳快、发力重的特色，又具有南派功夫轻灵、迅猛的特点，手法繁多、快捷实用，具有鲜明的实战性和艺术性，是山东省乃至全国优秀的民间传统武术项目。

　　徐家拳发源于山东省新泰市青云街道通济村，这里古代是著名的杞国之地。徐家拳由徐氏高祖徐盛才（1725—1797）所创。他自幼习武，曾走南闯北拜师学艺，练就一身绝技，创立了徐家拳。几百年来，徐家拳世代传

图一　徐家拳

105

承不息，到第六代传人徐花亭（1826—1900），徐家拳已形成完整的体系，并掀起了一个新高潮。

据《老县志》和《徐氏家谱》记载，徐花亭形貌伟岸，膂力过人。他善于研究，丰富了徐家拳的内涵，使徐家拳法发扬光大。徐花亭武功高强，多次参加大型比武，成绩名列前茅，清咸丰年间被封为武序生（即武秀才），后被推选为县团练团总。是年，太平捻军攻打新泰城，徐花亭带领武装团严密防守，他带头奋勇搏杀，打败了来犯的捻军。因抗敌有功，当朝皇帝赏赐他一顶亮蓝顶戴大花翎，至今尚存。

中华优秀传统文化的基本精神有许多方面，而刚健有为的精神是尤为重要的。刚健有为之思想在武术中有充分的体现，徐家拳也不例外。徐家拳的基本动作、基本组合、徒手与器械的各种套路运动中，都蕴含着刚健有力的精神。徐家拳特有的运动特点和方法，可以使人体的速度、力量、灵敏度、耐力、协调性、柔韧性等多种素质得到锻炼。宋人调露子《角力记》中说："夫角力者，宜勇气，量巧智也……使观之者远怯懦，成壮夫。"无论是对习练者还是对观众，徐家拳都可以带给他们一种勇武顽强、一往无前的精神。

徐家拳以儒家思想为理论依据，以保家卫国、匡扶正义、服务社会、民族精神为行为宗旨。内容体系包括拳术单练、拳术对练、器械对练、拆手、内功、辅助功法，共6大类。

拳术单练套路架子捶拳97式，包含上势拜师，双掌前砍，双掌穿喉，双抱拳，左护耳下打，左弓步顶肘，马步开弓式，弓步冲拳，连续三冲拳（紧三拳），左转身踮步开捶，马步掏井，右拳仙人系鞋带，挑锤，踮脚并步左手冲拳，左转身踮步回收、右手冲拳，回转金铰剪，二起蹦，金鸡独立、白鸽亮翅，转身左蹬腿、右蹬腿，马步打狗式，拦腰斩，左开弓，双手系鞋带，跨虎式，巧女左梳头、左打，巧女右梳头、右打，掼耳脚，左弓步挂拳，开拳下蹲，旱地拔葱，旋风腿，打虎式，收式等。

拳术对练套路包括撞膀捶拳、十字按拳、裁手拳、小劈风拳、二郎拳。现就撞膀捶拳、裁手拳、二郎拳的招式简述如下：

撞膀捶拳为甲方右弓步冲拳打乙方斜肋；乙方左虚步，左手立掌外挡，右手握拳收腰间，踮步右弓步冲拳；甲方左弓步右臂避挡，随即顺臂掼耳；乙方左弓步右臂下压，左拳掼耳；甲方右转身左弓步挡开；乙方右弓步出拳；甲方左弓步避挡；乙方用掌按下甲方左手腕同时右拳掼耳；甲方左弓步推开，同时左拳冲乙方右肋；乙方做弓步劈挡，顺势右弓步冲右拳；甲方虚步，左手变立掌外挡；收式。

裁手拳为甲方上右弓步冲拳打乙方斜肋；乙方右弓步臂挡，翻手上步右手抓右手腕，左手按甲方臂肘，冲拳打甲方面门；甲方左手变掌将乙方右手削

撮鼻梁

打斜肋

顶心

盖顶

掼耳

击裆

削喉

图二　徐家拳七大致命绝技

脱，右挡开乙方冲来的面门拳，顺势变削乙方咽喉；乙方左手挡开，右手冲面门拳；甲方左手托住乙方右肘，并提膝，右手弓步冲拳打斜肋；乙方右倒弓步右臂挡；甲方倒插步，双手抱拳用右肘捣乙方面门；乙方虚步双手合掌托肘护裆；甲方顺势右手反背拳盖乙方头顶，随即撩阴击裆；乙方双手铰剪避挡上下拳；甲方左转身右弓步冲掼耳拳；乙方避挡；收式。

二郎拳为甲方右弓步冲拳；乙方右弓步右臂挡；甲方顺臂上滚拳掼耳，双腿前后扫膛；乙方双脚跳跃躲避；甲方翻身撩阴脚，反背捶盖顶；乙方右弓步，右臂上举挡拳；甲方冲拳打斜肋；乙方缠手；甲方后撩阴脚；乙方双手变掌下压破之；甲方反背捶盖顶；乙方右手避挡，向前三冲拳；甲方后退三步外扒拳破之；收式。

器械（包括单练和对练）有棍术、春秋刀、单刀、七节鞭、三节棍、长矛、羊角拐。拆手（徐家拳致命绝技）有撮鼻梁、打斜肋、顶心、盖顶、掼耳、击裆、削喉。内功里站桩是徐家拳提高功力的核心内容，分技击桩和养生桩。辅助功法为马步，右手掌和左手掌向上、向下、向左、向右、向前抓。

附疯魔棍歌诀：

一条大棍似铁梁　　出门先使咽喉枪
钓鱼线针跳圈外　　二次中平依旧忙
苏秦背剑往里闯　　转面朝天一炷香
上打蓝云天花坠　　下有铺草蛇暗藏
左胁实来右胁诓　　插花盖顶打四方
腰栓棍权步疾打　　倒拖棍劈面既伤
挎虎棍敢比存孝　　开山节不让霸王
一心待要占中堂　　燕子戳水拧三拧
翻江搅海强又强　　此是疯魔独一棍
为难出手把人伤　　匡扶正义美名扬

当代传承人在继承老一辈注重实战性快打的基础上，结合保健养生的理念对徐家拳进行创新，形成了兼具实战性、表演性和艺术性的徐家拳。传承人还对不同年龄阶段的练习者采取不同的教学方法，比如教青少年快打，教中老年练习者采用快打慢打相结合的功法。徐家拳传人在传承中创新，在创新中发展，打破传内不传外的族规，让徐家拳从本族扩大到全村，入社区、进学校，从城乡走向全国。目前，徐家拳全国授徒近30万人。

徐家拳在表演时，能够感染所有的参与者和观众。当人们欣赏徐家拳的时候，会产生一种亲切感、认同感，那蕴藏在拳理中的同根意识把人们自然地凝聚在一起。

图三　徐家拳进新泰市实验幼儿园

子午门（东平）

2009年，东平县的"子午门"被山东省人民政府列入第二批省级非物质文化遗产名录。

位于泰安市境内的东平湖，是当年水泊梁山的唯一遗存水域。它东望泰山、西临黄河，历史上曾是京杭大运河的重要枢纽，更因小说《水浒传》而名扬天下，这里到处流传着水浒英雄的故事。受水浒文化的影响，在东平一带形成了崇尚武术的习俗，东平县也因此成为鲁西南地区有名的武术之乡。

山东省东平湖畔的六工山上，有一片残破的古建筑。据说1 000多年前，这里曾是一座气势恢宏的寺庙。当年，以宋江为首的36名英雄好汉在水泊梁山聚义。他们战前练功，战后休整，并且经常到梁山泊北部的六工山（今泰安东平境内）建福寺，与该寺方丈圆通互相切磋、反复练习。后来鲁智深、武松、燕青、时迁、林冲等好汉到建福寺出家为僧，多种技艺相互融合，形成了子午门功夫的雏形。

中华子午门功夫亦称"梁山功夫"，是我国民间武术四大流派之一。它的命字有两个来历：一是当年梁山好汉在每天的子 、午两个时辰练习此功；二是此功练先天之身躯补后天之精华，练后天之精华补先天之不足，二者相辅相成，先天为阴，后天为阳，阴为子，阳为午。功夫练到一定程度之后，练功时身上就会出现一股热流和一股冷流，热流被称为"火侯"，冷流被称为"精华

图一　子午门功夫表演团在中国国电集团演出

之泉"。功夫如能练到这种地步，也就达到了人们所说的出神入化、炉火纯青的境界。武林界形容此功厉害时，讲它可决定对方生死。

北宋宣和二年（1120年），方腊造反。时山东郓城人宋江起事，占据水泊梁山，威震朝野。相传，以宋江为首的起义军被招安后先奉召破大辽，后赴江浙剿方腊，功成之后，诸好汉均得到加封。花和尚鲁智深、行者武松不愿为官，均在杭州六和寺出家。南宋绍兴元年（1131年），苟且偷安寄居临安的宋高宗，迫于各方压力，决定收复燕山等地。但宋军所到之处均被金人击溃。此时金人猖獗，朝廷腐败，盗贼四起，民不聊生。深居杭州六和寺的行者武松不忍国家社稷顷刻破碎，黎民百姓灾难深重，于是，他秘密潜回六工山建福寺，和年逾80的方丈圆通创立了旨在抗击外族侵略、锄奸除恶、为民伸张正义的武林门派"子午门"。

时圆通年高，智深坐化，武松为第一代掌门人，故子午门至今也尊建福寺方丈圆通法师为祖师，并且许多武术套路和使用器械，都以水浒英雄的名字命名。

中华子午门功夫的发展经历了四个阶段。

第一阶段：中华子午门功夫开始出现。这一时期可以说是中华子午门功夫的萌芽期，主要是在北宋末年。

第二阶段：中华子午门功夫的发展鼎盛时期。这一时期中华子午门功夫不断发展壮大，拳种套路日渐丰富。

第三阶段：中华子午门功夫的传承与发扬。在东平湖畔安山镇有一王氏家族，清朝时，王允武先生成为武秀才，自他之后，历代王氏族人都研习子午门功夫。王绪军先生是第五代传人，也是该门派的第二十一代大弟子。作为子午门功夫的主要传承人，王绪军为了把这种古老的武术发扬光大，出资寻访、挖掘、整理水泊八百里一带散落在民间的诸家好汉遗传下来的拳路与功法；在完整地保存子午门武学的基础上，他又广泛吸收了湖北武当、河南嵩山少林寺等地的武学技艺，使子午门功夫成为当今武术界的一种绝技，同时还教出了十几名第二十二代弟子。

第四阶段：中华子午门功夫走向世界的阶段。王全师承二十一代掌门人宋义祥，又深得其父王绪军先生的真传，在全国各种武术比赛中屡获大奖，并使这一中华武术的瑰宝在世界各地广泛传播。

子午门功夫分为徒手套路、器械套路和内功功法。徒手套路主要有子午拳12路和子午八封游身桩、宋江拳、子午八封拳等38道。其拳法以练提气和灵活性、协调性为主，结合跑跳之法同练。器械套路分为宋江追魂刀、卢俊义奇门棍、武松双刀等36套。内功功法分为子午指、铁指功、子午竹叶手、子午推山掌等36路。

子午门功夫根植于齐鲁大地，至今已有900年的历史。它在形成的过程中深受齐鲁文化的熏陶和滋养，无论是技法特点，还是门规诫约，都体现出浓郁的齐鲁地方特色和丰厚的文化底蕴。它摔打擒拿快稳准狠，重视实用性，往往是真真假假，虚虚实实，指上打下，声东击西，突然出击，迅雷不及掩耳，使对方难以抵挡。子午门功夫还特别强调气的运用，将内功始终贯穿于整套技击动作当中。同时，这套武功强调对攻击部位进行限制，比武较技时提倡点到为止，充分体现了儒家的仁爱之道。

中华子午门功夫自其诞生之日起，就深深地打上了梁山泊水浒文化的烙印，具有鲜明的地域特色。对子午门功夫的保护和研究，就是对水浒文化的深入挖掘，这对于弘扬民族优秀传统文化，繁荣当代民间武术文化，让传统武术走向世界，具有重要的现实意义和深远的历史意义。

图二　中华子午门第二十一代大弟子——王绪军在指导弟子练功

牛郎棍

2009年，乳山市的"牛郎棍"被山东省人民政府列入第二批省级非物质文化遗产名录。

乳山市位于山东半岛东南端，东邻文登，西毗海阳，北接牟平，南濒黄海，古为莱国所辖，是我国东部海陲之门户。这里人杰地灵，武术门派繁多，其中极具有代表性的武林棍法——牛郎棍就发源于此。

牛郎棍是中华武术宝库中的一颗璀璨明珠，也是国家重点挖掘整理和保护的优秀拳种之一，距今已有350余年的历史。相传，牛郎棍为清初山东农民起义领袖于七（后化名燕飞）所创。"于七"本名于乐吾，号孟熹，山东栖霞唐家泊村人。

清康熙元年（1662年）春，于七在锯齿牙山起义失败后身负重伤，趁夜逃至宁海州西南乡留格庄村（今烟台牟平观水镇留格庄村），恰巧被早起习武的年轻后生萧思德发现并背回家中。萧思德之父萧文和为人仗义，又善医术，对儿子背回的伤者毫不犹豫地予以救治。于七在萧家养伤期间见萧文和一家人忠厚善良，于己又有救命之恩，便将自己的身世如实

图一　牛郎棍创始人于七

相告。萧文和得知后，十分敬佩于七的大义，便对外称于七为给村里雇佣的"看牛倌"，帮他隐藏身份，并让17岁的儿子萧思德助其一臂之力。于七深受感动，于是收萧思德为徒，把毕生所习之刀、枪、剑、戟、鞭等器械融于一根放牛用的短棍上，精心传授于萧思德。

萧思德将于七传授的棍法和萧氏家族原有的棍法融为一体，刻苦练习，终不负师望，把一根放牛棍练得出神入化，不仅击打力度强，而且攻击目标准确，百击无误，为后来除暴安良、行侠仗义打下了坚实的基础。后人为纪念先师，将师传之棍法定名为"牛郎棍"，将师传之拳脚功夫取名为"徒手靠"（后称"牛郎拳"）。历代传人在前人所传牛郎棍和牛郎拳的基础上又精心研编了诸多套路及器械功法，逐渐形成了一个以拳为本、以棍见长的内家武术流派，统称为"牛郎门"。

萧思德的三子萧万忠继承父业，将"牛郎棍"加以创新，在原有的83式基础上，又增加了25式，共计108式（俗称"一百单八鞭"）。其行动路线也由原来的一来一往改为田字形，故取名"田字鞭"，从此辈辈相传，现已传承至第十三代萧明魁的手中。

300余年来，牛郎棍一直作为萧氏家族的护族秘技而未公开。1982年，在全国武术挖掘整理过程中，萧明魁打破了族规，将牛郎棍有关资料献于国家，并开始公开向社会传授和推广。他先后召开了三次全国性的牛郎棍研讨会和培训班，出版了《牛郎棍》《牛郎棍秘传棍法》两本书，以及四套教学光盘。萧明魁整理的牛郎棍资料，已被列入《中国武术大辞典》和《中国武术拳械录》。截至目前，第十四代"牛郎门入室弟子"共发展到111人，全国各地习练牛郎棍者数以万计；牛郎棍已传入海外多个国家，充分向外国友人展示了中华武学之博大精深。

经实战的洗礼和历代先师的不断改进创新，如今牛郎棍已形成一套系统的棍法，具体分为一字鞭、十字鞭、田字鞭、双折鞭、单折鞭、长蛇鞭、龙虎斗鞭等。牛郎门武功套路多，由长到短，由双到单，由单练到对练，由棍到拳，都有相应的武功套路，是一套拳棍相合的系统武艺。其套路招式严密，刚劲有力，节奏分明，连贯通达，灵活多变，以快、奇、巧制胜，以挑、劈、架、

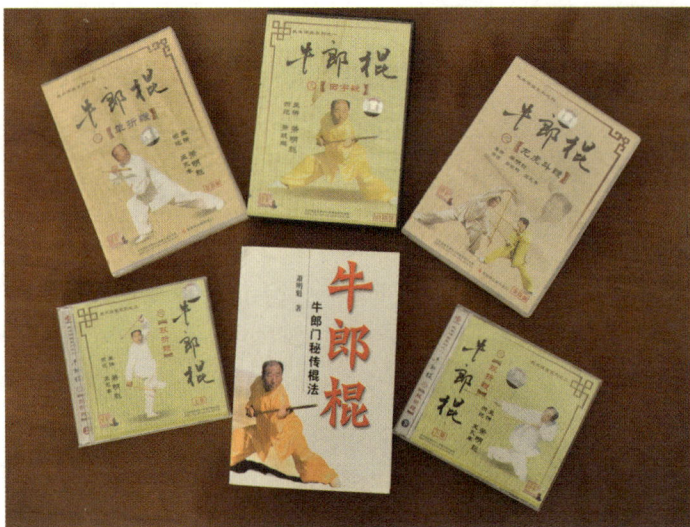

图二　已出版的牛郎棍有关光盘和书籍

戳、扫、格、撩、擢、点、刺、绞、剁、舞、压、拧、拨为主要棍法，以弓、马、仆、虚、歇、并、丁、叉为主要步型，以闪、转、腾、挪、蹿、弹、伸、缩为主要身法，以点穴击要害为先导。

牛郎棍练习时注重练腰劲。腰为上下身连贯活动之中轴，其灵活与否，直接影响劲力的强弱。整个过程要做到心平气和，呼吸自然，使内气自然畅通，动作顺遂，协调有力。棍法套路中，常有生动的比喻，如虎之威猛、猴之灵巧，平日练习应做到形象逼真。实战时，不仅要从对方的眼神中察晓其动向，迅速做出应对措施，还要锐眼逼敌，令敌心慌意乱，不战自败。棍在击防中要避硬走旋，化而击之；根据对方器械之异，还要掌握好发劲的距离与时机，突发寸劲，一招制胜。

牛郎棍讲阴阳，重意念；讲求攻防结合，虚实相依，上下相随，首尾相顾，刚柔相济；提倡以意领气，以气发力，以静制动，天人合一。它是一套兼具技击、修性、养神、健体功效的内家棍法。

牛郎棍历史悠久，远看气势恢宏，近看节奏紧凑，既可在舞台表演，又可在广场集体操练。它不但棍法结构严密，招式实用，风格独特，而且器械制作简单，携带方便，男女老幼皆可练习，具有推动全民健身的社会功能，是群众健身、娱乐的好方式。而且牛郎棍法在国外也有很多爱好者，是国际武术文化交流的良好载体。

图三　牛郎棍第十三代掌门萧明魁展示牛郎棍棍法

　　近年来，在传承人的配合下，乳山市文化馆系统全面地整理出了牛郎棍的全部项目资料，建立起牛郎棍数据库，指导牛郎棍保护规划的实施，并进行了一系列牛郎棍保护工作的理论研究；多次举办学术、展览（演）及公益活动，交流、推介、宣传非遗成果和经验；定期开展"乳山牛郎棍"的传承保护培训活动，在文化和自然遗产日期间推出"非物质文化遗产展演展示活动"，向市民推广和介绍牛郎棍，普及牛郎棍的知识；每周五组织牛郎棍进校园活动，邀请传承人及其徒弟向当地中小学生教授牛郎棍棍法技艺，鼓励牛郎棍传承人开设传习所和培训班收徒授艺等，培养了一大批年轻的牛郎棍爱好者和从业者。

　　牛郎棍注重习练者心性涵养的修炼，确立了这门武术高品位、正路功法的属性，也因此体现了其源远流长、生生不息的时代意义。

临清肘捶

　　2009年，临清市的"临清肘捶"被山东省人民政府列入第二批省级非物质文化遗产名录。2011年，被国务院列入第三批国家级非物质文化遗产名录。

　　临清坐落于山东省西部，境内地势平坦，自西南向东北倾斜。因冀鲁交界的大运河穿城而过，临清成为运河四大名城之一，有"临清傍运河，富庶甲齐郡"之说。这里文化底蕴深厚，是山东省历史文化名城。

　　得天独厚的历史条件和地理条件，孕育了这里丰富的文化遗产。临清肘捶便在民族英雄张自忠的家乡——临清城南唐园乡（今唐园镇）诞生了。有诗曰："肘捶十趟锦，散手妙法真。张公东槐传，授予有德人。龙光普照处，虎威团聚深。玩知两家意，天下任凭君。"诗中赞说临清十趟肘捶犹如串锦铺地，精彩纷呈；其天、地、人势打手组合（散手）立意精准，招法真切；其门规甚严，非品行端正之人不予传授；其龙光普照、虎威团聚为两通两式，合太极、八卦、五行之精义，立众有之本、万象之根；其玩意取名说，是先诉拳家须知拳为守身御敌之术，须知取胜之意。

　　肘捶为晚清时期临清城南瑶坡村（今属唐园镇）人张东槐（1844—1901）于1874年前后创立。张氏是临清城南望族，张东槐之父张汝滨为邑庠生，精岐黄、善书法、通阴阳、晓堪舆，其书法作品至今犹存。张东槐幼承家学，工文习武，才华横溢；青年时曾游历天下，以武访师会友，广采博学，大有收获，有"神拳张五"之誉。到1874年前后，他以易医为理，将太极消长、五行生克之法运于拳术之中，不断构思实践，总结提炼，创编了临清肘捶。其所传捶法——十趟捶、四季捶、八方（卦）捶，及天、地、人势打手等，立意精深，招法真切，争奇斗巧之处，极变幻之能，得自然之数，为后学之典范。

肘捶是"肘"与"捶"合的一种练习形式，伸臂为"捶"，屈臂为"肘"，"肘"藏中节。它在一出一回、一伸一屈中与人体的多个部位相结合。它是综合调动头、手、腕、臂、肘、肩、胯、膝、足的整体运动，此又谓"九星"。它讲究"步随身换""手随步行"，即身法、步法、手法相互配合，其中身法、步法、手法即为三法，又叫"三回"。"三回"与"九星"综合运用，如同一式，即"三回九转为一式"。在肘捶的每一个动作中，三回九转是在"肘"与"捶"的号令下统一完成的，包括九星在内，又叫"三法归一"。三回也罢，九星也罢，它的表现形式是显现在两通之中的。

"两通"是肘捶门派中的基本功法，是立众之本、万象之根，集健身和技击为一体，出新意于法度之中，寄妙理于豪情之外。肘捶以两通为母体的变化组合，可充分发挥出其神鬼莫测的格斗价值。

在没有确定肘捶门派之前，就已先有了两通。创始人取各家武术之精华，以百法精研为十，又化十为一，归藏于两通之中。两通取意《易经》"上下为太极，左右为两仪"中的"两仪"，本来名为"两仪通"，后人简称两通。两通的含意是："一通六合，二通神意，圆通顺达，即为两通矣。"两通的动作名称来自《易经》中的四象——东青龙、西白虎、南朱雀、北玄武，创始人将其演化为前朱雀、后玄武、左青龙、右白虎，作为动作的命名原则。

两通的第一式为"龙光普照"。右捶、右腿在前，左腿屈膝、左肘上挂。第二式名为"虎威团聚"。右腿在前弓步、左捶在前，右肘上挂为拗式。"龙光普照"从整体动态的形象看为右式，应以右白虎命名为对，为何白虎而命为"龙光普照"？前捶已发，敌人或闪或封而不惧，所惧者是未发之手（所挂肘之左手），因此得名。"虎威团聚"亦然。

为了概括先辈武术大师的技法，创始人根据两通变化的属性，创编了十路对练，并以对练的模式编排了攻防措施，却仍难尽先辈武术大师招法的变化。所以十路捶神鬼莫测的变化应外勤于身手、内诚于心意。十路捶属性为：一路搂、二路挑、三路采、四路劈、五路转环、六路柔顺、八路闪、九路穿、十路翻。

图一　霸王请切

图二　进步栽捶

图三　转环

在十路捶的演练中，有些动作的变化与功架非常相似，而动作的名称却是各异，因其动作名称是来自四象二十八宿的当值。四象分为四宫，四宫的方位分东、西、南、北，在每一宫中又有不同的7个"值日的星官"。由于方位的不同，所发出的动作虽然相似，但攻击的切入点不同，所以"其形相似，功效各异"，因此名称各异。在对十路对练仔细地进行推演时就会发现其中"神鬼莫测的变化"，有一些招法超出了肘捶的范围，而这些招法恰恰是肘捶中的精华，它是与先辈武术大师招法的"暗合"。它是从两通中变化而来，还要把它"归藏"在两通之中，这就是创始人所提到的"九九归一"之法，也是十路对练的价值意义。

张公所传"两通"之法为磨盘肘、拖车腿、十趟捶（每趟二十一捶）。其所传捶法包含的十趟捶、四季捶、八方（卦）捶，立意精深，结构严谨，式式精彩如串锦铺地，故人誉之为"十趟锦"。后来张公弟子刘汝勤（刘五当家的）、于跃舟（癸巳科武举）精研为每趟十三捶，今称张公原传捶法为老十趟，新传之拳为新十趟。

代表性传承人申孝生较系统、全面地掌握了临清肘捶的理论和技法，及其源流和发展过程。他从理论和实践结合的高度处理教学和实践问题，对肘捶进行深入挖掘、考证，系统地整理了肘捶拳谱，前后3次对《临清肘捶拳谱及论》进行编修。2018年，申孝生在原来肘捶的基础上挖掘整理了两个43式套路。肘捶研究会对肘捶建立了详细的档案资料，还推进非物质文化遗产项目进校园活动，使临清肘捶这一优秀的传统武术在全市校园里得到普及。

临清肘捶诞生在中华武术的高度成熟期，起点高、立意准、招法切、易操作、重实用，是传统武术理论和技法的完美结合，较好地保留了武艺的技击功能，对正本清源、正确认识武术运动有非常重大的意义。

图四　肘捶小弟子在鳌头矶内展示

临清潭腿

2009年，临清市的"临清潭腿"被山东省人民政府列入第二批省级非物质文化遗产名录。

图一　临清潭腿

临清市，隶属于聊城市，位于山东省西北部，漳卫河与古运河交汇处。临清在西汉初年即设县制，到明清时期得益于京杭大运河漕运发达，经济社会繁荣500余年，是当时全国重要的交通枢纽城市和商业都会，曾被清乾隆皇帝誉为"富庶甲齐郡"。

在临清境内，有一座龙潭寺，临清潭腿便取其"潭"字而得名。临清潭腿在中华武术中属于一大门派。它始创于五代十国时期。当时后周一员名将奉命征战北海，960年陈桥兵变后，名将得知朝中政变，便带领大部分兵将奔到临清，驻扎在临清龙潭寺，解兵屯田，自给自足。他自称是该寺主持，名曰"昆仑大师"。昆仑大师结合易医之理，创编了适应军旅征战、可用于集体和个人操练的军旅拳术，十路潭腿之法，徒手、器械的单双套路和徒手、器械的对练，形成了一个比较系统的门派。

临清潭腿创立不久，就以其独到而精湛的腿法誉满天下，赢得了"北腿"的美称。据传，宋太祖赵匡胤曾举行比武大赛，选出18家最好的拳种，并定为"宋朝十八家"，临清潭腿一举夺得18家之首。后来，朝廷又在这18家中精选出"六大名门"，有潭腿、串拳、大洪拳、小洪拳、华拳和少林拳，史称"潭串洪华少"。

宋开宝三年（970年），昆仑大师之亲兵被遣散后，这一军旅拳种流向民间。在历史久远的传承中，由于各地的方言发音不同，弹踢的练习歌诀出现了一些差别，但大意是相同的。在较长的历史时期内，临清潭腿和其他武术门派发生碰撞、交流、融合，形成了少林潭腿、六合潭腿、查拳潭腿、通臂潭腿、精武潭腿等。

传承至今的少林十二路弹腿就是临清潭腿和少林罗汉拳互相交流的"结晶"。相传，明正德年间，少林寺的主持相济大师因久闻临清潭腿之名，便到临清龙潭寺拜访，昆仑大师的传人跃空大师接待了他。二人见面后很是投缘，说经论武，交谈甚欢，大有相见恨晚之意。临别前，跃空大师将十路潭腿之法教给相济大师，相济大师则把少林寺中秘传的寅字号罗汉拳授予跃空大师，这便是民间"三拳换两腿"的传说。相济大师将临清潭腿带入少林寺后，对其稍做改动，并在十路基础上又增加了两路。在传承中，少林传人改"潭"字为"弹"，形成了"少林十二路弹腿"。

十路潭腿的功法是临清潭腿的入门基本功，其词谱如下："昆仑大师开始传，留下潭腿十路拳。一路顺步单鞭势，二路十字起蹦弹。三路盖马三捶势，四路斜踢撑抹拦。五路栽捶分架打，六路勾劈各单展。七路掖掌势双看，八路转环跺子脚。九路捧锁阴阳掌，十路飞身箭步弹。学者莫嫌势架单，奥妙精深在里边。多练多看问根源，学会了护身壮胆。内外两功并同时，能消除一切病源。一踢一打增气力，勤学苦练知根源。学者练到贯通处，伸手还招就占先。"其拳术套路有六角式、二十四式、黄莺落架、老拳架、六路短拳、八路

图二　头路顺步式

图三　桩跺转环式

查拳、罗汉拳等；长器械单练，有张飞枪、锁喉枪、左把枪、金山棍、雁翅镗、春秋大刀；短器械单练，有五申单刀、卧龙剑、查刀、人仙剑；双器械单练，有拦马橛、峨眉刺、判官笔、双枪、双刀、双剑、护手双钩等；对练，包括单刀拐进三节棍，对刺剑，对劈刀，二人徒手对器械，二人、三人、四人徒手对练、徒手对器械，单器械对练，双器械对练等。

　　临清潭腿上、中、下三盘齐全，其中以低势下盘功夫为主。内功功法讲究沉气稳势、摆架站桩、调息练气、蓄精育气、培内壮元、静动沛柔。此外，还有操手、试力等法。不但一般器械应有尽有，还有许多稀有器械，如雁翅镗、春秋大刀、拦马橛等。在拳脚器械的套路中极少有重复动作。

　　临清潭腿追求内七外三之法，故更重内功，调气运动，用意不用力，不论拳脚、器械都是手足并练、拳脚同功、刚柔相济、弹韧相兼、快慢疾徐、柔而有力、威而不猛、刚中有柔、节奏分明、飘逸潇洒。

　　练功时上部沉肩坠肘、中部含胸紧背、下部合膝裹胯，内外同行，表里相同，讲究抑扬顿挫之法、伸缩吞吐之功、单腰摇曳法、二目传神功，气沉丹田，津液要下咽，含虚抱气，不令气散，此皆为内功要领。讲究调气运动，刚柔并济，步法稳健，力体传神，矫健有力，要求练出几种劲力，即伸崩力、加按力、螺旋力、杠杆力、爆发力、自然力以及以柔克刚的四两拨千斤之力。

　　临清潭腿把武术和医术相结合，不论站功还是十路潭腿的练法，都注重内功的锻炼与发挥，故功法奇特，招数实用，变化无穷。拳打三成，脚踢七成，是潭腿特色之一。

近年来，临清潭腿代表性传承人张庆海、张占宇父子组织创建了临清潭腿研究会，租赁了上千平方米的训练场地一处，并购买了相关武术训练器械，力争以最好的条件来学习、训练、交流和传承临清潭腿技艺，极大地推动了临清潭腿的传承和发扬。临清潭腿作为中国最具影响力和传奇色彩的16个优秀拳种之一，它的风采已逐渐展示于世界，在技术和理论的广度和深度上，也不断地为人们的健康养生和修身养性服务。它已成为传播友谊、增进健康的使者。

图四　临清潭腿训练

东阿杂技

2009年，东阿县的"东阿杂技"被山东省人民政府列入第二批省级非物质文化遗产名录。

东阿县位于泰山脚下，黄河岸边。春秋时置柯邑，原属卫国，后属齐国；战国时改称阿邑，仍属齐国；秦时始称东阿，属东郡；汉置东阿县。

图一　1965年12月，王秋香、王秋苓表演的《顶碗》

东阿县是中国民间杂技艺术的发源地。新石器时代晚期，东阿杂技就已经萌芽。东阿是古东夷人活动的主要区域，东夷人以体格健壮、爱好射箭狩猎著称，为杂技艺术的发展打下了良好的基础。当时的东夷首领——蚩尤，就是一位杂技高手。据《史记》等载，蚩尤擅长角抵，而古代杂技就源于角抵戏，又名蚩尤戏。春秋战国时期，东阿杂技得到初步发展，到汉代已经基本成熟。汉代杂技品种不断增加，技艺不断提高，形成了一种以杂技艺术为主，集各种表演艺术于一体的新品种"百戏"。

三国时期，杂技马戏在东阿一带已很盛行。著名文学家、诗人曹植就是一位出色的杂技艺术家。《三国志·魏书·王粲》引《魏略》云："曹植善杂技，能胡舞，跳丸，击剑。"魏太和三年（229），曹植被封为东阿王，昔日结交的俳优术士会集东阿参加百戏会。据传，他墓前的一块风水地就是他当年的娱乐场。1919年，张正振创立"东盛马戏班"，曾流行这样一首锣歌子："跑马卖解上大杆，跳丸地圈流星鞭，走江行会保平安，莫忘先拜曹子建。"可见曹植对于东阿杂技的发展所产生的影响。到了1951年，在东阿曹植墓发掘的132件出土文物中，有蒜头形五花石球1个，据考证即为曹植"跳丸"用的道具。若从曹植算起，东阿杂技的起源也有将近1 800年的历史。

花振芳及其女儿花碧莲对山东乃至全国杂技发展有重要的影响。据记载，花碧莲因为出色的技艺一度惊动了喜欢骑射的唐玄宗，并欲将其招至宫中演出，还许诺封其官位，但是被她谢绝，着实有些高风亮节。聊城曾有马戏艺人班子供奉花振芳的习俗，称其为"花祖爷"，可见其在业内地位之高、影响之大。据史料记载，"花振芳祖居东阿"，证明唐代东阿杂技艺术日臻成熟，已成为宫廷和民间共盛的艺术。到清末民初，东阿杂技马戏班已有几十个。此后，东阿杂技经久不衰，杂技艺人走南闯北，遍布全国各地。

图二　集体蹬伞

东阿杂技主要包括马戏类、魔术类、表演类三种表演形式。杂技所用的道具十分广泛，如刀、碗、盘、坛、鞭、桌子、板凳等。节目不同，所用道具随之改换，道具差异较大。马戏类中的经典作品有《镫里藏身》《快马大站》《双女嬉奔马》《古装关公马上劈刀》等，魔术类有《扑克飞舞》《扑克升牌》《幻影》《帽中飞鸽》《悬人》《纸中取表》《天女散花》《巧变活人》《银球飞腾》等，表演类有《顶坛》《顶碗》《椅子顶》《空中飞人》《鞭技》《踢叉》《对传叉》《蹬人》《蹬桌子》《蹬伞》《爬杆》《顶杆》《杂耍》《碟子》《集体草帽》《秋千飞人》《油锤贯顶》《气断钢丝》《吃火吐火》《铡刀过肚》《气吞钢剑》《口技》《倒立技巧》《钢丝高车》《叠椅倒立》《狮子舞》等。

东阿县是中国杂技艺术的播种机，培育出的人才层出不穷，在发展繁荣杂技艺术方面，做出了很大贡献，为祖国争得了荣誉。特别是"东盛马戏班"，曾到朝鲜演出，是山东省历史上第一个出国的杂技班社。1949年前后，东阿较大的杂技马戏团体有8个，涌现了"盖山东""草上飞"等一批全国闻名的杂技家。在世界杂技大赛中，先后荣获了"英航杯"奖、"金小丑"奖等。

东阿的杂技传承以师传和家族传承为主，队伍不断发展壮大，出现了几十个"杂技村""杂技世家"。许多人从小学到老，代代相传，师承有序，到目前已传承至第七代。现任东阿县杂技团团长季小芳，是第四代传承人，他6岁考入聊城市杂技团，10岁登台演出，曾获得全国首届"新苗杯"杂技比赛银

图三　集体草帽

奖、泰山文艺"创作奖"三等奖。1996年，因季小芳的家族对杂技表演艺术传承有方，被文化和旅游部评为"中国杂技艺术世家"。他退役后，成立了东阿县杂技团，于2018年11月21日至27日应邀参加立陶宛第十一届国际杂技比赛，带去的看家节目《美人鱼柔术》和《青花瓷转碟》以最高分并列获得总冠军，季小芳获得比赛的导演奖，这是聊城东阿县杂技历史上首次在国外杂技赛场上得奖。

　　源远流长的杂技艺术是中国传统文化的重要组成部分，也是一份宝贵的非物质文化遗产。东阿杂技作为一项优秀的非物质文化遗产，需要我们进一步保护、传承和弘扬。

大洪拳（牡丹）

　　2009年，菏泽市牡丹区的"大洪拳"被山东省人民政府列入第二批省级非物质文化遗产名录。

　　菏泽位于山东省西南部，华北平原东南边沿，地处中原，背靠黄河，是中华文明的主要发祥地之一，有着悠久的历史和灿烂的文化。早在明代，菏泽就与徐州、沧州、青州并称全国四大"武术之乡"。从当地民谣"一月二月去踢腿，松松拉拉打个滚；三月四月去练拳，比比划划自顾玩；五月六月练大刀，悠来晃去挑眉梢；七月八月练长枪，手脚划破脸扎伤；九月十月练棍棒，一棍打得屋梁晃；十一十二功练完，回家吃碗羊肉丸"，也能看出菏泽人的尚武之风。

　　菏泽地区流传着20多个传统武术拳种，其中大洪拳是在广大民众中的传播最广的拳种之一。人们对大洪拳的喜爱从俗语"就算全家不吃盐，也要练练大洪拳"中可见一斑。

　　据《菏泽市志》记载，隋朝末年，炀帝暴政，社会动荡，群雄并起。隋末唐初之时，唐朝开国功臣李勣之后人——李洪（菏泽城西北十八里朱楼李庄村人）武艺高强，他奉命征战，为国捐躯。为纪念李洪，众弟子及乡亲们在淤泥河旁建庙，取名"洪庙"。当时乡里乡亲得其武艺者甚多，从此代代相传，后人遂称此拳为"洪拳"。

图一　菏泽市牡丹区大洪拳展演

到了五代十国末期，宋朝初兴，开国皇帝宋太祖赵匡胤精通武术，创造性地丰富了武术的内容，对于当时洪拳的传承和发展起到了极大的引领和推动作用。后人为了纪念太祖赵匡胤，又称此拳为"太祖红拳"，因此世上才有"鸿拳""洪拳""红拳"之称谓，实为一脉相承。

到了明天启元年（1621年），据《洪拳拳谱》记载，精通武术的五台山高僧灵空禅师云游到洪庙，讲经传艺。洪拳的传人、李洪的后裔、出身武术世家的李先明先师，随其学习黑虎拳。经十几年的潜心习练，他尽得灵空禅师之真传（现如今还保存着灵空禅师所授点穴法及救治秘籍），成为当地显赫一时、远近闻名的武林高手。李先明在家传洪拳的基础上，融会灵空禅师所传授的绝技，在功法、理论、套路、技法等方面进行了创新，创编和整理了一些新的武术内容，使洪拳得以更加丰富和完善。

到了清嘉庆年间，少林寺第二十四代传人（寺外九世）、大红拳传人孔昭武先师根据"五拳""十二形"的特点，精心研究，把原来所学大红拳和少林拳法有机地进行融合，"少林罗汉大红拳"由此而产生，并流传于后世。先师不但武功高强，且注重武德修养，经常教育众弟子崇德尚武。他为规范众弟子的武德行为，特制定了大洪拳十大门规（十不准），为规范后人的行为发挥了重要作用。

大洪拳集佛、儒、道之内涵于一身，集技击、健身、防身、救治于一体，以保家卫国、传承民族文化为己任。习武德为先，不与人为难。要问武何用？健身为本源，克敌制胜是关键，洪拳绝技不乱传。

图二　大洪拳动作展示

大洪拳阴阳结合，刚柔相济，以刚为主，舒展大方，结构严谨，朴实无华，既有大开大合，又有小巧玲珑，发力疾快，造型庄重；既注重基本功的练习，又不受场地的限制，有"拳打卧牛之地"之说，发拳有穿山洞石之意，落步有入地生根之情；奇正兼备，系统全面。有以下5个特点：

1. 撑斩为母，尽八法之变。撑斩即架打、劈打之法；八法者，指撑、斩、勾、挂、缠、拦、沾、挎八种打法。洪拳打手和套路处处显示了以撑斩为母，尽八法为变的特征（作为常识来讲，拳套中出现最多的势法，即是最核心、最基本、最富特点的势法）。

2. 势正行美。论其势正（静止姿势），武勇雄强，则有撑补裙拦、挑亮、靠山、斜飞、跺子、雀地龙、分心掌、打虎、跨虎、对口、贯捶、贴墙挂画、封侯挂印、夜叉探海、石佛大卧等。论其行美（运动动作），机捷之高变则有缠腰、戏腰、丁膀、扯钻中平之势，贴金、照镜、托天、括柱、显圣、锁口、抱头、贯耳又系上盘高势，燕子衔泥、雀泥、穿帘、雀地、脱靴、拔葱、捧盘、括笋、旋风则又低势上盘之属。

3. 繁华藻丽者，以八大组势为基础。法连势密，迭出纷呈。花子组步定身动，两手穿掌绕臂，缠头挂推，似叶绽花开，亦有大小之分。手法有一步多动、斩手击臂、抹掌拍髀、声势雄壮、连环十响的十面埋伏势。横击组有挂手掏腮，卸手缠腰，搬拳锁口的缠腰横势。腿法组有起伏分明，斩折疾劲的抹手包脚，提炮反背，海底旋风腿势。典型姿势有摆头拧腰，领臂抖腕，被形容为鸡腿、龙身、凤尾虎包头的裙拦势（丁虚步勾手亮掌势）等。

4. 扁身远击，雀身筋柔。扁身，即侧身换膀，拧腰振髓之身法。在打手跑拳的运用上被形容为"有膀却无膀，无膀却有膀，丁膀不见膀，手去复探膀"。可教长击扬长拳之风。雀身，即"俯身低势以显其柔，上惊下取以示其巧"。

5. 闪转腾挪，刁打巧击。拳势中纵有直闯硬进、强攻中路之势，然多两厢闪击正打倒取之法，层出不穷。

武术属于体育，但不限于体育。中华优秀传统文化，蕴含了中华民族数千年的智慧，体现了中华民族所特有的价值观、人生观和世界观。伴随着中华

图三　大洪拳的典型姿势

文明走过几千年风雨历程的中华武术，是以高、难、精、美等形态特征为外沿的，具有鲜明民族特色的传统体育项目。中华优秀传统文化是武术最稳固、最持久、最扎实的根基，也是武术保持鲜明的民族特色和运动特点的关键所在。因而，武术的继承与弘扬，首先必须是中华优秀传统文化的继承与弘扬；同样，在对外开放的今天，武术走向世界的过程，必然也是中华优秀传统文化对外推广的过程。发源于齐鲁大地的菏泽大洪拳传承有序，枝繁叶茂，犹如长江之水川流不息，彰显着山东的地域性特色和齐鲁文化的博大精深。

二洪拳（曹县）

2009年，曹县的"二洪拳"被山东省人民政府列入第二批省级非物质文化遗产名录。

曹县隶属菏泽市，位于山东西南，地处鲁、豫两省八县交界处，是山东的南大门，有着"戏曲之乡""武术之乡""秧歌之乡""书画之乡"等美誉。

曹县武术历史悠久，源远流长，尚武之风代代相传。在当地民间，武术又被称为"功夫""把式"。学艺要拜师，师父收徒弟有仪式，要给徒弟写拜师帖，规矩严格。逢年过节，徒弟抬着把斗子给师父叩头送礼，以示尊敬，并向师父要两招，请师父教两手。集中教练名为"安场子"，外出收徒练武名为"拉场子"。不同流派各有规矩，各有特长。

早在春秋时期，孔子设私学，六艺之中的"射"术就流传于曹县一带。秦汉之后，武术的传授主要与宗教、会党及武举考试紧密相连，如宋代的白莲教，清代的义和拳、捻军、大刀会等，都以设拳场、练习拳术为活动方式。武术最兴盛的时期，曹县的乡间居民人人都会两下子，在田间地头，举石担、拿字石、耍样刀，都受到观众的赞赏。在当时也就形成了"穷习武，强健体魄，从军参战获取功名；富练功，看家护院，保家卫国防兵乱"的习俗。

到了20世纪50年代以后，受生活条件的限制，民间娱乐项目不多，居民在农闲时间无事可做，于是每天吃过晚饭就去场子里练把式，有时练到兴头得到

图一　武术动作之恨脚蹦锤

图二　武术动作之回身马步架打

鸡叫时分才罢手。一般情况下，村子里都是男的在练把式，老师父教年龄大些的徒弟，年龄大些的徒弟再教年龄小些的徒弟。曹县人性格豪爽，喜欢打抱不平，这自然要身怀绝技。所以自古以来曹县都有崇文尚武之风，民间设场练拳授徒一直持续不断，为本地武术活动的广泛发展奠定了基础。特别是"二洪拳"这一拳种，在曹县南部的民间流传已有千余年的历史。

二洪拳的始祖，有多种说法：一说宋太祖赵匡胤传下大洪拳，宋太宗赵匡义传下二洪拳；一说少林初祖达摩大师的弟子惠可传下的洪拳称为二洪拳（见《老游残记》）；等等。黄河两岸，学习二洪拳者尤为众多。此拳在曹县众多的武术流派中影响甚广。

以前，地处仟楼乡（今仟楼镇）的张楼村为山东省的边界村庄，经常受到流寇袭扰。为了保家护院，当地青年有习武的风俗。当时武功较好的刘文彬、刘广善就请师父李金乐（菏泽沙海人）来拉场子授徒，李金乐又请自己的师父杨玉芳（河南人氏）来撑场子。杨玉芳是嵩山少林寺俗家弟子，武功超群。据现健在的老拳师讲，有一次，两派发生械斗，杨玉芳使用轻易不显露的武功把对方打败。有人问他所用拳名，杨玉芳说此为"二洪拳"，并开始在当地传授此拳。

二洪拳属长拳类别。据老拳师讲，二洪拳套路短，难度小，风格古朴。它以实战技法和功力训练为主，套路只作为初学者练习身法、步法、劲力、协调性的训练，同时是农村过会、摆场子表演的一种娱乐形式。二洪拳偏重身法高低，步之进退，掌、肘、膝之基本用法的训练。其拳势小巧玲珑，节奏严谨，技法刚健有力，朴实无花架，招含攻防，动作实战效果好。它步步为营，稳扎稳打，步幅小，连续上步返身顾后，平掌倒退皆严谨法度，着重实用。其习练之理如书法之永字八法，发力柔中含刚，出手皆带身法，较紧密；其高、低、斜、正、束、放、转、侧等身法皆有重复出现，一招一式，如书法小楷一笔一画般娟秀。拳、掌、肘、膝

图三　武术动作之提膝抢掌

等用法皆在套路中重复安排，且有的左右对称，多次重复，使初学者无形中增长各项技能。其套路编排可谓独具匠心，既浅显易学易练，又含深奥难测之拳理，使练习者在日久月深的练习中逐渐体会其中的奥妙。

二洪拳的技法训练是以拳术习练为主，由单势技法、组合技法、左右互换练和两人对抗练组成，有一路、二路、三路乃至六路大架为其基本套路，单练、对练套路颇多，攻中有防、防中兼攻。老拳师总是教诲："拳打一气连，出拳如崩山，着点如进钻，拳出似放箭。拳随龙虎身，铁锤砸碎山。""练掌先运气，气由丹田起。""击单掌推力要猛，击双掌推力要齐，撩掌内外滑，劈掌如斧下，崩掌如开花，切掌如切瓜，护掌如盖顶，抢掌如箭发。出掌快如风，着穴如扎钉，收掌如闪电，打人不见形。""步为人之马，步不到手则不济，脚不到手难近敌，步乱手则乱。""手不离胸，肘不离肋，打前顾后变换方向转身多，多一手连三手。""二洪拳恨脚少，皆是单恨脚，恨脚聚力。"二洪拳充分体现了传统拳法的习练要求，它刚柔相济、内外相合，实为初学者入门之拳。

二洪拳是山东省民间传统竞技体育的一个重要组成部分，也是中华传统

竞技体育拳术套路的重要组成部分。曹县二洪拳这一流派，承载着曹县人民的勤劳、智慧与才能，也具备了传承和发展当地文化历史的功能。它强烈的民俗地域特性，是我们研究当地历史的宝贵资料。二洪拳的起源之传说，虽扑朔迷离，但给人以遐想的空间，进一步提升了它的文化价值。它传承发展的历史，也反映出本地民风、民俗的淳朴和人民坚韧不拔的毅力。它丰富的内容和强烈的民间武术韵味，对丰富和完善中国武术体系，将产生一定的推动作用，对保护、传承优秀的民间传统竞技体育也必将产生深远的影响。

二郎拳（巨野）

　　2009年，巨野县的"二郎拳"被山东省人民政府列入第二批省级非物质文化遗产名录。

　　巨野县隶属菏泽市，位于山东省西南部，战略地位十分重要，自古便是兵家必争之地，有"挟泰山之险，傍天下之中"之说，历史上曾出现过彭越、郦商等名将。长期的战乱使巨野人民养成了英勇善战的性格，当地习武之风盛行，境内流传着很多优秀的传统武术，二郎拳便是其中非常具有代表性的拳种之一。

　　关于二郎拳的来源有三种说法：一是传说由神仙"二郎神"创造，后流传于人间；二是传说由武松发明，因武松号"武二郎"而得名；三是因其拳术、器械皆重二人对练，习武者多为男子，古人称男子为"郎"，因以"二郎拳"名之。

　　二郎拳在巨野的主要传承地是龙堌镇的耿庄村。据该村老人说，相传自明洪武年间建村起，耿庄村就习武成风，民风彪悍，土匪强盗多不敢觊觎。清道光十一年（1831年），少林寺慧丰法师云游大江南北，先后收俗家弟子冯、高、王、洛四人，江湖人称"二郎四杰"。冯氏辗转于江南一带，高氏落脚于河北沧州，洛氏流落于东北三省，王氏则扎根于山东，巨野耿庄二郎拳法即出自王氏一脉。

图一　耿福寅（左一）与同门师兄弟

王氏即王松领，是清代京杭镖局的著名镖师。一次押镖途中，王松领与强盗相遇厮杀，力渐不支，恰逢慧丰法师北上化缘，出手相救。王松领见法师武功高强，遂拜在其门下，习练二郎拳，武功大进，名声渐扬。后王松领传技于杨秀林，杨秀林传杨金堂，杨金堂传赵相坤，赵相坤传耿福寅。

耿福寅，1904年出生于巨野县龙堌镇耿庄村，自幼习文尚武，苦练十余年，武功遂至炉火纯青之境。1928年，耿福寅赴开封参加全国武术擂台赛，一举夺魁，从此二郎拳名震天下。在他的带动下，当地村民纷纷练习二郎拳。据老拳师回忆，当时练习二郎拳的人数超全村人口的80%，"不管男女老幼，人人都会几手"。

二郎拳有八路长拳，以八卦方位命名。如一路长拳为"乾"字卦位，取"拳打四方"之意，横起顺落，由右向左练，收式面向起式之右方。二郎拳包括拳术套路和器械套路。拳术套路和器械套路都由实用招数组成，套外无招，套内无空式。二郎门的拳术招数与器械中的招数可以互相借鉴，但不混同。二郎拳中的器械非常丰富，共有24种，其中最有代表性的是三尖两刃刀，又名二郎刀，含二郎拳乃"二郎神"所创之意。拳术主要有三步架子、四步架子，技击法有拆手十八式、三盘九段手、二十腿、十二路谭腿（又称弹腿）等，练功夫的谭腿最为重要。

二郎拳特点鲜明，刚劲有力，动作朴实，结构严谨，攻防严密，风格独特，手脚并用，利于实战。套路运动直来直去，拳法掌术要求直打快收，无空架，爆发力强。"手出一条线，打人看不见。"此拳着重讲8个字：按、劈、撩、砍、腾、搂、闪、展，小则拳打卧牛之地，展开则打四面八方。演练起来，手如流星，眼如电，腰如蛇，腿如钻，行如风，站如钉，重如泰山，轻如鸿毛，外猛内静，机动灵活。

二郎拳的套路极具实用性，套内的招数是"拳打四面八方"，变化多端，是练"眼手心脚精气神招"综合功夫的具体体现。通过套路演练上了功夫，其中的招数经老师一指点就能实用。也就是说，对练就是散打练习，学会了对练就学会了部分散打技巧。由于每路单练套路都能对练，因此，单练终势不归原位。二郎拳的招法多变，一招分多招，一手化多手，讲求先发制人，迎力借力，以力制敌。"敌不动，己不动；敌欲动，我先动。"实战中一旦占得先

图二　耿广民在指导学生练习弹腿

机，则招式连绵不断，使对手防不胜防。二郎拳中有句话叫"不招不架，只打一下；一招一架，不知几下"，就是这个道理。据统计，二郎拳术共有三步架子、四步架子、通手、九段手、二十腿、十二路谭腿等6种，每种又可变化出无穷招式；传统器械有24种，又可结合实际情况选取器械，抓钩、铁锨、锅盖、擀面杖等生活用具皆可随手应用，不拘一格。

二郎拳动作朴实，结构严谨，攻防严密，对练和套路中的每一招每一式在实际运用中都具有较强的技击性。除此之外，二郎拳在审美上也有着较高的价值。"大洪拳的长衣裳，二郎拳的光脊梁"，就是形容二者极具观赏性。二郎拳的套路演练和对练，是一种力和美的体现，充分展现了人体的潜能和不凡，使人们感受武术的美感。

二郎拳非常注重武德，强调"道与艺"统一，提倡"未曾学艺先学礼，未曾学武先学德"，讲究以理服人，绝不能因武艺高而逞强。二郎拳有"十大拳规"和"八大戒律"，对习武者有严格的要求。这些戒律可以潜移默化地提高

练武者的道德修养和精神自律性，从而增强他们的社会责任感，对维护社会正常秩序起到积极的作用。

二郎拳从产生到完善经历了漫长的过程，它经历了从无到有、从简单到复杂、从低级到高级的发展过程。二郎拳内功心法包含了阴阳、易理等哲学思想，与中国的传统文化密不可分。每一个招式都有和动作相匹配的形象的名称，没有很高的文化素养，是不可能做到的。

二郎拳自创始以来已历300多年，在不同的历史时期曾经发挥了重要的作用。它所特有的功法，不但能够提高练习者基本的身体素质和整体的健康水平，达到以内促外、内外俱练的健身效果，而且能够促进练习者心理水平的提高和意志力的增强。实践证明，长期练习二郎拳，不仅可以使筋骨健壮、防身护体，而且可以达到延年益寿的功效，符合现代社会人们对健身的需求。了解二郎拳的发展进程，对于研究中国武术各门派的形成、中国各个历史时期的民俗文化，特别是齐鲁文化，也具有较高的价值。

图三　二郎拳传承人耿广民（耿福寅之子）授徒仪式

大洪拳（郓城）

2009年，郓城县的"大洪拳"被山东省人民政府列入第二批省级非物质文化遗产名录。

郓城县位于鲁西南，隶属菏泽市，是闻名中外的武术之乡。

自春秋战国以来，这里的人们就有习武的风俗。到了北宋末年，宋江聚众起义，使该地区的习武之风更为普及，相传"水浒一百零八将，七十二名在郓城"。当时，全国各地英雄豪杰云集郓城，这些身怀绝技的武术名家的到来，使郓城武术得到空前的繁荣和发展。因此，各种拳门应运而生。鲁西南大洪拳就是在这样的背景下产生的。

据资料记载，鲁西南大洪拳可追溯到宋代。一般认为，鲁西南大洪拳源于宋太祖赵匡胤，他有三十二式长拳，又有六步拳、猴拳等式。民间有云："赵匡胤三十二手打天下，盘龙大棍定乾坤，大洪拳打下的花花世界。"民间传说，大洪拳各种招式及刚、猛、紧、稳、小五宗之法，都是宋太祖赵匡胤所传。据说赵匡胤在位期间，常调诸州名将轮驻少林寺，一来授艺，二来取少林武艺之长。少林大洪拳也认同师出宋太祖，所以，鲁西南大洪拳与少林大洪拳有相当的渊源。虽然两者拳法套路大都不同，但通过一些蛛丝马迹也能在鲁西南大洪拳中看出少林大洪拳的影子。在特定的历史条件下，鲁西南大洪拳有时也称"少林大洪拳"，那不过是师承的关系，其实际的内容则大有不同。

鲁西南大洪拳以宋太祖长拳起手，又有"韩通"通臂之优、"郑恩"缠封之妙、"黄祐"之靠身难近，有"温天"之短拳、"马籍"之短打、"锦盛"之面掌齐飞、"刘兴"之勾搂探手、"谭方"之滚雷贯耳、"燕青"之粘拿跃法、"林冲"之鸳鸯腿、"高怀德"之摔掠硬崩等，水浒拳、孙膑拳的精华也闪烁其间。该拳以传统拳为本，集百家之优，慢慢形成了土生土长的拳种，独树一帜，别于其他大洪拳。

鲁西南大洪拳的理论以五行为主，十二形为根本。经历代相传，到明天启年间，有八门老师传留后世。八门者，即乾、坎、艮、震、巽、离、坤、兑；八姓老师各占一门，八姓者，姬、郭、张、陈、邱、郜、王、柳。又有李姓老师掌握中央戊己土，故此拳术大兴。该拳"离"门大师郜黄代活动于河北、山东、河南一带。至清嘉庆末年，其真传弟子河南省清丰县李沙窝村孔昭武老师继承了"离"门遗训，精研武术，并融入了当地各拳种的精华，自编套路，教习弟子，边教边改，形成了自己的独特风格。

鲁西南大洪拳作为中华武术的重要拳种，历史久远。当代主要的非遗传承人刘国庆，1958年生于郓城镇南关，是大洪拳十六世传人。他自幼习武，1961年拜大洪拳师郑树全、郑勋谦为师，主要学艺于师爷黄广勋。他谨遵黄师爷教诲，经过多年苦练，对大洪拳演练与运用俱佳。后又向螳螂拳大师于海、山

图一　大洪拳传承人刘国庆在传授大洪拳

东省武术大队教授赵端章学习螳螂拳，向国家武术院副院长蔡龙云大师学习华拳，等等。经多位名师指点，加以个人的勤学苦练和用心揣摩，刘国庆使大洪拳的理论及技艺更加丰富。

鲁西南大洪拳以五拳为根本，即龙拳练背、虎拳练骨、豹拳练力、蛇拳练气、鹤拳练精。自宋流传有"罗汉十八手"，在鲁西南地区历经演变，增至72手。其身法讲究"起落进退反侧收纵"，手眼身法步运用自如。在此基础上，要先练单拳、罗汉架、跑步架（炮锤架）、二红架、身法架、大红架、四厢架、五行架、六合架、七星架、八卦架、九宫连环架等，及对打拳"审花"、"跳楼"、"五凤赞"、大小"二红"、大小"过桥"、"二龙戏珠"、"三人打"、"拳打二人忙"等30余趟。在拳术练到一定程度后，再练十八般兵器及绳鞭、流星锤等软器械。现保留单人器械32趟、对打器械41趟。

图二　大洪拳套路示范一——打虎式　　图三　大洪拳套路示范二——云顶右击拳

鲁西南大洪拳的形成和发展皆在民间。其功法精炼实用，老少皆宜，对演练场地没有特殊的要求。因此，当地人民群众经常参加鲁西南大洪拳的训练，这可以起到活动筋骨、疏通经络、提高人体各器官生理功能的作用，以达到增强体质、延年益寿的效果。而且鲁西南大洪拳招数丰富多样，其功架、招数以实战为主，攻可以制敌，防可以护身，具有明显的实用价值。同时，鲁西南大洪拳由于动作舒展大方，姿势优美，可以参加各种形式的比赛和表演。如今，国家体育总局推行的武术段位教材，许多核心内容也选自鲁西南大洪拳。

原本名不见经传的宋江武校以1994年春晚《狗娃闹春》为契机一举成为全国知名的武校品牌。今天这里已经成为一所兼重文武、盛产冠军、培养武术人才、推广与普及中华武术的武术学校。良好的环境为鲁西南大洪拳的保护与传承奠定了雄厚的基础。

鲁西南大洪拳具有悠久的历史，在郓城这块古老神奇的大地上孕育并发展起来。大洪拳是集体创作的结晶，反映了郓城人的强悍、忠义的性格和深厚的文化底蕴，承载了重大的历史文化信息，具有人类学、民族学、民俗学研究的特殊价值。

二洪拳（鄄城）

2009年，鄄城县的"二洪拳"被山东省人民政府列入第二批省级非物质文化遗产名录。

鄄城县位于山东省西南部，历史悠久，名胜古迹遍布全县，如"谷林尧陵""舜耕历山""雷泽湖""庄子钓台""曹植读书台""孙膑故里"等，可谓是一座古老的文化名城。也正是这丰厚的历史文化底蕴，孕育出了丰富多彩的民间传统武术流派，二洪拳便是其中的代表之一。

二洪拳在鄄城罗庄、郑营、杨河口一带流传久远。相传此拳是宋太祖赵匡胤所创，明清时期最为鼎盛。据《濮州志》记载，宋太祖赵匡胤为了提高军队的战斗力，创编了一套适于将士训练的拳术套路，后称"二洪拳"。有歌诀云："神手洪拳赵太祖，闯荡江湖有大名。洪拳九九八十一，传在人间定太平。"经后人不断传承与发展，二洪拳终于形成了一个完整的拳派。

二洪拳在漫长的发展演变中，出现了难以数计的著名武师，可谓人才济济。如清代乾隆年间的常子敬、嘉庆年间的张景文、道光年间的张真、光绪年间的闫书勤等。道光、咸丰年间关中还有高三、邢三、苏三和于得水。

于得水，鄄城县董口镇于塌村人，是一位爱国志士。于得水青年时期曾参加义和团，运动失败后，他回到鄄城南关罗庄投亲避难，便在此教拳授徒。本村侯汝诺、侯汝开等人拜于得水为师，习练二洪拳。

　　侯汝诺勤学苦练，几十年如一日，十八般武艺样样精通，托打、跨打堪称一绝，而且仗义行侠，德高望重，闻名遐迩。侯汝诺青年时代家境贫寒，农忙时给邻村张家大户帮工。有一日，他在地里驾牛耕作，壮牛不听使唤，他便挥鞭打下，牛疼痛难忍，狂怒之下带犁疯奔。此时，村里几个孩童正在地头戏耍，他见牛疯狂地冲向孩童，情急之下，健步冲上前去，向牛肋猛击一掌，牛肋骨断裂，内脏破碎，倒地而死。次日，张户主带三个儿子去找侯汝诺索赔。这张氏三子，人高马大，皮粗肉厚，力大无穷，双手可擎千斤，脚可断木。张氏三子自恃武功高强，常横行乡里，欺男霸女，百姓恨之入骨。侯汝诺与张家发生争执，张家三子蛮不讲理，破口大骂，一起围向他，拳脚相加。他忍无可忍，出拳如风，踢腿如箭，一托一跨，张家三子应声倒地，仓皇出逃，从此不敢再骚扰乡里。侯汝诺掌击壮牛，制服张家恶少，被当地百姓传为佳话，闻名中原，一时间，弟子如云，来访者络绎不绝。侯汝诺重武德，又重言传身教，其艺至精，其德至纯，被誉为德艺双馨的一代宗师。

　　每年春种秋收之后，鄄城人都会集合在一起，拉出刀、枪、棍、棒等器械，披上狮衣，带上引狮绣球，进行演习，来祈求风调雨顺，或庆贺丰年。有歌云："二洪拳拉四平，上步跨打拉七星，迎面夺下刺喉枪，演武场上比输赢。"

　　二洪拳套路有关西、关东大架，四路小架，三番九转一百单八手功法。关西、关东大架俗称头趟架、二趟架，架势舒展大方，刚猛有力，节奏鲜明，朴实无华，动作连贯，稳重坚强。四路小架，即七星架、随手架、文架、四路板架，其架势小巧玲珑，机动灵活，低身进步，手拿脚扣，连环紧凑，巧妙多变，一气呵成。大小架结构都严密紧凑，动作连贯，攻防鲜明，短小精悍，刚柔相济。

　　徒手对练，有炮山捶、泼脸捶、二趟捶、七进、九进等数十路套路。它的动作起落、进退多为直线，所以说"拳打一条线"；可在方寸之地发挥作用，故有"拳打卧牛之地"之说。讲究出拳狠、活、快，力达拳面；要求握拳如卷饼，出手如放箭，回拳似火烧。其中还包括数十路剑术套路和70余套器械对练。

图一 二洪拳"九进锤"拳术对练

图二 二洪拳剑术"提膝亮剑"式

图三 二洪拳器械对练"方天戟破金瓜锤"

二洪拳南拳、北腿并举,内外软硬兼施,踢打、摔拿结合,以身为基础,以快为上,以活为主,以巧制胜,注重技击,立足实用。其套路结构严密紧凑,要"秀如猫、抖如虎、引如龙、动如闪、声如雷",随机应变,进则有方，退则有法，一气呵成。二洪拳出手要求手到、脚到、眼到、步到、身到、意到、形到、力到，练习时讲究"三元六合练成一气"。

它的一招一式、一拳一腿，攻中有守，守中有攻，简洁洗练，质朴无华。在与对手较量时，身体的各个部位都能派上用场。习练者从实战中总结出"浑身无处不是拳，人体上下有十拳"之说，即头、肩、肘、拳、掌、指、臂、胯、膝、足均可发挥作用，这些部位互相配合，使其招法丰富多彩。

二洪拳强调学以致用，不练花架子，以防身、强身健体为目的。熟能生巧，研练时间长了，无意中就能获得上乘功夫。

二洪拳是富有传统文化底蕴和民俗特色的一种传统武术项目，它对鲁西南地区的历史、人文和民俗状况具有重要的研究价值，是传统武术文化中的一种重要表现形式，是诸多武术流派中的佼佼者。

附：二洪拳练拳诀

两脚在一线，向外开，脚齐肩平，中气宜站中，两眼使平，向前平视微高。气要随手，气发四梢，气要走平。行动运用五行，五行相克，五行相合。动如风，站如钉，重如泰山，轻如鸿毛，唯要上身动，还有后腿蹬。抬手打人不见形，见形不为能。软如棉，硬如钉，发声如雷响，气发如摧步，此练功如九牛二虎上身。

山东省文化和旅游厅组织编写

山东省级非物质文化遗产普及用书

传统体育、游艺与杂技卷（下）

山东城市出版传媒集团·济南出版社

图书在版编目（CIP）数据

山东省级非物质文化遗产普及用书. 传统体育、
游艺与杂技卷：全2册 / 山东省文化和旅游厅编. — 济
南：济南出版社，2021.7
ISBN 978-7-5488-4056-5

Ⅰ. ①山… Ⅱ. ①山… Ⅲ. ①非物质文化遗产—
山东—普及读物②文娱性体育活动—介绍—山东
Ⅳ. ①G127.52-49②G89

中国版本图书馆CIP数据核字（2021）第130679号

出 版 人　崔　刚
责任编辑　冀春雨　张子涵
装帧设计　李海峰

出版发行　济南出版社
地　　址　山东省济南市二环南路1号（250002）
编辑热线　0531-86131747（编辑室）
发行热线　82709072 86131701 86131729 82924885（发行部）
印　　刷　山东彩峰印刷股份有限公司
版　　次　2021年7月第1版
印　　次　2021年7月第1次印刷
成品尺寸　170 mm×240 mm 16开
印　　张　19.75
字　　数　295千
印　　数　1—3000册
定　　价　99.00元（全2册）

编委会

序　言

　　习近平总书记指出："文化是一个国家、一个民族的灵魂。文化兴国运兴，文化强民族强。中华优秀传统文化是我们最深厚的文化软实力，也是中国特色社会主义植根的文化沃土。要积极推动中华优秀传统文化创造性转化、创新性发展。"在悠悠五千年的历史长河中，中华文明绵延不绝，历久弥新，孕育了丰富的精神文化财富。非物质文化遗产是中华优秀传统文化的重要组成部分，代表中华民族鲜活的文化基因，是民族历史的传承和民族精神的凝缩，是自古以来劳动人民智慧的生动展现。传承和弘扬中华优秀传统文化，挖掘和保护非物质文化遗产，研究和利用齐鲁大地的优秀文化遗产，是时代的要求，是历史的必然，是人民的期盼。

　　山东是孔孟之乡，礼仪之邦，拥有悠久的历史和灿烂的文明。在这片广袤的齐鲁大地上，生长着韵味十足、特色鲜明的非物质文化遗产。神秘动人的民间文学、地域鲜明的民俗传统、风格迥异的传统音乐、独具神韵的传统舞蹈、意味无穷的传统美术、丰韵绵长的戏剧曲艺、通灵入化的体艺杂技、创意灵动的手工技艺，都包含着齐鲁儿女的创造力，深藏着齐鲁大地的智慧，是齐鲁文化的重要代表。灿烂的非物质文化遗产充分展现了齐鲁儿女独具品味的审美个性和别具一格的思维方式，是山东文化发展的见证。

　　山东是非遗大省，非物质文化遗产资源极其丰富，非遗保护工作一直走在全国前列。目前全省共普查各类非遗线索120多万条，共有联合国教科文组织认定的"人类非遗代表作名录"项目8个，国家级名录186项，省级名录751项，市级名录4 060项，县级名录12 452项；现有国家级传承人90名，省级传承人429名，市级传承人2 553名，县级传承人8 025名；全省有1个国家级文化生态保护实验区，即齐鲁文化（潍坊）生态保护区，有曹州文化生态保护实验区等10个省级文化生态保护实验区。为弘扬中华优秀传统文化，充分展现我省非物质文化遗产的博大精深和独特魅力，山东省文化和旅游厅组织编制了《山东省级非物质文化遗产普及用书》系列丛书，涵盖民间文学，传统音乐，传统舞蹈，传统戏剧，曲艺，传统体育、游艺与杂技，传统美术，传统技艺，传统医药，民俗共十大门类。本套书共3册，其中传统体育、游艺与杂技类共2册，包含65个省级传统体育、游艺与杂技项目；传统医药类1册，包含34个省级传统医药项目。本套丛书内容主要是以各市申报省级非物质文化遗产代表性项目的资料为依据。本套丛书通过故事叙述与文化阐释相结合的方式，以多方视角来讲述非遗项目，内容涵盖历史渊源、基本内容、表现形态、传承发展、社会价值等方面。相信此套丛书的出版，必将使广大读者更加生动、全面、系统地了解山东省非物质文化遗产的传承历史、表现形态、文化内涵及保护现状，必将进一步增强广大群众的文化自信和文化自豪感。

下一步，我们将深入贯彻落实党的十九大精神，深入贯彻落实习近平总书记系列重要讲话精神和视察山东重要讲话、重要指示批示精神，以习近平新时代中国特色社会主义思想为引领，统筹推进"五位一体"总体布局，协调推进"四个全面"战略布局，不断弘扬中华优秀传统文化，不断推动文化建设向纵深发展，为满足人民群众对美好生活的向往，丰富广大人民群众的文化生活，保障广大人民群众的文化权益，为深入推进经济文化强省建设，实现中华民族伟大复兴的中国梦而贡献更大的力量。

山东省文化和旅游厅厅长　王　磊

佛汉拳

2009年，东明县的"佛汉拳"被山东省人民政府列入第二批省级非物质文化遗产名录。2011年，被国务院列入第三批国家级非物质文化遗产名录。

东明县隶属菏泽市，位于山东省西南隅，是先秦大思想家庄周故里，也是佛汉拳的发源地。佛汉拳，亦称"佛汉捶"，俗称"佛拳"，又叫"七二三八"，是我国的稀有拳种，多分布于山东、河南、浙江等地。

佛汉拳由梁朝大通年间的少林祖师普提达摩始创，后经少林历代掌门、高人的精心研造，取诸家拳法之精华创编而成。佛汉拳系正宗北派少林拳术，原是少林寺弟子的护寺防身术，是少林寺历代高僧集体智慧的结晶，也是少林拳的精华。佛汉拳为寺内高僧专练之术，一向秘不外传。又因极具技击特色，被少林寺视为看家护院之拳法，尊为"少林暗藏门"。

清道光年间，少林寺和尚徐修文在东明县杜胜集贾庄（今东明县马头镇贾庄村）一带传艺授徒，佛汉拳从此传入东明县。有碑文记载："有大和尚修文者，主方丈，俗家姓徐，道术极高，慧谈无穷，术身妙技，七二三八佛汉拳，四九兼通。"

佛汉拳以掌法为主，朴实大方，技击性强，以铁爪功偎身靠打为奇，讲究"三节"（即手、身、腿）相随，"四气"（即手、腿、心、步）一致。《佛汉拳拳谱》记载："佛汉出手站当阳，切闪调步人难防，两手不离胸，双肘不离肋，身似弓，手似箭，鹰眼猫腰鬼拉转。以擒拿对练、实战为主，辅以硬功。"

佛汉拳主要包括佛汉三十八路拳和佛汉散手两大部分。其中，佛汉三十八路拳又分上、中、下三盘，均为对打套路。佛汉拳以徒手练习为主要内容，以对打为主要形式，强调实用，动作精巧紧凑，敏捷灵变，步身相应，手法善变，结构严谨，动作连贯，刚柔相济，招法脆利。练功练拳，二者兼能，互为致用。佛汉拳独到之处在于破打一字完成，讲究"连绵铁""君臣手"。单练式法有七十二擒拿手、罗汉十八手、十二手等，手手走四方，式式入三盘，守中有攻，攻中有守，不变中有万变，万变中有不变。

佛汉拳中的高低苗，是其基本动作，也是入门者必修的筑基功夫。因该动作在练习时，身体重心一高一低，手法上也随之高戳低打，讲究"高棚下压中间截"，连环盘练不止，故曰"高低苗"。主要是通过单架的训练，使练习者的手、眼、身、法、步、精、神、气、力、功等技击要素得以锻炼和提高，练习时自慢至快，每日数千捶，不过百日，自有灵验。有谱歌曰："伸手上打有人迎，换手变把下边通，真真假假人难认，虚虚实实见奇功。"

图一　佛汉拳招式之散手

佛汉拳功法主要为铁爪功、鹰爪力、盘手功、桩功等。桩功是"内练一口气"的功法，讲究"哈""张"二气，力发气随，久练功成达到周身一家，浑圆一体。通过调息能够达到修身养性的功效，也是配合硬功发力的一种方法。

因后人在演练过程中的不同发挥，目前流行的佛汉拳有大架、小架之分，两者主要是身法不同，其他大同小异。大架佛汉拳舒展大方，大开大合，放长击远；小架佛汉拳小巧紧凑，步活身灵，手法善变。

图二　佛汉拳硬功——鹰爪功

佛汉拳有着与少林拳其他拳派不同的风格与特点。佛汉拳讲究"吞、吐、沉、浮"，要求"三心（即手心、足心、人心）相照"，虚灵内含，含胸拔背，沉肩坠肘，精神贯顶，且忌前俯后仰，低头弯腰。佛汉拳手法善变，快如风、疾如雨，手臂非直非曲，变化伸缩应走弧线，动作大都为螺旋式。而提到步法和腿法，佛汉拳进退变换虚实分明，重心前三后七，起落变换，同手法一样走弧线，且要求手到足到，手足相应；腿法多用寸腿，高不过膝。具体的"四法"要求如下：

手法要求　出手如撒箭，回手如触炭，两手平行同时出，后发而先至，手如鸡叨米，如饿犬夺食。有抢、等手、截手、随法手、顺手、拈住手、见手跟手不让手。

眼法要求　眼是心之苗，心是眼之源，意动眼就到，灵机如电闪，眼到手就到，快如流星赶，眼里能出手，手里能出眼，射远又真似鹰眼。眼跟手，手跟眼，合住三尖九弓式，三照之法不虚传。

153

步法要求 闪转腾挪，鹤行鹿伏。蹿蹦跳跃，形如猿猴。挨膀依靠，状如熊貔。前后用力脚如钻，一身灵动似蝶舞。其主要步法有九宫步、疾步、跌步、滑步等。

身法要求 手眼步的协调一致就是一身相合。腰眼斜出如蛇行，两肩相平手如抓。偈曰：手如流星眼如电，腰似蛇行腿似钻。九弓身式从头想，上下左右差不差。

实战时，由于情况千变万化，有时用单一的方法不能很快制服对手，因而要加强佛汉拳法与其他技法的有机结合，从而在空间上形成立体进攻的态势，在距离上形成远近结合的攻击特色，使对手无所适从，防不胜防。

佛汉拳惯于施展靠打擒拿、分筋挫骨、点穴闭气等技法，运用明暗柔硬功，强调闪身贴近，挨身肩靠，转身背撞，拧腰胯打；讲究呼吸得法，力从腰发，摇身加晃膀，动作带身法；以敏捷为主，低进高退，落地生根。全身各法运用协调一致，内外合一，体现一个"整"字。在技击中强调以变应变，滚打巧拿，讲究一式跟三打，一打有三破，做到身灵、步活、眼到、手到，上下相随，完整一气。

佛汉拳注重人自身之本能与自然力修为；讲究性命双修，无固定形式，无套路，无定法，随势而变，遇机而进，刚柔相济，连绵不断。佛汉拳在整个演练过程中，始终讲究人与自然的和谐，身体放松，做到上体轻灵柔软，下体沉稳，外示安逸，内藏精神，便于人体舒筋活血，打通四肢和内脏等全身各个经络，对人体各种慢性病有一定的预防作用。故此，有健身、防身、修身等良好功效。

佛汉拳内外兼修，术道并重，是一个具有多元功能的、具有丰富传统文化内涵的中国传统体育项目，在短短的170多年里，倾注了佛汉拳历代先师的心血及智慧。它融会了中国古典哲学、医学、武学、人体力学等理论学派，遵循佛家、儒家思想，特别吸收了道家太极阴阳学论，刚柔相济，虚实分明，周身一家，浑圆一体。它以人体为依据，以实战求真为宗旨，具有综合性、科学性、实用性、健身性四大特点；以贴身靠打擒拿、分筋挫骨、点穴闭气为长；

运用明暗柔硬劲，内外兼修，全身各法运用协调，精气神高度统一，形成了具有独特优点的拳学体系。

图三　佛汉拳授徒过程

武当太乙门

2013年，济南市槐荫区的"武当太乙门"被山东省人民政府列入第三批省级非物质文化遗产名录。

武当太乙门亦称"太乙门武术"，是在山东济南流传久远的武术门派之一。其拳理以道家老子的"道"为本体学说，崇尚"道法自然""万法归一""无为而大为"的哲理思想。武当太乙门兼蓄武术名派之长，集武当、少林之特点，既彰显了佛教中四大天王、八大金刚的威武神力，亦有道家柔变静修转折之神韵。

武当太乙门属于近身搏斗型拳法，具有重技击、重形象等特点，讲究"招招有势，势势有法，法法有用"。它凝聚了历代研习者的心血，是具有"原生态"特色的古拳法，拳势古朴，遒劲雄强，勇猛果决，精到妙合。武当太乙门内容丰富，既有独具魅力的无定式醉猴拳，也有十二路弹腿、埋伏拳、太乙少林拳、器械、对练、腿法、散手、养生、功法等内容。

据资料考证，太乙门唐手（金刚手）功夫的相关记载可追溯至盛唐时期。太乙门扎根于济南这座历史名城，孕育于历代商业和人文的交流中心，随着时代的演变发展，其技艺在朝代更迭中不断磨砺、充实，直到清末、民国时期迎来了其鼎盛时期。据现有文字记载，黄乙侠道长为武当太乙门的近代祖师。

清末，太乙门先哲徐山少年时即集燕赵武术百家之大成，为追求武术真谛，他入武当山，拜黄乙侠道长为师。期间，他跟随黄道长采药、学医、习武，黄乙侠道长考察他多年后方收为入室弟子。当时正处外侵内患、民不聊生之时，习武修道者甚少，黄道长恐太乙门武术失传，于是在徐山苦修十余年后，命徐山回乡按门规传承武技。

徐山历经千辛万苦，将太乙门武术带到中原传授。在一次德州集市庙会上，他亲眼看见当地武术高手高凤岭父子在集市上路见不平，行侠仗义，对其父子的侠义豪迈之举赞叹有加，也为遇到中意的功夫传人倍感欣慰。最终，徐山在众多武术求访者中遴选了高凤岭为入室弟子，传授太乙门拳械，并经多年严格训教、慎重考察，才悉数把武当太乙门最高境界的醉拳、猴拳（即太乙拳）传给高凤岭。

经过徐山多年的教授，高凤岭以炉火纯青的武功、形神兼备的技艺、千姿百变的太乙拳术名震齐鲁，人称"活猴子"。后期，徐山携徒高凤岭游历苦修，先后在德州、泰安、济南授徒，其众弟子多为侠肝义胆的"义和团"将士。在济南隐居授徒期间，高凤岭破门户之见，培养了以窦来庚为典型的一大批爱国武术家。高凤岭一生满怀忧国爱民之情，追求进步与光明，高尚的品德铸就了德高望重的一代武杰。

高凤岭的嫡传弟子——济南商界爱国名士林信斋先生，20世纪20年代在济南开办"裕祥昌"粮栈，期间拜高凤岭为师，学习太乙门拳械。林信斋作为高凤岭的嫡传弟子，不仅经常资助加入抗日队伍的师兄窦来庚，还创办了"济南志成武术社"，利用业余时间与胞弟林秉礼在他开设的"裕祥昌"商行里义务教授太乙拳械。在抗日最艰苦的时期，林信斋以刚正不阿

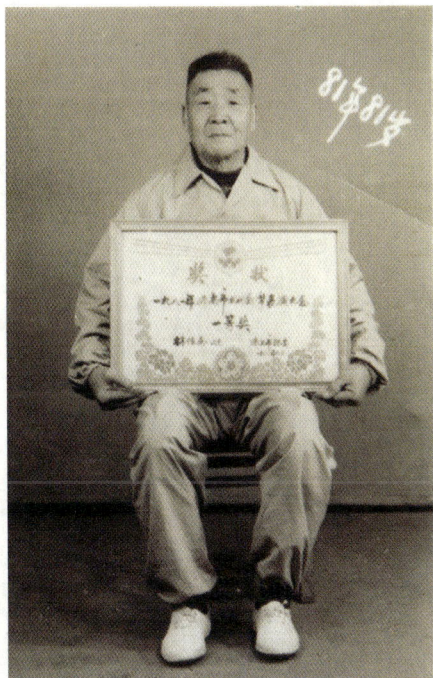

图一　1981年，林信斋先生参加济南市武术比赛演练醉猴拳获得一等奖

图二　2015年8月，纪念抗日战争胜利70周年太乙门国术救国座谈会合影

图三　济南市育贤小学太乙门武术队在非遗大会上的表演

的爱国民族气节，以及"位卑未敢忘忧国"的情怀，冒生命危险，多次用火车将大批粮食及药品赠送给窦来庚率领的抗日部队。

后来，高凤岭倾其全部技能和秘不外传的深邃拳理授予林信斋，林信斋仔细记录老师所讲拳理，晚年伏案整理拳理撰文10余万字，一生义务培养学生百余人。太乙门宗师代代相传的爱国情怀直到21世纪依然影响着太乙门的弟子。

林信斋先生的三子林树基是太乙门第四代传人之一，自幼跟随父亲习武，遵父教诲，潜心学习，整理太乙门武术拳理。自2002年起，他自费不断更新、购置影像设备，行程达数千公里，沿着本门派近代武术先辈的足迹寻根溯源，记录收集被遗忘了多年的宝贵历史资料。2012年5月至今，林树基与师兄弟蒋东明、徐丕江、赵益滨在济南市育贤小学义务教学，普及太乙门武术操，成立校武术队，带领学生参加省、市武术比赛获得佳绩，并多次参加非遗博览会和公益展演等活动。近年来，林树基以图文并茂的方式记录了近百年来太乙门武术的传承，编著出版了《刀光剑锋捍沂蒙》《济南太乙门》两部书籍。

武当太乙门拳术、器械、对练等风格特点与其他拳派迥异，彰显了道教的文化特色。其作为一种武术文化，深深根植于数千年华夏文化的沃土中，蕴含着深刻的中国传统哲理奥妙，把中国古代太极、阴阳、五行、八卦等哲学理论，用于拳理、拳技、练功原则和技击战略中，本质上是探讨生命活动的规律。因而，太乙门武术是武当道教在生命探索中产生出的光辉结晶。

国学大师钱穆先生与季羡林先生一致认为，中国的文化和精神对人类的贡献在于"天人合一"的哲学思想。太乙门在《老子》等哲理思想的影响下，以拳体现人与自然和谐统一，体现"天人合一"，在运动中的自如应用，达到自卫之效。太乙门武术文化，以武演道，集睿智深邃的文化、立竿见影的养生效果和精妙绝伦的技击艺术为一

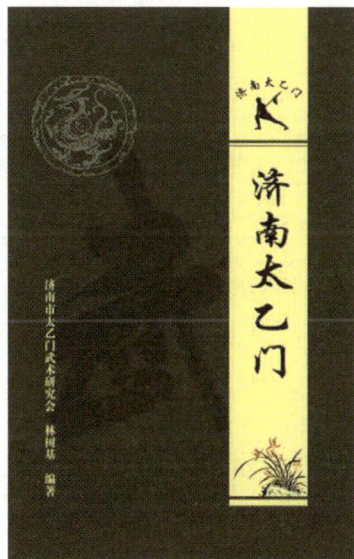

图四 《济南太乙门》（林树基）

体，实现"性命双修"的主旨，也是道家文化的另一具体体现。通过太乙门内功的练习，可以使修习者意、气、力达到高度统一与平衡，进而练就内、外功夫于一身，逐步增强习练者的体能，达到抗疾、长寿之目的。

太乙门是迄今保存较为系统完整的少数流派之一。它源于武当道家的文化，却因为其传承隐秘等原因并不为世人广泛了解。中华道家养生内功文化具有博大精深的理论及实践体系，对生命身心及内在规律具有独到的深刻认识，并以此为基础发展出了完备系统的身心调节强健训练体系，而这也是中国武术派生的源头与核心之一。

太平拳

　　2013年，平阴县的"太平拳"被山东省人民政府列入第三批省级非物质文化遗产名录。

　　"太平拳"属兵家武术，是一个综合性的拳种，发源于济南市平阴县，已有360年的历史，由明末清初王氏远祖王翀宇、王翀霄所创。

　　平阴县孔村镇有一座山，2 500年前，孔子在此山讲学，留下"教书堂"，此山得名"孔子山"，山脚下的村子被命名为"孔子村"。这里人文厚重，儒风盛行，崇文尚武，孔子教化人的遗音犹存，因此，古人凿石"杏坛遗响"立于村中。王翀宇便出生于此地。

　　康熙年间的《平阴县志》记载："明季国初，邑地大乱，王翀宇平贼治乱，为民排忧解难，乡邦赖之以安……众人颂号'太平王'。"清顺治三年（1646年），王翀宇解平阴之围，圣上赐封"任侠"，两年后中武举为官，至66岁还乡。此后在家乡潜心研究武学，修身传武，借众人之口，所传武艺为太平武艺，"太平拳"由此而得名。

　　王翀宇一生秉性慷慨，疾恶如仇，任侠尚义，为民排忧解难，乡民感其恩德立碑颂扬。碑中所载："王公喜剑术，舞大刀，修戈矛，擅骑射。明季国初天下大乱，公与傅兴含、熊武原、王翀霄、孙翀汉结为异姓昆仲。凭自身的武功惩恶除霸，所到之处，贼不敢下山，霸不敢逞强，商不敢不公，子不敢

图一 《任侠碑》拓片

图二 "教子" （王翀宇康熙年画像）

不孝。所在桑梓赖之以安，乡人颂号太平王，并立'太平庄村'为念。"王翀宇的功德碑，平阴人称《任侠碑》，上写"重义任侠，周急扶危，王公颂德碑"13个大字，残碑现存于太平拳博物馆中。

太平拳讲究练身修心，习练者要谨遵孔圣的教诲，崇仰关圣的忠义，恪守和圣的理念，弘扬始祖的任侠精神。人为本、武为用、和为贵，是太平拳做人的操守。爱国爱民、信义至上，天下太平为之归，是太平拳的核心文化底蕴。

"上武平天下，中武安身心，下武防侵害。"创始人王翀宇所传的武术套路三点俱备，是根据多年的沙场经验所创，形成了稳、准、狠的基本特征。

太平拳的拳术和器械独具特色，既有内家的柔，又有外家的刚，既有北派功夫出拳快、发力重的优点，又具南派功夫轻灵、迅猛的特点。练功所用器械重量要求超过实战器械重量，讲究"重练轻战"，具有鲜明的民间传统武术特色。

太平拳有其独立的拳术套路、器械套路，还有功力功夫和养生健身功法，是一个较大的拳种。其中，拳术内容有三个基本套路，为二十四趟腿拳（太平架）、太平拳、太平掌；器械套路有太平大刀、太平大枪、太平大铲、太平大斧、太平双锏、五虎棍、五虎枪、五虎刀、飞龙剑、夜行刀、绳镖、九节鞭等；功力功夫有四石功、舞垫刀、抖大杆、拉硬弓、铁砂掌、合盘掌、穿铁瓦鞋、走五行桩、磨地穴、跑城走壁等。此外，太平拳还有对练套路（徒手对练和器械对练）、实战技术、轻功功法等内容。

为了进一步推广太平拳，平阴县对练习太平拳的继承人进行逐一登记造册，建立档案，保存活动资料；对拳术和器械进行充实和更新，并通过录像、拍照等形式收集相关资料，纳入建档范围；成立了太平拳武术功力功夫表演队以

图三　太平拳部分兵器展示（藏于太平拳博物馆）

图四　四石功——携石颐

图五　太平拳徒手对练

及太平拳老年人健身运动队，吸引不同年龄的群众参与到传承中来；同时，在孔村镇中心小学开设了特色体育校本课程，聘太平拳第十一代传人王大庆为校外辅导员，教练太平拳。

王大庆自幼随伯父习练太平拳，后又拜当地著名武师——太平拳第十代传人梅绍斌学习武艺。20世纪70年代，在平阴县民兵大比武和泰安地区军事比武中，王大庆表演的太平拳，曾多次受到嘉奖；到80年代初，他连续三届担任泰安地区武术裁判。几十年来，王大庆在当地义务传承教授太平拳，培养了一批又一批武术人才，是当地公认的太平拳一代宗师。

太平拳第十二代传人王永新深得太平拳精髓要领，擅长演练太平大刀、太平大枪、太平双锏等重兵器和功力功夫。2010年，在第四届世界武术节中，他表演的58斤重太平大刀获优秀表演奖，太平大刀也被评为该届武术节最重的兵器，使古老的太平拳走向世界。

太平拳从初创、形成、发展至今，已走过了300多年历史。它源于中国博大精深、源远流长的中华武术，又有所创造，有所发扬，在武术中融入了山东人爽快、直接、稳健的民风，成为中华武术一个重要的拳种。太平拳从拳术、器械搏击到实战效果，都具有一定的灵活性和套路性，在山东武术中独树一帜。而高难度的技巧、独特的打法和科学的养生功法，也让它具有了极高的艺术观赏性和实用性。

太平拳的形成和传承，既开创了南北武术相融会的先河，又具有浓郁的地方特色和历史文化价值，对丰富中国的武术理论研究和教学有着重要的作用，也对中国的武术教育起到重要的推动作用。此外，传承保护太平拳，丰富了人民群众的文体生活，其独特的养生保健功法，更为人民群众强身健体的方式增添了新的种类，促进民众更好地为祖国文明建设服务。

地功拳

2013年，安丘市的“地功拳”被山东省人民政府列入第三批省级非物质文化遗产名录。

地功拳，又叫“低功拳”，也叫“地躺拳”“地龙经”“地宫拳”“义和经拳”。因其主要功法架势低矮，又多身体着地之技法而得名。地功拳是安丘土生土长，又吸收了我国宫廷、民间、武家各派精华的地方稀有拳种。

地功拳历史悠久，源远流长。据史料载，清咸丰年间，安丘城西关村王继昆、王继峨兄弟从蚯蚓与螳螂争斗中获得灵感，将它们的动作加入北宋开国皇帝赵匡胤的拳术之中，另辟蹊径，自成地功拳一派。

19世纪末，义和团运动风起云涌，山东成为义和团的主要集中地。义和团的拳师把南拳、北腿各路拳种传播到胶东一带，安丘也有很多地功拳武者参加了这场抗帝运动，于是，张璀、曹四龙、王清斋等地功拳名家积极吸纳各拳种精华，训练义和团勇士。这个时期，地功拳得到极大的丰富和完善，并帮助人们抗击了外来侵略，因而得名“义和经拳”。张璀曾为一知府做过保镖，武功过人，尤善地躺拳和拦马橛。他为人至孝，因其母患眼疾，到临朐县辛山乡庙山村求医，医家知道张璀武功超人，遂求其教授拳艺，从此安丘地功拳在临朐庙山一带散枝开花。同时期，石堆镇梯门村人王清斋、安丘城北关村人高希伍分别到辽宁沈阳、山东烟台开办武馆，地功拳在沈阳、烟台各留有一支。

民国至抗日战争期间，地功拳第三代传人王忠奎在父亲王存胜的教授下，勤学苦练，功夫达到了炉火纯青的地步，一时间闻名齐鲁。王忠奎受时任山东省省长马良的聘用担任了省国术馆武术总教练，后辞职回乡传授武术，在西关办了一个"半日学堂"（半日学文，半日习武），他任武术教练。初期，"半日学堂"共有48名学生。这48名学生大多文武双全，闻名胶东大地。当时学堂校规很严，规定了武术的"三不教"，即"对父母不孝者一律不教，自高自大者不教，性情暴躁者不教"。如果有人在外面打架，回来就得挨军棍（半截红半截黑）。

自任氏兄弟开山立门之来，地功拳至今已有160多年，在流传演变过程中，特别是经过王存胜、王忠奎、王士怡、韩春华、王凤山等宗师的精研总结，现已成为一套体系完备、内容丰富、结构完整，具有"北少林"鲜明特色的传统武术。

地功拳的基本功法一般包括地功站桩、手法（拳、掌、钩、爪、指、肘）、腿法（迎面腿、夹裆腿、里合腿、单飞腿、谭腿、双飞脚、旋风脚、双

图一　中排左二起为王凤山、李经生、张兰溪、韩春华、王士怡、董桂芬

飞燕、踩子腿）、步法（弓步、马步、丁步、虚步、扑步、歇步、提步、麒麟步、牛步）等。

在练习以上基本功法时要穿插一些小小的徒手动作组合练习。传统的练功，一是练站桩和各种腿功，如压腿、侧踢腿、下踢腿、斜踢腿、踩子脚、前扫腿等，在此基础上配合弓步、马步、扑步、虚步等力量方面的训练；二是学练一些旋风脚、前手翻、后手翻、鸳鸯脚、双飞脚等，这个阶段动作难度较大，中间可穿插一些代步、朴刀、徒手等组合动作；三是习练一些跌打滚翻的动作，如上风剪、下风剪、中风剪、蹬剪、落架、猛虎拦路等，需要用护具、垫子加以保护；四是开始学习套路，但每次学习套路前先练基本功，动作要求工整到位、姿势规范、清晰明确，避免出现飘、浮、虚等花架子现象，在动作规范定型的基础上逐渐达到手、眼、身、法、步五大要素和形神兼备、内外兼修的协调，进而加大动作的力度和速度；五是要进一步安排好整个套路演练的起势，手势达到进退腾挪，抑扬顿挫，节奏鲜明，刚柔相济。

地功拳内容丰富，套路全面，拳、腿、枪、棍、刀、鞭形式多样，有"长拳短打，地功擒拿"、"拳打卧牛地，腿脚扫满山"之说。地功拳讲究贴身近

图二　地功拳第四代传人张兰溪在传授地功拳跑功

战，快拳短打，以速取胜，空手入白刃乃其绝活。地功拳大多二人对练，架势低沉，虽招式不好看，但很吃力气，没有花架子，注重实战。主要套路有谭腿、跑功、四门、燕青、二郎、地躺、少林等；对练有小五锤、五手、八块、落架、猛虎拦路、破骨连式等；器械有单刀、花枪、六合枪、张飞枪、齐眉棍、春秋大刀、短棍、三节棍、九节鞭、流星锤等；器械对打有单刀、拐子枪、护手双钩、三节棍进枪等；徒手器械对打有白手夺枪、白手夺刀、白手夺棍等。地功拳以王忠奎的跑功、韩春华的铁裆功、王凤山的拦马橛令人拍案叫绝。现将部分套路及技击要点简述如下：

1. 谭腿。地功拳中的谭腿为安丘雹泉人孔少文（1881—1957）从回族武术世家所学，后传至安丘。经马殿林、韩春华、张兰溪、马向智等人的苦心修炼，与地功拳有机结合，形成了独具一格的谭腿。地功中的谭腿坚持内外两功同修，拳腿并用。掌法以五指并拢、拇指贴于掌心的瓦楞掌，拎手及勾手是虎爪掌，谭腿不过膝，俗称"寸腿"，也叫"七寸子腿"。演练时要求：两腿呈八字形，两目平视，舌尖微舔上颚，气沉丹田，鼻孔呼吸，神、意、气相容，双掌贴于两腿外侧，身法刚柔互用，弹刃相兼，威而不猛，柔而有力，做到步法快、巧、稳，抬腿如风，落地如针，拳似流星，眼似电，腰似蛇形，腿似钻。谭腿每路分四组，一去练二组，回来练二组，每路都有几个动作组成来回，左右反复练习，如泰山压顶、挎肘霸王开弓、伏案式。谭腿因动作较多可分路练习，不能一气全练完毕。其歌诀曰：

一路单肩顺步谭，二路十字绷脚尖；

三路平端漫海式，四路形马定心拳；

五路出捶不要正，六路云手赛青兰；

七路凤凰双展翅，八路跶子带连环；

九路捧锁十字腿，十路粘弹一枝莲。

2. 拦马橛。又称巴棍子单练。打斗的招式为手持一根半米长的棍棒搏击，既当刀，又当枪，可左右逢源，近身短打，击中要害。其歌诀曰：

上蹦下扫枯树盘根，力劈华山九龙翻身。

金盘托月拦腰分身，凤凰漩涡虎归山林。

3.五捶对练。这是最基础的拳路，要由易而难逐步练习。其歌诀曰：

预备式：二人左右站立

上步箭谭腿，落步顶绣掌。

缠拿一揭领，劈砸一崩掌。

平拳封手带，滑步一凑掌。

回身拐出去，谭腿把家还。

（注：此口诀包括二人的攻防动作名称）

总之，地功拳分内外功修炼，有撑、抱、吊、撩四大功靠，易攻善守，讲究下盘功夫，直冲直打，善打近身，以"四练""八刚""十二柔"著称于世。"四练"，即一练气、二练胆、三练身法、四练眼；"八刚"即泰山压顶、迎面直通、顺步双掌、叠肘硬功、贴门靠壁、硬蹦伏底、左右双棍、摔挎两分；"十二柔"即见刚而回手、入手二偷手、截手而滚手、棍手而漏手、直通而勾手、挎手而入手、搂手而进手、磕手而入手、垂手而入手、扑手而进手、开手而叠手、粘手而破手。这就是统称"八八六十四门变化手法"，即取上打下、取下打上、身法活软、手法快利、忽起忽落、开合无定、随机应变，实为我国传统武术的优秀拳种。

地龙经拳

　　2013年，高密市的"地龙经拳"被山东省人民政府列入第三批省级非物质文化遗产名录。

　　高密历史悠久，在漫长的历史文化长河中，积淀了丰厚的文化底蕴，流传着尚武习艺的民风民俗，地龙经拳、鹿鹤同春拳、小武手等拳法久负盛名。

　　"地龙经拳"又称"地功拳"，是我国古老的传统武术拳系中的优秀套路

图一　高密地龙经拳掌门人杜文明介绍地龙经拳发展史

之一，因其"腰身柔灵翻滚巧，随势跌扑似虎豹"，即套路动作多用腾空跳跃、跌扑滚翻而得名。据考证，它源于武当山武当派，有一则古老的寓言故事讲述了地龙经拳的起源。一位武当山道士下山云游，雨过天晴时看见马车道中有一条曲蟮（蚯蚓、地龙）与一只刀螂（螳螂）在搏斗，便产生了好奇心，于是在道旁驻足观望。只见刀螂挥舞双刀，一会左、一会右、一会空中、一会地面，施展砍、刺、剁、抓、拿等招法，持续不断地向曲蟮发起攻击，而曲蟮不慌不忙地蠕动着湿滑的躯体，躲闪着刀螂的攻击，并不时地瞅准空子用尾巴狠狠地扫、捆、缠、绞、绊刀螂的腿部，刀螂虽有双翅与双刀，也丝毫奈何不得曲蟮……道士凝神静气细看了刀螂与曲蟮的大战，深受启发，因而创编了地龙经拳。拳经曰："地龙真经，利在底攻，全身练地，固强精明，伸可成曲，住也能行，曲如伏虎，伸比龙腾，行住无迹，伸屈潜踪，身坚似铁，法密如龙翻猛虎豹，转疾隼鹰，倒分前后，左右分明，门有变化，法无定型，前攻用手，二三门同，后攻用足，踵膝通用，远则追击，近则接迎，大胯着地，侧身成形，仰倒若坐，尻骨单凭，高低任意，远近纵横。"

至于该拳种如何传授到高密，不得不提到高密历史上的一个著名的人物——张桥。相传清朝雍正年间，当时有一批侠客，因犯事遭大清皇室所派的大内高手追杀，四处散落，潜入民间。有一身怀地龙经拳术的侠客在被追杀过程中落难高密与平度交界地，在尚留一口气息之时被当地乡民从一草垛中救出。侠客感乡民救命之恩，便留在此地。经过两年时间，他将全套地龙经拳术传授给乡人，此后，地龙经拳便在此地广泛流传开来。清末年，高密人张桥来此地访亲会友，见友人演练地龙经拳法，张桥也是一个练家子，一看此拳路就被其凝重厚度的套路所吸引，恳求友人再三，友人才传给他。张桥回到高密后，视地龙经拳为传家宝，率弟子们重点传授练习。自此后，张家后人便世代练习地龙经拳。张桥也就成为高密地龙经拳的第一代传人。

地龙经拳主要套路分为上盘套路和下盘套路。上盘套路包括鸳鸯脚拳架、六和拳、美女照镜、次六和拳、十字披、酒醉八仙。下盘套路包括骨寸腿拳架、中风剪拳架、花车、河东、指东、行者出世、歪十披路、朴刀路、捻腿上手、捻腿下手、蛩翘、韩通、辕门、美女照镜、如花剪、翻天印、行腿、小园

图二　地龙经武术展览馆和地龙经拳综合性传习中心

堂、大园堂、十字披、酒醉八仙。

地龙经拳的主要腿法有剪、蹬、蹦、缠、绞、绊、勾、挑、扫、挂、摆、端、踩、捆、踩等，其中尤以剪为最，分为上风剪、中风剪、地风剪、蹬剪、如花剪、单剪、压剪、拨剪、滚身地风剪、倒剪、摇剪等。跌法有扑跌、仰跌、侧跌、跳跌、撞跌、绊跌、勾跌、坐跌、靠跌、缠跌、硬跌、软跌等数10种。滚法有抢背（抢腿）、双手扣、蹦打双手扣、倒（后滚倒蹬）斜滚、横滚等。拳谚云："手是两扇门，全凭腿打人。"

地龙经拳的练习步骤与方法和其他拳种的练习一样，都应先练习基本功法。基本功法一般包括肩、臂、腰、腿、掌、步、跳跃、摔跌、滚翻、平衡等，再穿插一些小的徒手动作组合练习。通过基本功和基本动作的练习，可使身体各部位得到较全面的训练，能较快地提高身体素质，为学习掌握套路和提高技术水平打下良好的基础，因此说，掌握好基本功和基本动作就保证了套路的演练质量。

第一阶段应先习练各种腿功，如下踢腿、斜踢腿、侧踢腿、骨寸腿（外摆腿）、大小挂面脚（里合腿）、朝天脚、踩子脚、侧踹腿、大挑（前扫腿）等。初学者可练习其中一部分动作，也可以配合练习一些基本功法，如压腿、侧压腿、跨虎步（弓步）、马步、仆步、虚步、独立步、歇步等，及一些力量方面的练习。

第二阶段可学习鸳鸯脚、施风脚、腾空摆莲脚、侧手翻、前手翻、后手翻等。这些动作难度较大，最好不要急于求成，要循序渐进，拳友之间加以保护，注意安全，中间可穿插一些如拖步、逗步、踔步等组合动作。

第三阶段要学习一些跌扑滚翻的动作，如左右枪背、双手扣、蹦打双手扣、上风剪、中风剪、地风剪、鲤鱼打挺、踮挑、翻身揳腿、鱼跃前滚翻、扑虎、蛮翘、抗旗、免打、缠腰腿、压剪、蹬剪、如花剪、拨剪、滚身地风剪、翻天印等。初学者练习这些动作时可能会出现头晕恶心、腰背疼痛等症状，但短时间内就可自动消除。另外，需用一些器械加以保护，如护具、软垫子等，教练人员应加以辅助保护。

第四阶段可以开始学习套路，但每次学习套路前必须先练基本功，这是必修课。习练套路时必须遵循先上盘再下盘、先简单后复杂、先易后难的原则。习练地龙经拳套路一般先从鸳鸯脚拳架、六合掌、次六合掌、美女照镜等套路开始，因其是上盘套路，难度小，便于学习。初学者在习练套路阶段，动作不宜过多，过多容易造成"太多嚼不烂"。动作力求达到工整、到位，也就是要求姿势规范、清晰、准确，达到标准，动作定型才不至于出现演练套路时的"虚""飘""浮"等花架子现象。动作要边练边整、边整边练，在动力定型的基础上逐渐达到手、眼、身、法、步五大要素和形神兼备、内外兼修的协调、统一，并且要逐步加大动作的力度和速度。另外，要进一步安排好整个套路演练的起势、收势、进退腾挪、抑扬顿挫、刚柔相济，动作要快速勇猛，舒展大方，刚劲有力，把本套路的精、气、神、力、功风格特点完美的展示出来，充分地展示出人体的健、力、美和内心精神。拳谚云："拳打千遍自然熟"，"师傅领进门，自修在个人"。套路学完后重在经常练习，有效地提高身体素质和技术水平，才能做到熟能生巧，达到炉火纯青的地步。

地龙经拳以超出常人的做法，以手当足，以足当手，利用地躺动作，以手做支撑，充分发挥腿长、力大的优势，主要攻击对方的下盘。腿法奇猛、跌法巧妙、腰身柔灵，吞吐伸缩、高低起伏、大开大合、刚柔相济、变化多端，

图三　杜文明与王涛在第六届世界锦标赛中展示劈堂动作

交手实战讲究形退实进、可远可近、轻灵稳固、出奇制胜、声东击西、虚虚实实、闪转腾挪，使对方防不胜防。

地龙经拳不同于其他拳种的一大特征是：套路熟练之后，在其内容、动作不变的情况下，每一个套路都可以进行领拳。所谓领拳就是领方甘当"活靶子、捶垫子"配合对方，给对方"喂招"，如初学者两人配合练习的小组合及全部24套拳路。领方要主动配合对方，给对方当好"捶垫子"，提高自己的防守意识及被动情况下的摔跌保护技术。领拳套路熟练后，打斗场面以假乱真，高低错落，惊险刺激，气势猛烈，不仅提高了它的观赏价值，还提高双方的实战技法。攻方在领拳中不仅练习了套路技术，而且在剪、打、摔、拿中体验了技击技术的真谛，逐渐领会各种动作的要领。同时也提高了个人速度、力量、灵敏性、耐力等综合身体素质，增强了实战中的攻防意识，达到了学以致用的目的。

高密地龙经拳风格独特，以一套繁多的倒地腿法及摔跌法而不同于其他的武术拳种。它以刚猛遒劲、柔中带刚、朴实无华的风格，以套路紧密连贯、内容充实、招法多变、利于实战的特点，在全国武术界中独树一帜、久负盛名，深受武术爱好者的青睐，在武术史上具有非常重要的研究和开发价值。

八卦掌

曹县位于山东省西南部，地处中原，背靠黄河，是中华文明的主要发祥地之一，有着悠久的历史和灿烂的文化。萌发于曹县的八卦掌，源远流长、内容丰富、自成体系，是优秀的民族传统文化，堪称中华武林的一朵奇葩。

八卦掌，中国民间传统武术中著名的内家拳法，是一种以掌法变化和行步走转为主的一种拳术。它将武功与导引吐纳融为一体，内外兼修，不但强身健体，而且能锻炼攻防搏击技能。

八卦掌又称"无极阴阳游身八卦连环掌""游身八卦掌"，是一种以掌法变换和行步走转为主的拳术。由于它运动时纵横交错，分为四正四隅8个方位，与《周易》八卦图中的卦象相似，故名"八卦掌"。有些八卦掌老拳谱常以卦理解释拳理，以八个卦位代表基本八掌。

八卦掌由董海川先生在北京首传，至今已有300多年历史。相传董海川在峨眉山向二老道学八卦走圈之法，二老道告之曰："绕此树习之，一俟树追人时，再来禀知。"公茫然不解，又不敢多问，朝夕勤习苦练。约7年，树周足迹已深陷三尺矣。某日，董海川忽感绕转之时，树身频频向己摇摆，顿有所悟："似此也，迨即师云'树追人吁'？"归禀两师，师闻之喜甚，以孺子可教也。再授"8"字转法，命绕两树如故。又二年，树复追人，师赞之，乃教以掌法变化、器械操练，历时两载艺成。董海川先生经过长期潜心研习，利用道家八卦图中的无极圈和八卦方位，从其变易之理中悟出了八卦掌。八卦掌流传较广，传人较多，影响较大的主要有五大流派，即尹派、程派、梁派、史派、张派，而流传于曹县本地的主要是程派。

程派八卦掌的特点与董先师原始构架接近，总体特点是屈腿蹚泥，横开直入，拧翻走转，舒展稳健，劲力沉实，刚柔相济，善摆扣步。掌式的运转曲线圆活，弧度较大，千回百折，螺旋力层出不穷，拧裹劲变化万千。步行屈腿如蹚泥，用摆扣步进行身形转换，多双摆双扣，运作舒展大方，风格为大开大合。拧翻走转，行云流水，连绵不断，圈中有圈，层层不断。具体来说，程派八卦掌在掌型上是拇指外展食指上竖，四指微拢，掌心内含，掌背呈瓦垄状，掌心朝前，掌根前顶；在掌法上讲推、托、带、领、搬、扣、劈、进、掖、撞、削、塌；在劲力上要求刚柔相济，注重腰力；在步法上强调行步蹚泥，换式摆扣；在腿法上注重底盘，注重桩法，多用暗腿；在技法上讲究游身绕进，斜出正入，走化沾打，脱身化影，背身击敌；在形象上讲究行走如龙，回转若猴，换式若鹰，三形兼备，且演练动作较大，大开大合，舒展大方；在套路编

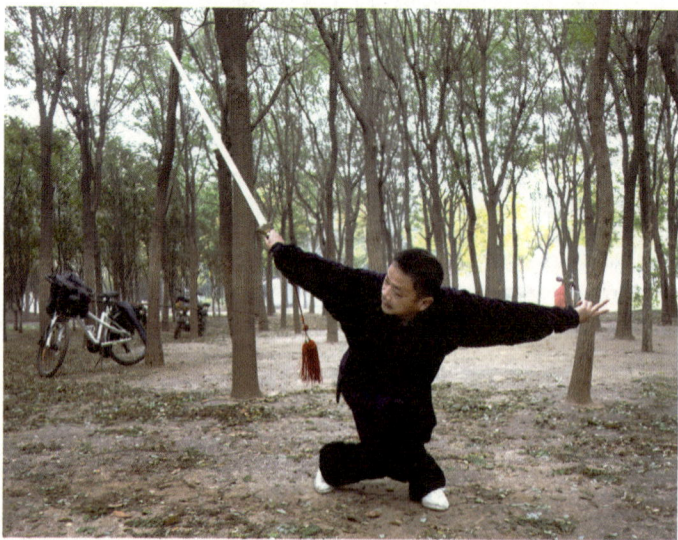

图一　八卦掌传承人练功场景

排上以八大掌为主，即单换掌、双换掌、顺势掌、背身掌、转身掌、磨身掌、翻身掌、回身掌，连环变化，拳械套路颇多。

八卦掌分为"定架子""活架子""变架子"3步功夫。"定架子"是基础功夫，要求一招一式，规规矩矩，宜慢不宜快，以求姿势正确，桩步牢固，行步平稳；"活架子"主要练习动作协调配合，使基本要领在走转变换中运用娴熟；"变架子"要求内外统一，意领身随，变换自如，随意穿插，不受拳套节序限制，做到轻如鸿毛，变如闪电，稳如磐石。

八卦掌练习时要求有规定的方位，恰似《周易》八卦图中的卦象。八卦掌以掌法变化为主，步法为根，身法为本。八卦掌内容非常广泛，主要拳术中有八大母掌（定式八掌）、二十四式、三十六歌、四十八法、六十四手、七十二招连环掌、游身掌多种套路。八卦掌中的八母掌，也称老八掌，即单换掌、双换掌、顺势掌、背身掌、翻身掌、磨身掌、三穿掌和回身掌。其中每一掌都可以衍化出很多掌法，素有"一掌生八掌，八八六十四掌"之说。八卦掌有单练、对练和散打等形式。根据《老拳谱》记载，八卦掌拳系还有十八趟罗汉手、七十二暗脚、七十二截腿，但很少传习。

器械中有八卦刀、八卦剑、八卦枪、八卦棍及八卦的特殊兵器，如八卦鸳鸯钺、八卦弧形钩镰剑、八卦锐等。八卦掌练习时讲究推托带领，搬扣劈进，穿闪截拦，拧翻走转，能进能退，刚而不滞，柔而不散，有螺旋劲，处处有变，时起时落。练法仍体现随走随变、械随身走、身随步换、势势相连的特点。另外，还有鸡爪锐、风火轮、判官笔等短小的双器械，这在其他拳种中较为少见。八卦掌有利于训练人的柔韧、速度、耐力，对下肢力量的培养尤为突出。

八卦掌以掌代拳，步走圆形，突破了以拳为主、步走直线的传统拳法，为中国武术开辟了一方新天地。其步法以提、踩、摆、扣为主，左右旋转，绵绵不断。八卦掌以走为上，要求意如飘旗，气似云行，滚钻争裹，动静圆撑，刚柔相济，奇正相生。好手行拳，可谓行如游龙，见首不见尾；疾若飘风，见影不见形；瞻之在前，忽焉在后，常常能使对手感到头晕眼花。以此应敌，则避实击虚，手打肩撞，皆可以意为之。

图二　八卦掌传人集体演练

　　八卦掌的运行特点是以掌为主，以走为先，身随掌转，步随身行。其运动路线是沿着八卦图线循环往复，不停地走转，以此达到练神、导气的功效。其步法多是走蹚泥步，即两脚平起平落，如在泥水中行走。提腿时吸气，伸腿时呼气，吸足吐尽，周身要做到松、稳、慢、匀，此种练习方法是很好的健身之法。千里之行，始于足下，只有在练好步法的基础上，才能开始练习掌法，底盘功夫扎实了，练掌时才能协调周身。

　　八卦掌在练习时的要领很多，要双目平视，提项直颈，舌抵上腭，含胸拔背，沉肩坠肘，坐腰溜臀，合膝掩裆，十趾扣地。要做到三空（即胸空，气降丹田；手心空，十指力全；脚心空，则周身力厚）、三顶（头项顶、舌顶、手外顶）、三圆（虎口圆、裆圆、背圆），以及外动其形，内动其神，身法、步法、掌法相互配合，拧腰调臂，腰为主宰，发力在根，走转时还要做到心气沉静，灵活应变，气沉丹田，生生不息，动中求静。

　　八卦掌法主要讲究阴阳，前后左右力矩均衡，练习八卦掌不但能使身体健壮，更重要的是以技击散打为研究重点。八卦掌中的四十八法、六十四手、七十二招均为技击交战之法。

　　千百年来，八卦掌有着广泛的群众基础和旺盛的生命力，深受广大人民群众的喜爱，其表现方法广泛应用于戏曲、杂技、舞蹈、影视等，有力地促进了各艺术门类的发展。曹县八卦掌在健身养生和防身自卫等方面均具有重要作用与功能。学好八卦掌，小而言之可以强身健体，大而言之可以报效国家。习练八卦掌可以提高国民素质，弘扬社会正气，维护社会安定，具有不可低估的社会价值。

图三　曹县八卦掌

水浒拳

　　2013年，郓城县的"水浒拳"被山东省人民政府列入第三批省级非物质文化遗产名录。

　　郓城县隶属菏泽市，东北为梁山水泊的西岸，西与孙膑故里相邻，境内有宋江故地宋家村以及智取生辰纲旧址黄泥岗，是驰名中外的武术之乡。

　　自春秋战国以来，郓城百姓就有习武的风俗。北宋末年，宋江聚众起义，使该地区的习武风俗更加普及，相传有"水浒一百单八将，七十二名在郓城"之说。在郓城县潘渡镇孕育而生的水浒拳，内容丰富，风格别样，自成一派，堪称中华武术之一绝。

　　水浒拳创于宋朝末年的梁山寨，梁山寨当时处于古郓城的中心地带，所以参加义军的头领、兵卒中，郓城人比较多。据《郓城县志》记载，"义军中武功高强者甚多，武术种类和派别繁杂，练兵时分别由各头领带队训练，以单兵和集体练习为主，主要练习进攻和防守的奇招绝式"。训练中，各头领和士卒献计献策，取长补短，谁强谁弱，当场过招，取其精华，重新组合，形成大体统一的趟子（由单一动作组成连续动作，逐渐发展为趟子，就是我们现在所称的"套路"），即水浒拳。

　　《郓城县志》记载，"宋宣和三年（1121年）二月，宋江率义军进攻沭阳和海州时，为海州知州张叔夜伏兵所败"。除被捕和牺牲的人员外，逃生者甚

图一　水浒拳对练

少。为躲避官府的查剿，幸存者和义军英雄的后辈逃离梁山寨，远走高飞，于荒僻之地隐名埋姓生存下来。郓城县潘渡村东八里之外，是一古河的渡口码头，聚集了各地做买卖、讨苦力、逃荒、要饭之人，三教九流，人口繁杂。当时，部分梁山义军逃到潘渡，有的做苦力，有的去"佛爷大寺"做和尚。与此同时，他们也把水浒拳带到了潘渡民间。

由于历史的原因，水浒拳形成了其独特的传承方式。清朝之前以祖传为主，传男不传女，传贫不传富。随着社会的发展和时代的变迁，清朝之后至今，公开收徒授拳，以师传为主。清光绪年间，水浒拳传人参加义和团运动做出巨大贡献。1932年，第八代传人汪秀严遵祖师遗训，在郓城县潘渡村开馆传授水浒拳，收徒300余人，后又传至碱店村。1970年以后，第九代传人臧延路、谭连本挖掘和发展民间武术，设点授徒5 000余人，传播到郓城、梁山、阳谷、临清等地。

如今，水浒拳的主要传承人是冯占领。他自幼酷爱武术，1964年拜潘渡村水浒拳拳师臧延路为师，深得水浒拳真谛。他热衷于水浒拳理论研究，擅长拳术和枪术。1971年以后，冯占领每年组织全县农民武术运动会和节庆武术活动，有力地推动了全县武术活动的开展。1984年，他编写了郓城县13个拳种的《拳械录》，并上报国家体委武术司。在他任教期间，曾13次组建郓城县武术代表队，参加省、市武术运动会，获团体第二名1次，第三名3次，个人奖项76人次。1991年~1992年，冯占领为郓城县争创"山东省武术之乡"和"全国武术之乡"做了大量工作。

水浒拳同其他拳术套路比较，有它的独立性，始终保留着自身的风格特点、练功方法和要求，同时又容纳了其他拳种的精华。

水浒拳有5个基本拳术套路，分为是水浒初势（也称为水浒拳帽）、水浒一路、水浒二路、水浒八式和水浒二郎架。这5个拳术套路除水浒初势外，其他4个套路都各配有1套辅助套路，叫作"拆"。各"拆"是根据每个拳术套路中的难度动作，攻防要点，重要手法、腿法和动作特点重新组合的一套拳术套路。为了增强攻防意识，这5个拳术套路又各有1套徒手对练。另外，还有燕青拳、武松脱铐拳、智深拳、醉拳等拳术套路。水浒拳不但练习了拳术套路的运动方法和内容，而且提高了运动质量、攻防意识和实用效果，真正体现了武术的产生和发展的历史过程，是非常科学的，也是其他拳派所没有的一种训练组合方式。

水浒拳动作古朴大方，大开大合，力量性强，进攻刚猛，防守严密，由于场地限制，形成了趟子短、打四方的特点；其手法多，腿法多，原地起跳，腾空完成，进退自如；其内容丰富，特点鲜明，时代性强，有较好的群众基础。其动作舒展大方，刚劲有力，大开大合，刚柔相济，结构严谨，注重实战且与强身健体、祛病延年相结合。其主要特征体现在以下3个方面：

1. 拳术美观大方，功架规格，大开大合，古朴大方，力量性强，稳健扎实，整齐划一，攻打四门，一气呵成。手法清晰，身法灵活而不乱，腿法发力充沛而快捷，眼随手动，视对方有逼人肺腑之感，要求多练为熟，熟中生巧，巧中有变，变中有化，化中制敌。

2. 每种器械套路各具特点，进攻性强，勇往直前，打击点准确，动作紧凑，连贯性强，不给对方留有一点喘息机会。方法灵活，攻防结合合理，要求熟练掌握各种兵器使用方法，遇敌随手便可使用。

3. 步法清晰，上下步稳健，扎实有力，进攻者直击对方要害之处或固定穴位，不要虚招，式式紧逼，防守方视对方出手便知进攻之目的，随机应变，攻防准确。防中有攻，攻中有防，速度快，准确无误。

水浒拳是在郓城这块古老神奇的大地上孕育发展起来的，是集体创作的结晶，反映了郓城人强悍、忠义的民族精神以及深厚的文化底蕴，承载了重大的历史文化信息和原始记忆。练习水浒拳不仅能强身健体，还能培养青少年顽强不屈的品格，对于丰富当前人民群众日益丰富的物质文化生活、构建社会主义和谐社会具有很强的现实意义和社会价值。水浒拳已经成为一种既能体现水浒英雄气概，又能强身健体的武术表现形式，是一份难得的非物质文化遗产。

图二　水浒拳姿势一

图三　水浒拳姿势二

图四　水浒拳姿势三

鸳鸯螳螂拳

2013年，青岛市市南区的"鸳鸯螳螂拳"被山东省人民政府列入第三批省级非物质文化遗产扩展项目名录。2014年，被国务院列入第四批国家级非物质文化遗产扩展项目名录。

青岛是一座风光绮丽的海滨城市。蓝天碧海，红墙绿瓦，无不令人心醉其中。在滔滔浪花和成荫翠木的掩映之下，这里还蕴含着一份尚武的精神气质。

远溯东夷文化，青岛地区就积淀下了勇敢豪放的文化心理。作为一座具有深厚武术渊源的城市，尚武、习武、重武的精神早就在古今文化的闪烁之中，作为一种最深刻的人文基因，渗透到了这座城市和青岛人的文化血脉之中。鸳鸯螳螂拳发展、衍生于山东半岛，其中青岛地区是核心传承区域。鸳鸯螳螂拳在此形成了比较完备的传承体系，是青岛武术文化发展史上不容忽视的组成部分，在历史岁月的滋润下成为青岛重要的文化财富。

鸳鸯螳螂拳，以阴阳结合、内外双修为哲学底蕴，以左右对称拳法为标志，动作行云流水，如同鸳鸯成双入对、如影相随一般，因而得以"鸳鸯"冠名；而"螳螂"则重在取其动作迅猛和手法精妙多变之意。想要了解鸳鸯螳螂拳，首先要从20世纪的青岛武术发展史说起。

近现代历史上，青岛一直是我国开展武术运动的一大重镇，当时就有"全国武术看山东，山东武术看青岛"之说。成立于1929年的"青岛国术馆"是全国成立最早的国术馆之一，其威名远播，显赫一时，构成了青岛百年历史文化中的重要一维。以"青岛国术馆"为代表的武术文化一度表现得轰轰烈烈，名家辈出，武艺丰富，成就了青岛在中国近代武术发展史上的特殊身份，共同奠定了武术文化在青岛历史文化资源中的重要地位。

青岛传统武术的发展史上自然少不了鸳鸯螳螂拳的身影。鸳鸯螳螂拳第三代传承人毛丽泉曾是青岛国术馆的奠基人之一，许多文化名人都曾在青岛慕名向其学习过鸳鸯螳螂拳，老舍便是其中之一，两位先生还因此留下了一段文武相会的传世佳话。

据考证，鸳鸯螳螂掌最早是在战国时期由祖师白猿所创，距今已经有2 700余年的历史。该门派包含拳法、兵器和医术等门类，讲求内外兼修、文武兼备、左右手并重，形成了内家功、医术、长拳、兵器、散手、螳螂拳六大精髓。

早年间，鸳鸯螳螂拳素有"只闻其名，不见其身"的说法，一直秘密流传于民间。到了清中期，师祖马过先生始将这一秘传武功公示于众，同时确立了门派制度。马过是清朝著名武术家，曾在北京任王府总教头，在鸳鸯螳螂拳历史传承中起到承前启后的重要作用。

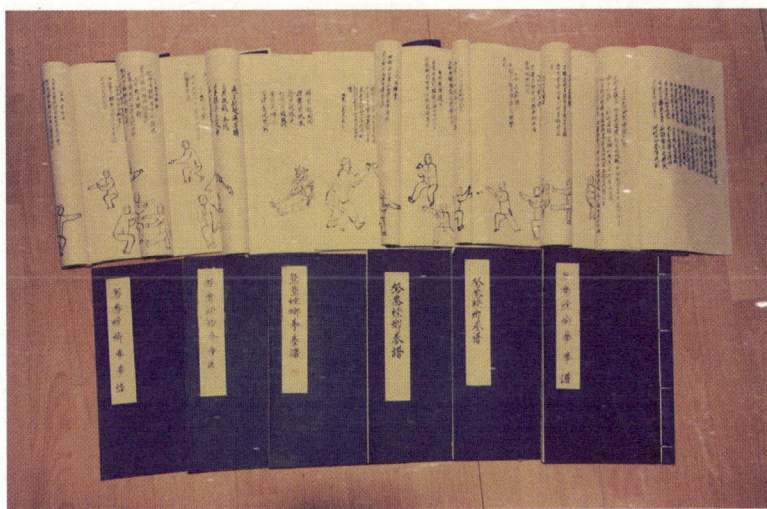

图一　鸳鸯螳螂拳遗留拳论、拳谱

　　马过先生将拳法倾囊传授给了享有"快手李"称号的李之箭，并将他确定为鸳鸯螳螂拳的第一代传承人。李之箭学成后曾在济南开设镖局，因其以长袖蔽手，手法密如雨、快如电，令对手防不胜防，所以被称作"闪电手""快手李"，且闻名大江南北。后来，李之箭先生再传于贺顺昌。贺先生人称"贺三挂"，擅使挂腿绝技，深得李先生真传，技艺精湛。毛丽泉是贺顺昌先生的关门弟子，继承了老师的衣钵，成为第三代传承人。毛丽泉收徒严谨，一生仅有6位弟子。孙丛宅老先生是鸳鸯螳螂拳的第四代传承人，他全面继承了鸳鸯螳螂拳三十二套拳法、鸳鸯内家功和医术精髓。

　　孙丛宅8岁那年，在哥哥的引荐下见到了毛丽泉先生。当时毛先生年岁已高，没有了收徒之意，但最终还是被孙丛宅的真诚打动，收其为自己的入室弟子，同时也收为义子。孙丛宅经过老师指点，武功大为精进，成为6位师兄弟中唯一开馆收徒的老师。他一生矢志奋斗，将螳螂拳推广至海内外。孙老习武70余载，坚持授徒60余年，为鸳鸯螳螂拳的传承做出了重要贡献。晚年，老人家虽年事已高，但依旧坚持每日习武，因此身体强壮、身形矫健，内家寸劲和弹力功力淳厚。孙老目前正在潜心研究拳论，整理拳谱，致力于发扬光大中华

图二　第四代传承人孙丛宅先生演练套路

传统武术。

第五代传承人孙日成是孙丛宅老先生的儿子，受父亲的耳提面命，孙日成在很小的时候就与鸳鸯螳螂拳结下了不解之缘。练武需要下苦功夫，只有风雨无阻，坚持不懈，经过连续不断的锤炼，方能见到收获。到了青年时期，孙日成和很多年轻人一样，开始疏于练习武术，按部就班上学、上班。直到后来，孙日成充分认识到了鸳鸯螳螂拳是中华传统武术中不可多得的瑰宝，在父亲的殷切期盼和自身的辛勤努力下，孙日成重新返回练武场，潜心钻研武艺。

经过长期的发展，鸳鸯螳螂拳传承脉络清晰，拳法理论、内家功法、套路组成和技击散打自成完整体系，在中华传统武术界可以称得上是独树一帜。不同于其他流派螳螂拳的外家拳法，鸳鸯螳螂拳有独特的动作和套路，是内外结合、阴阳合一、左右对称的拳法。鸳鸯螳螂拳以内家功为基础，气沉丹田，气随意行，身随气动，内家功与外家拳形成有机结合。在操演之时，技法自然流畅，左右交替，前后相接，虚实相生，身心平衡。

鸳鸯螳螂拳不仅能够磨砺武者，提升修习者的武功水平，而且对于修习者身心的全面发展也具有积极作用。鸳鸯螳螂拳深刻地体现了自立立人、自强不

图三　光明网直播"非遗匠心·鸳鸯螳螂拳"

息的武学内涵，形成了完备的武德伦理和拳法套路体系，其独特的身法展现出艺术美感。修习者以鸳鸯内家功为根基，通过左右手脚动作的均衡训练来激活大脑潜能，在修身养性、强身健体的同时，开发自身智力，充分提升综合素质。

老树新花，灼灼其华。古老的拳法如今已经作为一项有趣的课程走进了千家万户。2009年，孙日成开办了首个鸳鸯螳螂拳公益传习班，在青岛市中小学生中掀起了学习武术的热潮；后又相继开设了各种形式的公益讲座与传习班，走进学校、社区等地传播鸳鸯螳螂拳，10余年来让百万人接触到鸳鸯螳螂拳。

经过2 700多年的岁月涤荡，褪去铅华，始见真金，鸳鸯螳螂拳博采众长，完整保留了特有的武术精神，其完备的套路技法体系得以传承。鸳鸯螳螂拳技法精深，千年传承，薪火不断，在现代社会更是迸发出全新活力。鸳鸯螳螂拳以阴阳结合、内外双修为哲学底蕴，注重肢体的协调灵活和左右手脚的平衡训练。在武艺提升的同时还凝结着人文关怀、尊师重道的侠义精神，体现了传统武学的诸多精髓和优秀传统文化的质朴内涵，有利于传承武术文化精神。

图四　孙日成在青岛市开设首个公益鸳鸯螳螂拳传习班

梅花摔手螳螂拳

　　2013年，烟台市牟平区的"梅花摔手螳螂拳"被山东省人民政府列入第三批省级非物质文化遗产扩展项目名录。

　　烟台市牟平区地处胶东半岛东北部，东邻文登区，西接莱山区、芝罘区，南同乳山市交界，西南连海阳市、栖霞市，北濒黄海，与大连隔海相望，摔手螳螂拳便在此诞生。因其由梅花螳螂拳衍生而成，故又称"梅花摔手螳螂拳"，主要在海阳、莱阳一带传承。

图一　许万龙指导第四代传人

　　梅花摔手螳螂拳是一个实用性较强的拳种，在清末民初年间，由一位绰号为"铁臂摔手孙"的武师所创。梅花摔手螳螂拳除了有梅花螳螂拳拳论的七长八短、八打八不打、八刚十二柔外，另兼有摔手螳螂拳的十二纲要，即黏、粘、贴、来、叫、顺、送、提、拿、封、逼、帮。梅花摔手螳螂拳的习练和实战讲究刚柔相济，松沉结合，后发制人，出手以剪刀手招架，随手而进，肘进反崩手。技击以反手为正，手背击打连环出手。

　　此拳以摔手为精髓，对身法要求为六节齐开（手指三节、手掌、前臂、上臂），十三节齐动（指头、颈、躯干、左右大小腿、左右脚趾各二节）。其手法要求为快、疾、准、猛重，曾被比喻为软柄重锤，出手似炮弹出膛，准如李广射箭，轻似蜻蜓点水，快似流星，身似游龙雁腾空，主要手法为钩、搂、采、挂、摔、崩。摔手是侧身探臂，用前臂抖摔手腕，以手背着力向前远击的动作；要求摔手发劲似鸡啄米，如蜻蜓点水，摔出松柔，着得刚脆，出手为掌，回手成勾。步法以寸、垫、过为主。

　　传统套路有截手插锤拳、四路奔打拳、崩步新架、拦截、梅花小虎燕、大翻车拳、小翻车拳等入门级、初级、中级拳，更有高级名拳套路白猿出洞拳、白猿头套拳、九打连环锤、螳螂八肘、锋矛圈、飞虎截路、螳螂摘要、大拍案

图二　许万龙展示螳螂拳

拳等。此外还有徒手对练套路，称为"揭手对练"（进攻与防守）。梅花摔手螳螂拳的器械除有刀、枪、剑、棍等基本兵器外，日常还习练棒、锛、圈、杆、九节鞭、双刀、双拐、双钩、双手剑、匕首、三节棍、卧龙仆、五股钢叉及流星锤等。

梅花摔手螳螂拳是一项锻炼身体、防身抗暴、祛病延年的体育运动项目。梅花摔手螳螂拳实战威力强，有鲜明的技击特点，每个招式、每个动作都有着鲜明的技击攻防含义，过去主要是用于实战技击，目前主要是强身健体。由于它的运动规律和技击特点，且对身体某些部位和器官有一些特殊的要求，因此梅花摔手螳螂拳对身体的影响是多方面的，不仅可以有力地训练上肢各关节的伸缩能力，使肌肉和韧带得到全面的锻炼，还可以训练腰、胯及大腿肌肉群的力量、韧性及灵活性。梅花摔手螳螂拳中的玉环步较之弓步、马步等步型的负荷量大，可增强腿部肌肉的耐力、弹性和力量，使人体各部分得到全面协调发展，从而使"武和艺""技与健"有机地结合在一起。

梅花摔手螳螂拳第三代传承人许万龙，自幼喜爱传统武术。1958年随无极拳名师陈建刚习练无极拳，历经6年刻苦训练，习成无极内功，学得陈老师傅之三大密门绝技。1963年，许万龙又跟随梅花摔手螳螂拳二代传人刘一舟老师傅学习梅花摔手螳螂拳，从此与梅花摔手螳螂拳结下不解之缘。他长年坚持不懈、刻苦钻研，并写下练拳心得多篇，出色地继承和发扬了刘一舟老师傅的拳法风格和技击特色，曾多次在省市及周边地区参加武术大赛，并获得优异成绩。他还整理编辑了摔手螳螂拳相关资料，如《梅花摔手螳螂拳技击要诀》《梅花摔手螳螂拳内功修炼与技法论》《梅花摔手螳螂拳拳法》等，为挖掘整理和发展这份宝贵的民族文化遗产做了突出贡献。

此外，为传承、保护梅花摔手螳螂拳，烟台市牟平区全面深入地开展普查工作，广泛收集、整理有关梅花摔手螳螂拳的相关资料，建立全面、完善、系统的梅花摔手螳螂拳资料库及保护系统；深入开展梅花摔手螳螂拳理论研究工作，组织召开梅花摔手螳螂拳研讨会，同时成立梅花摔手螳螂拳武术学校，拟组织"梅花摔手螳螂拳寻根"活动，培养更多的武术新人，进一步扩大梅花摔手螳螂拳的影响；还将梅花摔手螳螂拳的发展传承列入全区重点文化体育工作

图三　指导青少年习练摔手螳螂拳

重点之一。

　　具有突出特点的梅花摔手螳螂拳，在全国武术界中具有重要地位，是半岛地区文化沉淀的结晶，在每个历史时期都有着特定的历史贡献。其独特的武术特征，是追溯历史、研究丰富中华武术文化的宝贵财富。梅花摔手螳螂拳既是训练技击攻防的珍贵文献，又是强身健体的极好方法，不仅使习练者掌握护身制敌的本领，而且锻炼人的胆魄，提高人的生理素质、心理素质，陶冶人们的情操，同时还有极高的观赏娱乐价值，给人以美的享受。挖掘、整理、研究、传承梅花摔手螳螂拳，继承发扬这一珍贵的民族文化遗产，为延续传统文化，反映地域文化，丰富人民群众文化生活，提高人民群众文化素质，有着重要的意义。

安丘查拳

2013年，安丘市的"安丘查拳"被山东省人民政府列入第三批省级非物质文化遗产扩展项目名录。

查拳是中国传统武术中的优秀拳种之一，素有"南拳北腿山东查"之说。后经数百年的传承与演变，在山东逐渐形成了冠县的张式查拳、杨式查拳，任城的李式查拳三大流派，并在回族流传广泛。

经传承人的口授和各种零星史料记载，安丘查拳源于清朝末年，是在杨

图一 武校式教授学习查拳

式查拳的基础上发展而来。据《山东省志·体育志》载，乾隆年间，查拳已在冠县、任城逐渐形成三个不同的武术流派，冠县两派查拳的师承约在清雍正年间，任城一派的形成或许更早。至光绪年间，三派查拳才开始闻名流传，逐渐形成了冠县的张式查拳、杨式查拳以及任城的李式查拳。

杨式查拳以冠县城内南街的杨鸿修为代表。杨鸿修（1864—1944），字奉真，查拳宗师，大阿訇，回族，以"大枪杨鸿修""快拳杨"闻名大江南北。1915年，受马良的聘用来到济南，协助马良创办山东武术传习所，同时任北大寺阿訇；1919年被聘任到上海中华武术会任总教习。杨鸿修终生研习查拳，形成"舒展大方，势正招圆"的杨氏查拳风格。

马效亮（1896—1973），安丘市贾戈镇东北村人，自幼手长脚长，生性活泼，喜爱上墙爬屋、舞刀弄棒。村中有一族叔在济南贩卖安丘土特产，见十二三岁的马效亮虎头虎脑、聪明伶俐，遂携其随行，故马效亮一年之中有大半年在济南居住。马效亮空闲时间就在泉城之中走街串巷，一次在大明湖附近偶遇无德武师欺压弱小，马效亮气不打一处来，挺身而出，虽然不是对方敌手，可马效亮纵是鼻青脸肿仍然死缠烂打。这一幕正好被路过此地的查拳宗师杨宝庆看见。在给马效亮解围之后，杨宝庆问他："明知不是敌手，何不痛快认输，也省得被打这一身伤。"马效亮回答说："技有高下，德有善恶，但究竟是德为先手，技为后着，若是逢恶人认输，武术又有何用？"这一番话让杨宝庆对马效亮刮目相看，感叹有此种胸怀的少年已是凤毛麟角，大起爱才之意。杨宝庆考虑再三，破格将马效亮收在门下，让弟子杨松春代师授徒。安丘查拳因此流传开来。

安丘查拳是中华武术的优秀拳种，它从站桩开始，以弹腿入门，套路求法，散打求真，集查、滑、炮、腿于一体，内容丰富，功架整齐，结构严谨，形神兼备，动作舒展大方，攻防有效，艺德并举，以独特的风格、技法、套路名扬胶东大地。

站桩是武术的根基，也是查拳的基本功。它能使锻炼者的"意、气、行"三者合一，养成一种高度戒备、如临大敌、如虎扑食、一触即发的精神气势。安丘查拳的站桩以立体桩和马步桩为主。

1. 立体桩。两腿分立，距离与肩同宽，松腰松肩。上肢动作有两种，一种是两臂微曲，自然垂于体前，两手自然伸开，掌指微曲内合，两掌心斜向下腹部；另一种是松肩松肘，两臂举于胸前，两手掌指自然伸开，两掌距离与肩同宽，掌腕放松，掌指微曲内合，拇指一侧朝上，掌心朝向肚脐。练习时要求全身放松，两眼微闭，舌抵上腭，鼻吸鼻呼，均匀自然，除杂念，入意境，以达调息活气之目的。

2. 马步桩。在立体桩的基础上，以调气度行为主，练习时成马步步型。上肢可以曲肘抱拳于腰间，也可以做冲拳、推掌等动作，姿势要准确，劲力要顺达，单侧练习时要注意拧腰顺肩。练习时要求呼吸均匀，静止用力，目视拳掌，达到意、气、力合一。

安丘查拳重视步法、腿法、手法的综合运用，有"手是两扇门，全凭脚打人，宁挨两拳，不挨一腿"之说，做到明暗互相配合，讲究吐气发劲，随意随力，肢体动作内容丰富。主要有以下几方面：

1. 腿法。勾、踹、蹬、弹、扫、撩、切、截、别、双飞腿、扫堂腿、二踢脚等。

2. 手法。练习时运用拳、掌、勾三种手型，结合上肢冲、架、推、亮等运动方法，掌握操练上肢手法的基本规律。手法有刺、盖、撩、砍、拿、插、穿、托、挫、捋、缠、按、顶、擒、抓、别、叼等。

3. 步法。马步、弓箭步、虚步、仆步、歇步、坐盘、丁步、独立。

4. 身法。安丘查拳靠身打击的形式很多，主要利用肘、膝、肩、手、靠、别、胯、臀、踩、勾、挂、压、格、夹、撞等技法攻击对方，贴近对方身体，适时发招可收到奇效。

5. 眼法。主要有定、注、随、望、凝等，同时在套路中多有蹿蹦跳跃、起伏转折。

据安丘查拳第四代传人马星河、杨元英、杨元莲口述及第五代传人王国涛记录，安丘查拳主要有十路弹腿和一路、二路、四路、五路查拳存世。安丘查拳主要特点是以快取胜、以腿见长、触发寸劲、明拳暗腿、手脚并用。

1. 十路弹腿。弹腿是查拳的主要基本功，它以弹腿和其他腿法为主要内

图二　安丘十路弹腿

容，按回文28个字母排列组成的28个基本动作组合叫二十八路弹腿，安丘查拳的弹腿是前十路。它充分利用腿长力大的特点，讲究"拳三腿七"和"拳是两扇门，全凭腿打人"。弹腿套路朴实工整，左右对称，气势连贯，既可单练，也可对练，在攻防技击方面较强地突出了胶东拳派的特点，腿法多变，回环转折，进退顺畅。演练时要求手、眼、身、法、步协调一致，融内、外功于一体。

2. 一路查拳。一路查拳以"刺、插"为主。所谓刺、插就是把人手比作鹤的双翅，又把鹤的双翅比作匕首利刃，刺、插对方要害部位。

3. 二路查拳。二路查拳以"转、砍"为主。把人手比作鹤之双翅，更把人手臂骨内下侧比作刀的刀刃，其本意就是把手臂想象成一把刀，用以旋砍击打并拦截对方的进攻，其步法以"圆"为本，以身体转动的力量带动双臂。

4. 四路查拳。四路查拳姿势舒展，动作灵活，快速有力，节奏鲜明，是武术自选套路和外家拳的代表性拳种，名曰"四路升平"。动作特点是手脚齐发，上踢下打，讲究手到步到，同起同落。与此同时，头随势转，眼随手动，形神兼备，是一套特点突出的民间经典拳法。风格为奔放饱满，套路运行走方形，曲直弧形，迂回穿插，充斥四角，加以进退虚实、闪转腾挪的精巧步法，较之单一线路的拳套显得别致、饱满、奔放。四路查拳腿法丰富，有低踢、平踢、低踩、斜踩、蹬腿、闯腿、扫腿、缠腿、双飞腿、旋风腿、鹞子脚等。综合其腿法归结为15个字，即踩、弹、踢、踹、拨、扫、勾、挂、排、缠、点、撩、截、拐、别。

5. 五路查拳。五路查拳是查拳中一套极具欣赏性和表演性，且技击特别、全面的拳法。它融入各种动物的动作，以"鹤"最为鲜明，其套路姿势舒展，

图三　安丘四路查拳

动作紧凑，动中有静，柔中带刚，动作灵活，优美大方。

6. 安丘查棍。安丘查拳除拳腿套路外，还有查棍、查刀、查剑、查鞭等，尤以查棍见长。安丘查棍练起来虎虎生风，节奏生动，棍法密集，快速勇猛，既能强身健体，又能克敌制胜。它棍法多变，以扫、拨、云、架、撩、戳、劈、舞花、挑、点为主要技法，尤其挑、点、戳棍法较多，体现了《棍谱》中讲的"三分棍法，七分枪法"的棍法要旨，是不可多得的精华套路。该棍法招招有势，势势有法，法法有用，奇绝古拙，长短并举，势法齐整，在实战中有拨、拦、圈、拿、绞、缠、撩、挂、挑、截、封、压、轴、击、扫、劈等技法。安丘查棍曾在"青云山"杯胶东武术大赛中获得金牌。

安丘查拳尤重实战技击，主要有招、速、劲。"招"即招法，踢、打、摔、拿，出击快，发力强，路线短，目标准，远腿、近拳，贴身顶、撞、摔。"速"即出击、防守均宜速不宜迟，以我为主。"劲"即劲力，劲力饱满而爆脆，方能制胜于对手。出技发力，不蛮不僵，纯而不杂，动如闪电，爆如炸雷，刚柔自如，干脆完整，技击时集全身力于一点。

安丘查拳历史悠久，源远流长，具有完整的技术和理论体系，传承普及安丘查拳对增强人民体质，推动我国传统武术的发展具有重要意义。

莒县查拳

2013年，莒县的"莒县查拳"被山东省人民政府列入第三批省级非物质文化遗产扩展项目名录。

据统计，目前全国确认的传统武术拳种共计133种，流行或者发源于山东的就达66种之多。而查拳在发源于山东的诸多武术中最为著名，是非常优秀的拳种之一。

早在明清时代，江湖中便有"南拳北腿山东查"的说法。查拳在山东地区习练者众多，历代均不乏习武才俊。目前，查拳不仅被列为全国武术表演和比赛项目，更是被列为我国四大传统拳之首。

据史料记载，查拳的起源可以追溯到明朝，是英勇的中华儿女抗击倭寇侵略的智慧结晶和武术成果。据武术名家萧羲之生前讲述，明朝万历年间，我国东南沿海地区遭到倭寇的入侵，日本武士浪人乘船进入我国东部沿海地区，在这里烧杀抢掠，无恶不作，给沿海地区人民的生命安全与生活生产带来了巨大的灾难。为了驱逐入侵者，明朝派出军队想要对这些倭寇进行剿灭，但是朝廷军队腐朽入骨，战斗力低下，无法堪当大任。于是万历皇帝不得不下诏，调集各地客兵抗倭。所谓"客兵"是指各地的少数民族土司兵、族兵、商兵等，他们平时不发放军饷，每当需要时再支饷调用。

当时西域回族将领查尚义奉诏出兵，他带领着一支强悍的地方军队，千里迢迢奔赴山东抗倭战场。为了提升军队的战斗力，查尚义在冠县用查拳训练士兵，后来又先后带兵参加抗倭战斗，在战场之上大展神威。在抗倭战斗结束后，这些远离家乡的士兵没有回到原籍，而是在齐鲁大地落地扎根，并且在长期的生活中融入当地。随着这些士兵的落户，查拳也就在山东省慢慢流行开来。为了纪念查尚义，他所传授的拳法被称为"查拳"。

查拳主要分布在北京、河北、河南、上海及山东的济南、聊城、济宁、临沂和日照，而日照则主要流传在莒县。莒县查拳是杨式查拳，即以民国的查拳名家杨鸿修为代表的查拳，在体系上属查密尔小架子拳，以纯格斗为主。查拳从1898年开始传入莒县，当时正值清朝末年，天灾人祸时常发生，内外交困，社会秩序混乱，土匪横行，莒县人民生活在水深火热之中。为了保卫家园、维护家乡治安，莒县清真寺聘请了董姓、沙姓两位拳师在莒县县城教授查拳。在两位拳师的悉心指导下，教会查拳徒弟发展至近百人，从此查拳在莒县大地生根发芽。

莒县查拳在这一时期的发展壮大离不开萧羲之做出的卓越贡献。萧羲之于1880年出生于一个一贫如洗的回族家庭，自幼学习武术，跟随董姓、沙姓两位教师习武10年，1904年又拜冠县查拳大师杨鸿修为师学习查拳。杨鸿修是查拳的正宗传人，自青年时练功就惟以求真，坚持不辍，经过勤学苦练成为一代查拳大师，在民国时以"大枪杨鸿修""快拳杨"闻名武林。萧羲之经过杨鸿修的教导指点，成为鲁南地区查拳门的代表人物，民国时期曾任山东省国术馆教师，还短期担任国民革命军骑兵团长。据《莒县县志》记载："抗日战争期间，在一次日军进攻沂蒙山区的行动中，3名日本士兵持枪要挟萧羲之，萧羲之用闪电式的动作击中了3名日兵的要害，3名日兵当场毙命。"这里足可看出萧羲之那真挚的爱国热情，还有查拳在格斗实战中的威力。

1949年后，萧羲之开始担任莒县清真寺

图一　莒县查拳宗师萧羲之

阿訇。他本着"保卫祖国，民族平等，强身健体，武德第一"的原则，古稀之年仍然兢兢业业、一丝不苟，不仅向徒弟们传授武艺，而且传承了武德，门下弟子均以保家卫国、强身健体、振兴武术为本。至1976年逝世，他在莒县授徒三万多人。

萧羲之不仅做到了传承，还做到了创新。他将流传在鲁南和苏北的地方查拳和在少林寺学的少林虎拳相融合，创立了颇具特色的十路黑虎查拳。黑虎查拳又称"黑虎查"，是查拳中最有实战性的一套拳法，以一百单八掌著称，被武林界誉为"查拳王""拳中骄子"，是鲁南查拳的代表。

黑虎查在动作组合与衔接上整体连贯，显示出舒展、圆滑、大方的武学气度，给人一种协调的美感。拳谚说："起如鸽，落如猫；砸拳如爆竹，击响如巨雷。"该拳法动作明快，从不拖泥带水，给人一种干净利落、潇洒的感受。内外合一，神形兼备，是黑虎查拳风格另一特点，强调以气催力，神溢于形。攻防意识贯注在一招一式之中，内在的精气神溢于动作之外。

在技击方面，黑虎查讲究以快为先，以快制胜，丝毫不留给对手还击的机会。黑虎查拳很重视腿法与步法，技击中以腿为主，拳为次，有"手是两扇门，全凭脚打人，宁挨两拳，不挨一腿"之说，从这里便可以看出黑虎查强劲的腿力。

图二　庄会升年轻时的习武照片

如今，现莒县武协主席萧羲之的关门弟子庄会升成为查拳这一山东省级非物质文化遗产的第一传承人。庄会升与萧羲之是同村乡邻，6岁起即跟随萧羲之习武。在20多年的学习时光中，庄会升与师父朝夕相处，习得了查拳的全部套路，是萧羲之众弟子中学习查拳最全的一位。

关于庄会升先生的习武经历，

如今在莒县还流传有许多有趣的轶事，"筷子功"的故事就是其中之一。据说在庄会升8岁那年的一个夜晚，庄家人匆忙来到村医家，对村医说："医生，快到我家看看，会升是不是生病了？"等村医来到庄家时，惊讶地看到庄会升一手一根筷子，在饭桌前舞得呼呼作响。村医大喊："会升，你怎么了？哪里不舒服？"庄会升才停止舞动手中的筷子。这时，师父萧羲之也闻讯从清真寺赶来。原来星期六学校不上课，师父教会了庄会升双刀，回到家后，因为没有兵器，兴之所料，他边吃饭边思考师父教的双刀动作，如痴如醉，索性舞起了手中的筷子，边体会边舞动，把全家人吓了一跳，以为他得了病。听师父这么一解释，大家不禁乐得哈哈大笑。

师父去世以后，庄会升谨遵师父"将查拳这个国宝传承下去，并且不能收取一分钱"的要求，他白天打工，晚上在家中庭院免费传授查拳，先后在莒县授徒近5 000人，为拳种的传承做出了突出贡献。他还带领武协班子成员刘彦伟、张占乙等人一道，克服重重困难，组织学生代表莒县参加全国各地举办的各类武术比赛。在日照市武术大会、山东省武术非物质文化遗产表演大会暨中国第十三届梁山全国武术功夫争霸赛等竞争激烈的赛事中取得优异成绩。

图三　庄会升表演狼牙棒对单戟

　　查拳历史悠久，源远流长，是中国古代武术的"活化石"。查拳作为一门武术，对于普通人而言，它能够充分活动人体各个部位，可以有效改善人体机能，对于健体强身十分有益。它本质上更是一种源于战斗需要的搏斗技艺，传承和学习查拳可以提高人的判断力和应变力，对人们克敌制胜、防身自卫具有现实价值。与此同时，查拳作为一项非物质文化遗产，既包含历史上中华儿女英勇抗击侵略的英雄气概与爱国情怀，还向现在的我们表达着一份吃苦耐劳、坚韧不屈的武学精神。查拳的传承是我们对于民族记忆与民族精神的深切把握，相信查拳在未来也一定可以迸发出更加光彩夺目的武学魅力。

图四　庄会升在家中教徒弟练习查拳

黑虎查拳

　　2013年，临沂市兰山区的"黑虎查拳"被山东省人民政府列入第三批省级非物质文化遗产扩展项目名录。

　　黑虎查拳是中国传统武术中的优秀拳种之一，由清末民初著名武术家萧希之先生编创。他根据流传在鲁南、苏北等地的地方查拳，融入少林虎拳的步法，并汲取各门精华，创立了"动作古朴、势如汤瓶、刚柔相济、高低起伏"的十路黑虎查拳。在演练的过程中，该拳法要求步法清晰、臂坚腰实、击打猛烈，结合查拳的自身特点及长拳中的手、眼、身、法、步、动、静、起、落、站，配合紧密。其内容体系包括基本功、桩功、套路、器械、徒手对练、器械对练、擒拿、点穴等近百个套路。

　　广为流传的黑虎查拳歌诀谱写了它的绝妙："黑虎查拳希之传，生根发芽在鲁南。流传民间近百载，歌诀套路代代传。弹腿虎查各十路，刀枪剑戟都

图一　黑虎查拳创始人萧希之

健全。十路埋伏看家技，入室弟子才能见。"武术界众所周知，"十路埋伏捶对打"是"查拳三宝"之一，曾因师傅从不轻易传授使得练习十路埋伏捶对打的武者稀落可数。鲁南黑虎查拳掌门萧希之将黑虎查拳中的独特技艺融入十路埋伏捶对打中，形成了一套独特技击打法，而后被弟子视为勤修苦练的看家绝活。鲁南黑虎查拳历史悠久，不仅具有武术本身独特的性质，经数百年历史积淀的文化底蕴，使其又增添了神秘性、特色性与价值性。

萧希之分别于1910年、1922年、1925年起在山东沂南大成庄、沂水以及莒县传授黑虎查拳。1929年，他在郯城县马头镇开设国术馆，开馆时间长达7年之久。学成者主要有郯城县马头镇人周朝增（1914—1997）、马宗德、赵德业、刘洪振、彭雷清、刘金海、刘汉亭等。

萧希之在沂蒙山区有着"萧大侠"的美称。1938年，日寇进攻临沂，国术队与守城驻军同日寇浴血奋战。据传，后来萧希之率众弟子投奔到马本斋的回民支队继续进行抗日。另据《莒县县志》记载："抗日战争期间，在一次日军进攻沂蒙山区的行动中，3名日本士兵持枪要挟萧希之，萧希之用闪电般的动作击中了3名日兵的要害，使他们当场毙命。"

后来，近七十岁高龄的萧希之被莒县回族民众请到莒县做阿訇，住在南关清真寺内辛勤供职，并在清真寺内收徒传艺。他治学严谨，一丝不苟，对学生一视同仁，因材施教。1956年至1964年在省市地区历年的武术比赛中，当地代表队大多以萧先生领队，他的弟子也多次在比赛中获奖。萧先生自1910年开始授徒至1976年8月去世，亲授门徒不计其数，四代再传弟子多达万余人。

第四代传承人李付华是回族人，1970年出生，自幼随父李洪明习武，因父亲弃武从商，自1980年起随师爷周朝增学习黑虎查拳。李付华多次参加武术比赛，共获得金牌19枚。1993年开始收徒授拳，1996年率队参加首届"中国孙膑拳武术比赛"并取得优异成绩。1997年，李付华带队参加河北深州举办的"国际形意拳交流大会"，弟子苏伟、孔祥斌获得一等奖。李付华2001年被评为国家一级武术裁判，2002年担任山东省第二十届运动会武术裁判工作，2008年被评为中国武术六段，2009年在临沂兰山区南北道清真寺成立了民族武术馆，系统地传授黑虎查拳。黑虎查拳就这样在一代代传承人的手里延续并发展下来。

图二　黑虎查拳第四代传承人李付华

黑虎查拳在动作组合与衔接上，是大动作与小动作互间，高动作与低动作相间，开合起伏贯穿套路之中，使之整体连贯，显示出舒展、圆滑、大方的气度，给人一种协调美的享受。

工整是黑虎查拳最大的特点。要求练习时动作认真细致，不可潦草，一个动作反复练习，巩固以后再学习新动作。演练则要循序渐进，按照动作的规格要求，一招一式去练，意识与方法要配合好，做到全身上下协调一致。

黑虎查拳动作明快，一清二白，毫不拖泥带水。动作以快领先，快如风雷巨变，猛虎下山。不仅如此，快还能巧妙地与"慢、顿、停、翻、闪、跌、扑"结合一致，体现出动静与虚实的对立统一，富有阴阳转换互为根的哲理，给人一种干净利落、潇洒的感受。劲从腰发，贯于腿臂，行于手足，自然流畅，挺胸收腹，拧腰顺肩，动作顺达，意随拳行，力随意发，无僵滞，不呆板，忌拙力，节奏明快，蹿腾跳跃轻巧、灵活，砸拳击响爆脆。拳谚曰："起如鸽，落如猫；砸拳如爆竹，击响如巨雷。"迂回、穿插、进退、虚实的步法，闪转、腾挪的身法，绚丽多姿的动作，全面展示出它的个性风韵。

内外合一、神形兼备是黑虎查拳风格的另一特点，强调以气催力，神溢于

图三　黑虎查拳传承人李付华在教授学生练拳

形。攻防意识贯注在一招一式之中，内在的精、气、神溢于动作之外。

黑虎查拳的技击特点是以快制胜，以快为先，讲究以快打慢，慢打迟，拳打人不知，出手如闪电，回手如烧灼，以迅雷不及掩耳之势，使对方没有还手的机会。黑虎查拳很重视腿法与步法，技击中以腿为主，拳为次，有"手是两扇门，全凭脚打人，宁挨两拳，不挨一腿"之说。其手法中的"冲、摆、劈、撩、顶、撞、靠"与腿法的"弹、扫、截、跺、摆、蹬、挂"结合使用，手引脚踢，脚弹手击，上下合一，虚实连环，以腿取胜。劲力是技击之本，拳谚曰："拳不打力，力不打功。"力量训练也很重要，所以有"练拳不练功，交手不堪击"之说。但若是单练力气不练拳，又有"练力不练功，到老一场空"的说法。

黑虎查拳摔法系快摔法，沾衣即跌，有大别子、倒口袋、古木盘根、臂靠摔、摇山摔、背胯、抹面摔等，都是贴身近战的良法。技击中的拿法、分筋、错骨、点穴、反关节这些都是黑虎查拳的绝技。师祖萧希之把黑虎查拳的技击方法总结为10个字：缩、小、软、巧、错、速、硬、脆、滑、绵，并留下了技击歌诀：

远打近摔贴身靠，靠身贴打刁手缠。

快打慢来慢打迟，避实击虚顺手沾。

明拳暗腿手并用，连环短打腿取胜。

拿法点穴反关节，分筋错骨能治命。

黑虎查拳作为山东鲁南地区最具民族文化特色的传统武术代表之一，自创立以来已有百余年历史，今已传至第七代，其门人数以万计。黑虎查拳已然成为一项技击、健身、艺术相结合的体育项目。

梅花拳（定陶）

2013年，菏泽市定陶区的"梅花拳"被山东省人民政府列入第三批省级非物质文化遗产扩展项目名录。

素有"天下之中"美誉的菏泽市定陶区，位于山东西南部，历史源远流长，文化底蕴相当深厚。自秦始皇二十六年（前221）始置定陶县，至今已经2 200多年。历史上曾12次为国，8次为郡，2次置军。定陶是著名的戏曲之乡、武术之乡、书画之乡，是儒商文化的发祥地之一，是名副其实的"千年古县"。境内群众习武成风，武林流派众多，梅花拳是流传较广的拳种之一。

中华武术历史悠久，并且伴随着中国历史的发展，日趋走向成熟。现今，我国武术拳种有130余个，而梅花拳就是其中一朵艳丽的奇葩。梅花拳，古称"梅花桩"，亦称"花拳""梅拳""父子拳"等，是我国比较古老的拳种之一。

3 000年前，梅花拳的雏形就出现在历史文献记载上。据《列子·汤问》及《史记·赵世家》中记载，西周伯益九世孙造父为了学"六艺之御"，听从泰豆氏的指教，"立木为涂，仅可容足，计步而置，履之而行，趣走往还，无跌失也，造父学之，三日尽得其巧"。造父在仅可容足的立桩上练习走步，动作轻巧，穿行自如，往返灵活，行走敏捷，变化迅速，"得之于手，应之于心"而"心闲体正"，达到一种"不以目视"便可"回旋进退，莫不中和"的境界。造父练习的就是梅花拳的基本功法——梅花桩。

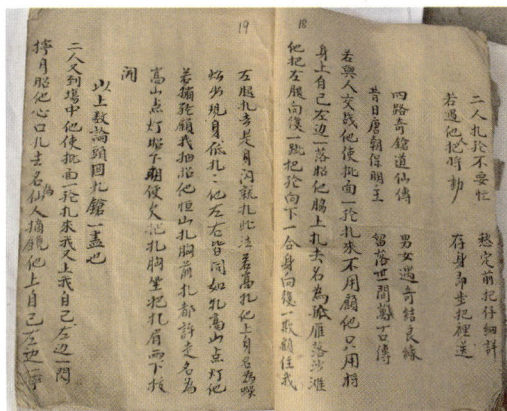

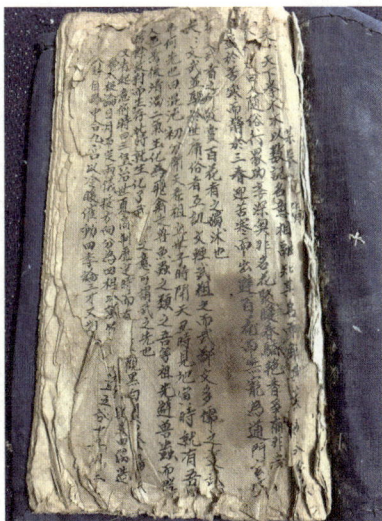

图一　保存百年的《梅花枪谱》《梅花拳谱》

　　自那以后，历代皇家将此文武功法视为保家镇国之宝，仅在王公大臣将相中流传，并不断完善和提高。其文武功法盛行于周、秦、汉，到唐、宋已经发展到鼎盛时期。至元灭南宋之后，为保存汉民族的血脉及图谋复国，部分隐居民间的大臣开始在民间秘相传授这个整套的文武功法，并源源不断地传承下来。直至明末清初，一代宗师张三省将梅花拳绝技授予邹宏义。邹宏义系统整理完善并公开传授，使之流传于世，因此邹宏义被后世弟子尊为祖师。现在所流传的清晰的谱系大都是自邹开始的，梅花拳也逐渐发展成为我国传人弟子最多的武术门派。

　　邹宏义世代寄居徐州府，在清朝康熙初年，为了更好地推广梅花拳，他便自徐州云游到菏泽市曹县魏湾大杨庄传艺于杨氏家族，又至东明五霸岗传艺于李氏家族，以及至曹州（今山东菏泽城区）西北高庄集村传艺于刘氏家族，并收刘培质（字养元）为入门弟子。自此梅花拳便作为杨、李、刘的家传绝技世代相传。随后邹宏义继续北上至开州（今河南濮阳），收蔡光瑞、王西征、孟有德为徒，三人艺成，分路传徒。蔡光瑞北上收韩花礼、孙盘龙、杨炳（康熙武探花）为徒，而后命门人南下请邹宏义北上，继续传艺。孟有德、王西征、韩花礼往东南到菏泽传艺，从此梅花拳在菏泽扎下了根。清康熙末年，邹宏义之子邹文聚手推小洪车自徐州北上寻父，沿先父足迹先后至魏湾杨家、五霸岗李家、高庄集刘家，将梅花拳一些绝技再次传至菏泽，为梅花拳在菏泽的发展打下了坚实的基础。至此，梅花拳习练者遍布黄河两岸，并有诗为证：

> 大河上下梅花开，
>
> 邹孟王蔡显奇才。
>
> 南北二府真金买，
>
> 度化清风传万载。

清嘉庆年间，以菏泽高庙袁家、高庄刘家弟子为首的梅花拳师不满足固有之术，至河北广府镇柏枝寺村（今邯郸市鸡泽县浮图店乡柏枝寺村）邀请梅花拳第八辈祖师焦彦章（又名焦土虎）来此授艺12年。期间，焦彦章在高庄刘门收徒白金斗，开道教场，造就了梅花拳在当地的繁盛。

有关九代祖师"白师爷"白金斗的传说至今还被传颂。他融会贯通，丰富了梅花拳械，来菏泽布道传艺，被门人尊为"菏泽梅花拳中兴之祖"，所以菏泽梅花拳在外被称为"白家支"。定陶作为梅花拳主要传播地，先后接待海外

图二　梅花拳演练

梅花拳弟子寻根访祖代表团10余次，影响广泛。

梅花拳拳理集儒释道三家静义而成，整个学习过程中遍含孙子的谋略、道家的深奥、禅说的精义、周易的神妙，还含有强身治病的医道法门。梅花拳入门先讲德育，就是儒家的敬师、孝亲、尊老、爱幼、忠君、保国等伦理道德，与祖国文化一脉相承。

梅花拳基本内容分为文道、武道、医道三大部分。梅花拳武功方面以道家为主，道法自然，清修静练，主要有号称"万拳之母"的梅花五势拳法、历史悠久的干支五势梅花桩功法、梅花拳的灵魂——架子、梅花拳的精华——盘捶、争奇斗艳的各种兵器、性命双修的内功等，以及兵法、阵法、实战法。技法包括四击、上中下三盘练法。另外，还有独特的武道理论——一元、两气、三点、四线、五行、六面、七星、八卦、九宫、十合等。练其外，行其内，包罗万象，行变化之实，被誉为"文化拳"。梅花拳之梅花桩法是本派独有的练习方法，其桩法众多，适合多人演练，故有"空中梅花"的说法。梅花拳拳械诸法特点显著，演练时要动作紧凑、层层叠叠、动静分明、快慢相间、刚柔兼备、招式朴实、变化无端，路线走四门八方，往往呈"中"字形或"米"字形，既有表演观赏价值，又有技击防身价值。

梅花拳文功方面主要是以佛家为主，明心见性，见微知著，教拳育人，敬畏天地，忠君爱国，孝敬双亲，尊敬师长，遵纪守法，刻苦习艺等等，要求练

图三　梅花拳展示

者遵守门规，以强身健体为目的，保家卫国，扶弱除强等。

梅花拳医道方面，主要继承了岐伯术，始于东汉时期，以传承养生功法及治病救人为主。其代表性的疗法包括直达养生最高境界的太乙养生术——太阳功、几近失传的被《黄帝内经》列为中医第十三科的祝由术、综合升温祛寒疗法、降能祛病疗法等，并有一系列保健、美容、养生及治病的配方。

梅花拳不仅具有精深的哲学思想，系统技击理论，神奇的健身与攻防效果，而且与多种文化形态均有着相互渗透的密切关系。了解梅花拳的发展进程，对于研究中国武术各门派的形成、中国各个历史时期的民俗文化，具有较高的价值。梅花拳是在传统文化指导下的一种身心并练的特殊运动，它不仅锻炼体质，还能调节心性，对道德、性格进行修养和磨炼，对弘扬爱国主义和民族精神，维护社会正常秩序，彰显齐鲁文化起到积极的作用。

大洪拳（鄄城）

2013年，鄄城县的"大洪拳"被山东省人民政府列入第三批省级非物质文化遗产扩展项目名录。

鄄城县位于山东省西南部，历史悠久，名胜古迹遍布全县，有"谷林尧陵""舜耕历山""雷泽湖""庄子钓台""曹植读书台""孙膑故里"等，是一座古老的文化名城。也正是丰厚的历史文化底蕴，孕育出丰富多彩的民间传统武术流派。

大洪拳，是在鄄城县流传较广的拳种之一。鄄城北临黄河，是历史上的兵家必争之地，曹操曾屯兵于鄄，曹植曾任鄄城王，很多仁人志士、武林高手都曾相聚此地，加之本地自古尚武，种种因素对大洪拳的发展起到了极大的促进作用。

据《大洪拳拳谱》记载，明天启元年（1621年），精通武术的五台山高僧灵空禅师，云游到朱楼李庄村旁洪庙内讲经传艺。李洪的后裔、出身于武林世家的本村青年李先明随其学习黑虎拳，经十几年潜心修炼，尽得灵空禅师武术绝技真传，终成当地显赫一时的武林高手。李先明循规矩而不为其所缚，在灵空禅师所授技艺的基础上结合自幼习练的家传武功，博采众长，融会贯通，从动作、内容、理论、练功方法、拳术套路等各方面予以创新，创造出一种新的武术形式，将其命名为"大洪拳"，即现在菏泽所流行大洪拳的原始形态。后李先明设馆授徒，登门拜师学艺者络绎不绝，不可胜数，八方人士云集门下。

到了清朝嘉庆年间，孔昭武自幼学习武术且聪明好学、勤奋苦练，随师遍走古刹名山，取他人之所长，强本门派技艺，后又据龙、虎、蛇、豹等十二形之特点，精心研究，极大丰富和充实了大洪拳的内容。孔昭武十八般武艺样样精通，又擅长吐纳术，身如铁石、力大无穷，更擅长踢打摔拿、点卸擒击，创编研制的拳法奇正兼备、勇猛刚强、动静相间、阴阳相济、摇转中增气力、助进退、强攻守，成为一个内容较为全面、具有时代性的优秀拳派，且门规肃严、武德高尚、盛名于世，有"洪、花、弹、迷"之说。

朱效章（1879—1935），系孔昭武之门生，出生于大洪拳世家。自幼聪颖过人，热爱武术，11岁开始习武，勤奋好学、吃苦耐劳，数年后武艺脱颖而出，众人称奇；17岁随师遍游黄河两岸、大江南北，所到处无不在诸师膝下诚恳请益，和同辈人互相研习，精益求精。朱公以大洪拳为本，兼练少林罗汉拳法（罗汉大洪拳的说法即源于此），使技艺达到了顶峰，人称"武魁"，远近求艺者络绎不绝。

经历代拳师的传承和创新，大洪拳在不同的时期得以发展壮大，从而形成了今天内容丰富、特点鲜明的大洪拳。

图一　旧城镇业余武校的学生表演基本功

其中，单拳套路有五花炮、大红架、二红架、跑步架、身法架、八步连环、五行手、六合阴阳拳、七星架、八卦架、六十四法、九宫连环、罗汉真功、十路弹腿、十二路弹腿、斜纹、四平、炮捶、大合、小合、醉拳一至三路、八卦掌、四临阵、柔拳等30多套。

徒手对练有红拳四阵、窜花跳楼、五凤锁、抹眉、南唐、批手、大二红、小二红、大活协、小活协、大过桥、小过桥、旋身、地趟、擒拿、挂话、行手、大红钟、小红钟、大扑门、小扑门、滚掌、窜山、掉井、二虎斗、二龙下山、大红盘脚、三人斗等60余套，既有踢打摔拿，又有擒点卸错。远有远法，近有近招，实有实招，虚有虚招。

此外，长短器械有枪、刀、剑、棍、鞭、锤、杖、铲、钩等64套，器械对练有单刀枪、大刀枪、二红刀、父子三杆枪、白手夺枪、白手夺刀、三不齐、小对打等68套。

大洪拳功夫又分为气功、硬功、轻功、眼功、耳功、牙功、拔山功等等。其中，气功包括周天神功、罗汉真功、太阳功、齐气功、大红架、八段锦、易筋经、马步桩功、站桩功等；硬功包括单掌开石、单拳开石、铁砂掌、铁头

图二　县文化馆工作人员在大洪拳基地采访协会会长张德正

功、金刚指、铁板桥、铁臂功、铁腿功、鹰爪指、霸王肘、铁布衫等；轻功又分飞行术、壁虎游墙术、轻身术、蹿纵术、八步功。

大洪拳的基本步形有马步、弓步、虚步、扑步、丁步、跪步、横步、歇步、倒权步、并步等，手形包括掌、拳、爪、勾、指、摘，腿法包括弹、蹬、踢、踹、扫、踩、合、摆、钩、剪、点、压、挂、绊、截、缠，拳法包括劈、崩、炮、横、冲、砸、搞、撞、点、攒、搂。

大洪拳有套系统的理论来规范具体的运动，能科学地指导肢体的动作与身体各方面的运动，具有较强的技击性，又有较好的健身养身作用及观赏价值，攻可以制敌，防可以护身，姿势优美，舒展大方，可以参加各种形式的比赛和表演。

大洪拳主要的传承人是张德正，1928年出生，鄄城县闫什镇铁炉庄人，信字辈，自幼热爱武术，拜张怀都、黄广勋大师为师，学习大洪拳。18岁奉命深入敌区侦察时，遭到便衣特务的围追，张德正施展所学武艺，接连击倒十几个敌人，连翻院落墙头数十道才得以脱身。后来他说，是大洪拳救了他一命，此后更加刻苦练习，达到了较高的武术水平。多年来，他一边工作一边设场授

图三　大洪拳习练者表演大刀"反身劈刀"

徒，培养了一大批优秀武术人才，并在耄耋之年编撰了《大洪（红）拳拳谱》1～4卷。1992年，张德正被鄄城县体育运动委员会授予"德高望重一代尊师"的光荣称号，并获匾一块。

大洪拳是中华武术中一颗灿烂的明珠，千余年来，传承不衰。此拳动作舒展大方，姿势端正，力走四梢，动静分明，既有上步跳跃、下势扑地的动作，又有翻腾滚打的动作，长期练习可以增强肌肉的力量及关节的协调性，能增强平衡能力，提高人们的身体素质和健康水平，达到强身健体、延年益寿的效果。在农闲、欢庆节日时进行的武术表演活动，丰富了人们的文化生活。鲁西南人民，历来有崇武尚武的风尚习俗，武术流派纷呈，武术大师辈出。练习大洪拳对培养人们爱国爱乡的情操，培养勇武精神，养成刚正不阿的道德品质和社会风尚起到积极作用。在大洪拳流行的地区，民俗淳朴，风气纯正，社会安定，民心稳定，为建成小康社会发挥了积极作用。

鸳鸯内家功

2016年，青岛市市南区的"鸳鸯内家功"被山东省人民政府列入第四批省级非物质文化遗产代表性项目名录。

青岛，别称"琴岛""岛城"，山环水绕，树木葱茏。在这里，孕育出了一种独特的功法，与中医理念不谋而合，可以使练习者强身健体、延年益寿，这种神奇的功法就是"鸳鸯内家功"。鸳鸯内家功与青岛关系密切，有着深厚的发展根基，纵然历经千年，时至今日仍然存续良好，深受人们的喜爱。

图一　鸳鸯内家功展示

鸳鸯内家功以阴阳结合、内外双修为根基，以左右对称功法为标志，动作如同鸳鸯成双入对、形影相随一般，故冠以"鸳鸯"之名。历史传承过程中，该内家功择徒严格，传承脉络清晰单一，无任何分支。根据资料考证，鸳鸯内家功最早的创立者应当是春秋战国时期的白猿祖师。

据鸳鸯内家功门派内传承者讲述，白猿实际上是梨山圣母的儿子，他自幼跟随其母学艺，因为生性聪慧，所以尽得其母真传。白猿十五六岁的时候，他的母亲病得茶饭不思，只想吃桃子。但是当时正值秋季，寒风萧瑟，哪里都买不到桃子。孝顺的白猿四处打听，得知在鬼谷有仙桃，于是为了满足母亲的心愿，就动身前往鬼谷寻找桃子。当时看守鬼谷的人是鬼谷王禅老祖之徒、兵圣孙武的后代——孙膑，也就是后来取得桂陵之战和马陵之战胜利并有《孙膑兵法》传世的孙膑。孙膑得知白猿要来摘桃子，便布下了奇门之阵，阻止白猿摘桃子。白猿想尽一切办法与孙膑斗法，闯阵取桃。但无奈孙膑太厉害了，白猿始终未能取胜，也就没能摘到桃子。眼看着没办法摘到桃子，又惦念起母亲的病情，白猿不禁悲从中来，仰天哀号。孙膑被他的孝心深深地打动了，便故意败给了白猿，让他顺利拿到桃子。白猿十分感激孙膑，不打不相识，于是二人结拜成了兄弟。圣母吃了仙桃果然病体痊愈了，后来孙膑还将《鸳鸯谱》和鸳鸯门的内家功、医术及十八般兵器等武艺尽数传授给白猿，白猿自此创立鸳鸯门派。虽然传说包含神话色彩，但依旧可以向我们展示出鸳鸯内家功悠久的历史起源。

继白猿创拳后，鸳鸯门派最早能确认的传人是北京的马过先生，后辈尊其为"马师祖"。传说马过先生为人低调，武艺精湛，尤其轻功十分了得，经常来无踪去无影，是当时全国一流的武林高手。当时的江洋大盗都畏惧马师祖，因此他也保护了一方平安。马过先生之后，鸳鸯内家功又历经了李之箭、贺顺昌两代传人，然后传承给了毛丽泉。

毛丽泉先生原名毛镇修，是贺顺昌的关门弟子，也是青岛国术馆的奠基人之一，对鸳鸯门派传承做出过重要贡献。毛丽泉先生与我国著名作家老舍先生还留下了一段文武相会的佳话。20世纪二三十年代，毛丽泉经常以武会友，因此结交了许多好友，其中就包括老舍先生。毛丽泉在青岛授徒期间，经常和他

图二　孙丛宅先生在老舍博物馆开馆时应邀表演

们一起切磋武艺，谈诗论文，结下了深厚的友谊。2009年，老舍故居骆驼祥子博物馆开馆时，毛丽泉的义子、鸳鸯内家功第四代掌门人孙丛宅先生将老舍先生曾用过的兵器以及一幅画卷《文武相会》赠予骆驼祥子博物馆。

　　孙丛宅先生儿时在青岛国术馆学习，后跟随毛丽泉先生习武，22岁正式拜师，由大师兄孙连云先生代师授艺。孙丛宅先生实战散打技艺精进，全面继承和掌握了鸳鸯门派功夫，得到毛丽泉先生的认可并将孙丛宅先生定为鸳鸯门派的继承人。孙丛宅先生现在虽然已经年逾八旬，但身形依旧矫健，内家寸劲和弹力功力淳厚，体现了中华武学的诸多精髓内涵。孙丛宅先生虽身怀绝技，却淡泊名利，以继承和发扬本门武学为己任，潜心钻研，认真授徒。在传授武艺的同时，他还以鸳鸯内家功独特技法治疗偏瘫、半身不遂等症状，颇见奇效，且远近闻名。

　　古代养生学主张通过动静结合、内外结合、形神结合的方法，实现阴阳元气和体内精气神的平衡充盈。因而其手段方法不是剧烈的运动，而是重视精气神形的炼养。鸳鸯内家养生功秉承鸳鸯门派内家功精髓，通过内家功法，将天地精华之气与人之元气聚于丹田，其居人一身之正中。气从丹田升至五脏六腑，由十二经十五络流通，由脏腑出入经络，由经络而入脏腑，气血由此而全身循环，沟通内外、表里、上下，联络五官七窍四骸，组成一个有机整体。通过丹田之气，使经络的运行畅通无阻，调节阴阳，提高机体健康水平。

图三　孙丛宅先生在教授鸳鸯内家功

图四　青岛市人民会堂非物质文化遗产专场晚会展演

　　鸳鸯内家功在修习中特别注重和谐之道，契合金、木、水、火、土五行相生相克的思想。他通过独特的行功方法，使习练者根据自身条件选择其中的一行，按照对应的方位、时辰及对应身体的心、肝、脾、胃、肾，根据口诀进行习练。勤加练习可以治疗经络、筋骨病等疑难杂症，进而达到延年益寿的目的。

　　鸳鸯内家功有着独特的行功理念和表现形式，成为中华传统武术中独树一帜的内家功法。随着人们健康生活水平的提升以及国家对"康养"的重视，鸳鸯内家功在现代社会的价值日益凸显出来。鸳鸯内家功以修身养性为武学基础，贯穿尊师重道、崇善尚武的美好品质，适宜于各年龄段人群习练，对于提升全民身体素质和文化素养，培养文化自信与文化自觉，构建和谐社会和幸福中国，具有积极意义。

三铺龙拳

　　2016年，胶州市的"三铺龙拳"被山东省人民政府列入第四批省级非物质文化遗产代表性项目名录。

　　胶州市铺集镇位于青岛市的西南部，处于胶州、高密、诸城三地之间，恰好与三座城市的距离都是70华里，自古就有"三七铺"之称。历史上胶州家传习武之风绵延不断，发源于胶州市铺集镇铺上二村梢门里的"三铺龙拳"，就是其中的优秀代表，也是胶州市所独有的、第一个开宗立派的拳种。

　　顾名思义，三铺龙拳称谓的由来自然与"三铺"和"龙"有着密切关系。"三铺"是指向地理方位，即三铺龙拳的发源地铺集镇，因为是三地的交通要道和交界处，所以得名"三铺"。"龙"则代表作为中华民族图腾的神龙，是中华的标志，这里寓意三铺龙拳富有中国龙的气质，如同海中蛟龙翻江倒海，又似山中蟒龙柔而含刚。

　　三铺龙拳原本并不叫这个名

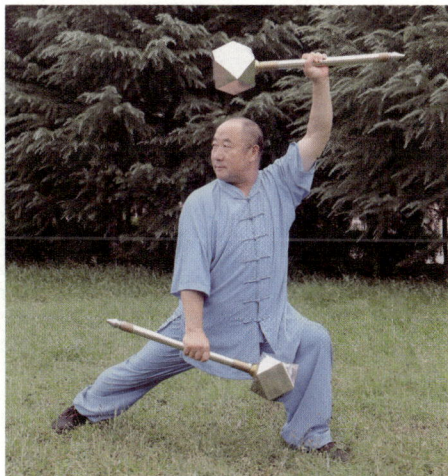

图一　刘正海老师练习三铺龙拳

字，在历史上它被称为"刘家拳"，由刘家祖先刘静所创。刘家的习武、练武之风大约可以追溯到明朝末年，当时正逢乱世，刘家迁到了铺集。由于统治腐朽，苛捐杂税压在底层百姓头上，实在是民不聊生、苦不堪言。沉重的压迫终于引起了各地饥民、贫民的强烈反抗，山西、山东、河南都爆发了农民起义。战火一起，天下大乱。在官府忙于镇压农民起义、无暇顾及其他之际，土匪也趁机横行起来，生活于底层的农民惶惶不可度日。

正是在这样的背景下，刘家武术逐渐发展起来，并作为家传之学为刘家历代后人继承下来，至清朝道光年间达到了发展的高潮。期间，族人云清道长刘峪盛回归，立足人体技能，演绎自然界中的动物动作，又使"刘家拳"得到了进一步的升华。到1900年，义和团成员黎银因伤流落到铺集，黎银是浙江人，在与第六代传人刘衍文、刘衍成两兄弟切磋武艺的时候，又为刘家拳融入了南拳精华。

历经九代薪火传承，在400余年的光阴变迁中，刘家拳博采众长，先后融入各种拳种的技术优点，集南拳北腿之精华于一身，逐渐奠定了较为完整的理论体系和技术体系。

三铺龙拳讲究内外兼修、刚柔相济、攻守平衡、以快取胜。该拳法的习练内容也非常丰富，有站桩手法练习、骨架练习、基础拳、主体拳等，各类俱全。招式中有的可以一招制胜，给予对手快速打击；有的以气催力，以柔克刚；还有的是家传功法——穴位热身功和舒心活血增寿功。修习者可以单练、

图二　刘正海老师教授村民学习三铺龙拳

对练、集体练。拳脚与功法以外，刀、剑、棍、枪、鞭、大刀、朴刀、斧、狼牙棒、双刀、双锏、双匕首、双锤、佛陈、铁扇等包括十八般武艺在内的各具特色的器械也是不在话下，各有套路，以快、短、猛为特征，应用起来得心应手。

三铺龙拳既继承了中华传统武术注重实战应用的传统，又融入了健康养生的功效。自源流而言，三铺龙拳的出现，就是为打而打，它被用来保卫家园，对抗敌人，这就要求拳不打偏、脚不踹空。三铺龙拳所有套路都体现了攻防结合、防中有攻、攻中有防、上下相随、拳脚相连、进退自如、闪躲无影的理念，自始至终出拳如电，扫腿如风，动作干净利索，能够给予敌手以压制性打击。而作为一种武功形式，它自然也可以帮助人们通过修习来锻炼身体，具有良好的健身性。三铺龙拳适宜男女老幼习练，它根据不同人群的生长规律，以运动生理学为理论依据，套路编排方面符合人体机能和养生科学，将中医学理论融会其中，通过伸张经脉和合理运气进行自我调理，相当于进行了全身的按摩和锻炼，修习者勤加练习还可以达到修身养性、治病防病、延年益寿的效果，深受武术爱好者的喜爱。

三铺龙拳在操练过程中，其动作与气势也呈现出一种武术运动所独有的美学风范。三铺龙拳的演练风格表现为左右闪躲、上下翻飞，套路中模仿各种动

图三　刘正海老师传授三铺龙拳

物的扑食动作，具有很高的观赏价值。在整个套路演练中，惟妙惟肖的动作姿态和扣人心弦的技击速率，展现了三铺龙拳气势宏大和擒拿格斗的灵巧手脚。外有精彩的各式动作，内有功法中心气凝聚，内外合一的演练风格，形成刚柔相济的艺术感染力，令人不禁心旷神怡、叹为观止。

现为中国武术协会会员、国家级社会体育辅导员、胶州市武术协会主席的刘正海，7岁就开始跟随父亲和大哥习练武功，多年来风雨无阻，坚持不懈。本着将刘家拳发扬光大、为中华传统武术保留瑰宝的崇高理想，刘正海先后受诸位名士方家的指点，将家传拳术提炼升华，创编了系统化的三铺龙拳系列，终于自成一家。他热心于推广传统武术事业，打破了"功不外传"的祖训，积极将三铺龙拳对外予以认真传授。目前，刘老门下已有嫡传弟子200余人，再传弟子3000余人，习练者多达两万余人。其中，还涌现了一批兼具武艺与武德的杰出弟子，肩负起三铺龙拳传承发展的重担。

另外，武术进学校是三铺龙拳在传承与推广过程中的一大亮点。作为胶州市唯一的体育类省级非物质文化遗产项目，三铺龙拳在胶州全市中小学校得到了普及，覆盖率高达100%，成为大中小学校园中的一抹靓丽风景。后来，经山东省教育厅批准，三铺龙拳被纳入山东省职业中等教育《体育与健康》新教材，也是省内唯一的一个地方拳种。2020年，三铺龙拳被评为全国十大非遗项目进校园优秀创新实践案例第一名。

图四　三铺龙拳展室的比赛奖杯

三铺龙拳历史悠久，底蕴深厚。它根植于民间传统武术文化之中，是胶州武术发展的一个缩影，更是中华优秀武术传承的重要内容。三铺龙拳作为胶州市的典型拳种，堪称胶州武术发展史上的活化石。通过此拳，我们依稀还可以看到前辈武者尚武习武、保家卫国的崇高身影。

通背拳

　　2016年，淄博市的"通背拳"被山东省人民政府列入第四批省级非物质文化遗产代表性项目名录。

　　通背拳又名"通臂拳"，因其伸臂动作要求力由背发、两背贯通而得名，是我国传统武术中的优秀拳种之一，距今已有2 000多年的历史。关于通背拳是由何人创造的，武术界专家多番考证后至今仍无法确定，各家说法不一，有"齐国军事家孙膑创拳说""鬼谷子创拳说""白猿创拳说"等。目前，最受认可的是"白猿创拳说"。

　　据《通背拳拳谱》记载，通背拳起源于战国时期，由白猿者传。传艺时只传3人，历经秦、汉、三国两晋南北朝、隋、唐、五代十国，有后周将领韩通（第二十三代传人）于宋初年间传入河南嵩山少林寺。又经数代名家精心历练，在明末清初由河北旧州少林寺的光亮法师传于民间。有诗歌云："通背神拳谁敢当，无影无形无柔刚，两手捧定千斤法，专打邪魔鬼神亡。"

　　通背拳开始扎根于淄博地区，可追溯到清宣统三年（1911年）。相传，尹海滨、尹海泉、尹海圣兄弟（祖籍德州）为京城万仙洞三圣镖局的著名镖师，当年，冯玉祥部队攻打清政府，因维护清政府而参战的京城万仙洞三圣镖局在激战中溃散。兄弟3人为躲避通缉，谋求生计，相约一起来到淄川大荒地"北大井煤矿"传授通背拳术。他们各设武场，尹海滨在淄川洪山杜坡山村东关帝

图一　1984年秋，沈宜之（前排左一）带领大家练习通背剑

庙、尹海泉在淄川洪山东工村、尹海圣在博山分别授艺。其中，杜坡山武场培养了沈宜之、刘敦先、肖玉祥等人，淄博通背拳不断发扬壮大。

通背拳在传承发展中吸取了其他拳种的诸家流派，并融入兵家的战略思想，博采众长，取长补短，相互交流促进，兼收并蓄，形成了独具特色的拳法招式和套路，主要包括通背拳基本功、通背拳徒手套路、通背拳器械套路、通背拳对练套路、通背拳实战技术、通背拳硬功功法等内容。

通背拳的基本功包括手型手法、步型腿法、八大架势、十趟腿。其中，手型主要有瓦楞掌、柳叶掌、探掌等，腿法主要有十字腿、撩阴腿、斜身跃步等方法。徒手套路包括一趟拳、二趟拳、三趟拳、通背捶，均可进行对练练习，而这一运动形式正是淄博通背拳区别于其他通背拳类套路最鲜明的特征之一。对练套路包括拳术对练套路和器械对练套路。其中，拳术对练套路有一趟拳对练、二趟拳对练、三趟拳对练，器械对练套路有棍擒枪、单刀擒枪、梢子棍擒枪、扁担对扁担等，需要用到刀、枪、剑、棍、大刀、单双刀、双梢子、扁担、耙子等专业器材。实战技法主要有绝命腿、通背捶等。硬功功法主要有拍打功和踢桩功。

练习通背拳时要求"身如弓、手似箭、腰似螺丝、腿似钻"，行进中身法多以拧身合膀、斜身跃步、童子翻身形式出现，主要目的是躲闪防守，重在出奇制胜，讲究"一稳二准三毒四狠"。

实战时，通背拳还有一些独门口诀。例如二趟拳的歌诀为："二趟拳术有根源，脚踏黄泉法最狠。弓步拉犁紧跟打，卧牛式看真假。起身绷扫有变换，海底捞月无人见。绷踢照样顺式打，转腰护门看得紧。翻身封挡急卧身，如鹭似鹤三步走。夜行挑灯暗里藏，仙人指路变式样。金鸡展翅左右分，鬼拉钻有根本。劈砸锤，要用劲，反臂截腿招式狠。回身搂手斜刺拳，转身绷踢掌在前。上拍下拍难敌防，连环腿法要用板拦

图二　沈祥平表演通背拳

手是破法，回头望月跳步打。撤步拉钻妙法多，左右抢手要活泼。翻身压掌来回过，立身按掌气下沉。"

三趟拳的歌诀为："三趟拳术式法真，一招一式有言论。绷扫出拳就开门，叉门式，斜跨步。三脚猫，式法狠，绷挑斜身找鞋尖。跳步转身要注目，侧身踹打胸窝。十字腿法变化多，伤骨错筋忙踢腿。手里藏拳快如梭，退步八门要入神。四门斗法左右分，绷挑磕挡半斜身。左右枪手连环击，绷踢伸拳刺胸前。劈砸锤，上下分，通天炮，连珠发。打拿破解急退门，云手盖抹七星式。十字撑滑实中间，撤步磕挡护中门。伏虎式，把他擒，捧锁扣掌暗藏腿。转身分中掏心窝，回身刁掠连环脚。双砍手推窗望月，左右闪展手连环。叉步阴阳鬼神亡，撩阴脚把他伤。他人来拳我磕挡，童子转身护两旁。进步连环归本位。以上诸位须牢记，苦苦练习要心恒。"

还有绝命四腿口诀："白蛇吐信朝外走，伸掌压拳头一手。反臂拧身暗踢腿，掌后藏拳世少有。紫雁抄水上下翻，磕砸腾崩不一般。换腰进身撩阴腿，探掌打拳法最鲜。紫雁抄水加一腿，顺手就打透骨拳。透步托肘斜身踩，先踏一掌后打拳。海底取宝拳在前，顺式反手面门拳。转腰探掌急踢腿，掌后藏拳防备难。绝妙四腿要重视，不遇知音不轻传。"

遇敌"你拳发，我拳打，你拳不动，我拳打。来得紧，去得硬，不偏不

图三　2015年5月13日，通背拳部分传承人在博山五阳湖交流习练通背拳术

架是个空。中平本是拳中王，高低远近都不防。高不拿，低不架，当中发拳敌人打。去如箭，来如线，指人头，打人面，耳听八方都看见，拳本转腰练。打蛇先伤头，打虎先伤爪。急上又加急，打了还嫌慢"。整体动作舒展大方，绷打撩踢之中有潇洒飘逸，刚柔相济之中有放长击远，极具艺术感，绝不是花拳绣腿。

　　近年来，淄博成立了通背拳研究会，每年举办推广、普及通背拳的武术活动，积极参加省市举办的各类武术比赛；有计划地招收学员，定期办班，增设训练点，动员老拳师将各自掌握的功法秘诀传授于通背拳法爱好者，为传承和弘扬通背拳术奠定了基础。

　　通背拳在淄博流传已有100余年，具有完整的技术和理论体系，是广大劳动人民增强体质、防身抗暴、抵抗外侮的重要手段，也是中华民族百折不挠、勇敢顽强精神的象征。通背拳内容丰富，适合于不同年龄、不同性别、不同体质的人练习，具有广泛适应性的特点，这一运动形式不仅能够强健体魄，还是有效的防身手段。

　　拳法套路紧密连贯、由繁到简、内容充实、招法多变，技巧性较强，拥有较高的艺术观赏价值。长期练习通背拳，对磨炼人的意志、陶冶人的情操有重要的影响。传承和保护通背拳这一优秀的传统文化也是爱国主义教育的重要内容，有利于提高民族自信心和凝聚力。

尹派宫式八卦拳

八卦拳由董海川创建于清朝晚期，发展到现在已有170多年的历史，是中国武术史上最年轻的一个拳种。它大器晚成，博采众家之长，是三大内家拳的重要组成部分，并兼容了太极拳和形意拳的特点，注重技击、健身、养生，男女老少及强者、弱者皆可习练。

八卦拳研究自然科学和人体科学，将吐纳和导引相结合，通过走转的方式，追求天、地、人合一。它内修心、意、气、力、神，外练手、眼、身、法、步，贯穿"修己为本、身健步灵、攻防有序"的宗旨。八卦刀和判官笔不仅是本门历代大师的代表杰作，也是传承体系正宗的体现。

尹派宫式八卦拳乃董海川八卦拳的正宗脉络，由董海川的大徒弟尹福及尹福最得意的弟子宫宝田共同创立。二人于清朝晚期在皇宫里教授拳术，因此所练之拳在此后的传承中被称为"尹派宫式八卦拳"。

据史料记载，董海川（1797—1882）出生于河北省文安县，自幼习武，身体强硕，天资聪慧，年轻时游历西南，寻得道家高人秘传《转天尊》，再结合所练的罗汉拳创立了八卦拳。清朝咸丰年间，董海川听差于京城肃王府，开始授徒传拳，就此成名。尹福是董海川的大徒弟，曾担任光绪皇帝的武术老师，因而人称"帝师"。尹福演练的八卦拳风格独特，多以穿掌为主，善使牛舌掌，以冷、弹、脆、快、硬见长，尤其擅长八卦刀和判官笔，武术界称之为"双绝"。尹福早年间在北京东城区开设武馆，在五大传承系列中被称为"尹派"。门下最得意的弟子当数清朝皇宫四品带刀侍卫宫宝田。

宫宝田是山东威海人，自幼就跟随尹福习练八卦拳，深得尹福的真传。他在北京武术圈里摸爬滚打，成名后没有败绩，是清廷最后一任大内侍卫总管，后受张作霖之邀，担任奉军侍卫总长兼东三省巡阅使。香港导演王家卫拍摄的电影《一代宗师》中，演员王庆祥塑造的民国时期一代武术宗师"宫羽田"，原型就是宫宝田。1928年沈阳皇姑屯事件后，宫宝田因看不惯日本人的暴行，辞官回到家乡，在胶东地区开设了几十家武馆，弟子遍及山东、上海、重庆、广东、河南、安徽等地。

尹派宫式八卦拳以易经、医理为核心，以八大势为基础功法，以六十四掌为核心拳法，俗称"老八掌"，其散手、套路和器械都是由八八六十四掌所衍生。拳法讲究"推、拖、带、领、勾、挂、连、环、拧、旋、走、转、穿、搬、截、拦"16字诀。八卦门的代表器械有八卦刀、判官笔、鸳鸯钺等，种类齐全、大小各异、明暗兼备、简单实用、编排科学、风格独特。

尹派宫式八卦拳主要内容有八卦连环掌、四路八卦拳、四路罗汉拳、八卦滚身刀、判官笔、春秋大刀、斩马刀、开门刀、子午鸳鸯钺、乾坤棍、舞花棍、乾坤圈、八卦行剑、八卦枪等多种套路，蹚泥步、鸡形步、鹤形步三种行桩步法，纵式桩法、七星桩法、阴阳鱼式桩法、八方桩法四种桩法，穿掌法、打桩法、石球法、功架法四种操法，牛舌掌、瓦楞掌、子午掌、舌头掌四种掌形，弹腿、蹬腿、踹腿、铲腿四种腿法。

图一　宫宝田

八卦拳的套路包括拳术和器械，有入门、初级、中级、高级4部分。入门级分为阴阳八法和功架子，也就是基本功部分，入门拳有内五手拳和外五手拳；初级有罗汉拳一路、二路；中级有八卦拳三路、八卦拳四路、八卦连拳；高级有老八掌、连环掌、八种单操套路、木桩操法、八卦球操法等。

尹派宫式八卦拳注重技击，而八卦掌是八卦拳体系里的高级套路和技击方法。武术上有一种说法叫作"长一寸，强一寸"，掌本身是比拳长的，在实战中可以演变成指、拳、勾。八卦掌有八种掌法，即穿掌、探掌、撩掌、翻掌、磨掌、推掌、抱掌、托掌，每一种掌法都需要左右练法，这是武术界唯一能真正要求左、右、阴、阳练法的拳术。冷、弹、脆、快、硬是八卦掌技击的显著特点，它注重滚、钻、争、裹四种内在劲力，融合心、意、气、力、神、手、眼、身、法、步，避正找斜，避实就虚，踢、打、摔、拿、闪、展、腾、挪，尽显八卦掌风采。

尹派宫式八卦拳传承至今，有着清晰的传承体系。第五代第六式传人刘保和自幼习武，现为中国武术七段，1987年获全国首届散打南北擂台赛60公斤级第一名，2014年获徐州全国传统武术比赛八卦掌一等奖，著有《双绝：八卦刀　判官笔》一书，2018年被评为山东省级非遗项目代表性传承人。

图二　第五代第六式传人刘保和

2015年5月，刘保和牵头成立了威海市尹派宫式八卦拳研究会，这是山东省内地级市武术界唯一的一家由民政核准的专业拳种社团组织。本着继承和发展的宗旨，研究会深入学校、企业，普及和宣扬尹派宫式八卦拳，积极参加各类武术比赛，并积极推荐八卦刀、判官笔等相关书籍的出版发行工作，推动尹派宫式八卦拳这一项目向前发展。

尹派宫式八卦拳的形成凸显了武术发展巅峰时期的最高境界，以精湛的技艺和功法诠释了中国传统文化的精髓所在，是修身养性最直接、有效、科学的方式，也是攀登武术高峰的最佳捷径。

尹派宫式八卦拳的精湛功法诠释了中国传统文化的精髓所在，是道家文化的具体表现形式，大道至简、至易、至精、至奥。演练时能够充分达到气催血行、畅通经络的目的，最大限度地调整和开发人体的潜能，促使身体每一个细胞渗入循环，调整身体的阴阳，练精化气、练气化神、练神还虚，起到防病治病、健身养生的效果。尹派宫式八卦拳入门简单，在当今全民重健身的和谐社会，充分传承和发挥这一极具功效性的拳术，是我们这一代人的历史使命。

图三　传承人刘保和展示器械套路"八卦滚身刀"

高兴线狮

2016年，日照市岚山区的"高兴线狮"被山东省人民政府列入第四批省级非物质文化遗产代表性项目名录。

日照市岚山区高兴镇，系日照市东南部的一个平原乡镇。该镇历史悠久，文化底蕴深厚，孕育于此的高兴线狮已经有200余年的历史，是一项民间艺人进行艺术创新的智慧成果。高兴线狮在高兴镇及周边地区极为流行，是群众喜闻乐见的一种用于休闲娱乐的艺术形式。

在清代的《日照县志》中能够发现关于高兴线狮的记载："每逢春节、元宵、二月二、三月三、端午、中元、中秋、重阳、下元等民间传统节日，各村都有各具特色的歌舞活动，尤以跳竹马、跳狮子、舞龙灯、花灯会、高跷、露台、秋千、旱船最为盛行……跳狮子有布狮和拉狮两种。"由此可见，在清代的一些传统节日中就已经产生了高兴线狮，并且成为人们用于庆祝佳节的活动形式之一。

高兴线狮在高兴镇的发源与传承最先来自民间艺人，是民间艺人将狮子舞与提线木偶相结合的创新产物。在民间常见的狮子舞的基础上，艺人们尝试改变其原有的歌舞方式，转而加入提线木偶元素，将原本多人操作才能进行的舞蹈，转变为用线就能驱动的小狮子形象。高兴线狮起始是用色纸、竹篾扎成小狮供儿童玩耍，后经不断改进，逐步成为一种独特的线狮艺术。

图一　杨淑学展示20世纪70年代扎制的
线狮道具

图二　杨淑学在做演出准备

　　从普查的情况里了解到，高兴线狮的传承经历了先师徒相传、后家族传承的过程。高兴线狮是姚公盛的祖父于1813年从江湖艺人手中学来的。由于年代过于久远，而且缺乏必要的历史资料，所以该江湖艺人的姓名已无从考证。经过师徒传承，姚公盛的祖父也就成为第一代传人。1853年，姚公盛的祖父将线狮传于姚公盛之父；1879年，姚公盛之父又传于姚公盛。1928年，姚公盛在高兴镇冯家庄村开药铺，冯家庄村的杨瑞亭从其手中学得此艺，高兴线狮经历了又一次的师徒传承，从姚家进入杨家，开始了新的家族传承。后来杨瑞亭又将此技艺传授给其子孙。经过几代人的不懈努力和传承发展，高兴线狮在造型、舞姿、配乐等方面的艺术水准得到不断提升。第五代传人杨淑学曾多次参加省、地、市大型艺术赛事表演，连获佳绩，深受广大群众欢迎。高兴线狮这一独门绝艺从此保留下来，得到了进一步的展演和推广，成为山东省和日照市重要的非物质文化遗产项目。

　　线狮表演的节目通常被称为"飞狮夺球"，顾名思义就是表演者通过操作自己手中的线，从而使得两个狮子舞动起来争夺绣球。与传统的舞狮和提线木偶狮相比，高兴线狮形式新颖，具有独特的表演方式，以其轻巧灵动而深受广大观众的喜爱和称赞。高兴线狮的演出仅由1人便可操作，演出者采用站立手拉的操纵方式，最多可同时操控7根线，拉动大约只有1.5公斤的轻巧道具，

图三　杨淑学受邀参加崂山非物质文化遗产节开幕式表演

随心所欲地进行表演。狮子不仅动作灵活自如，还具有花样多、幅度大、技巧高的特点。在运动方向上，除了传统的纵向行进，高兴线狮还有较多的横向来回。高兴线狮的另一个亮点在于舞狮的绣球，绣球由两个半圆合成，可开可合，演出者可以在里面增设机关，内藏祝福、喜庆类的条幅语，在演出过程中向观众进行展示，不仅可以增添节庆的喜悦，还增加了表演的创意性和观赏性。

　　高兴线狮的表演过程也极具艺术性和欣赏趣味。表演开始后，表演者会站在架下三四米远处，利用滑轮原理轻拽绕过支架横杆上滑轮的5根线，拉动起架下的两狮，在平台上舞出一系列令人眼花缭乱的动作。一般来说，表演思路大致可以被划分为7个情节。一开始两只狮子在平地玩耍，突然一个绣球从天而降，两只狮子也因此受到惊吓。惊吓之余，两只小狮子也就对这个"不速之客"产生了好奇感，于是对绣球进行把玩。经过恣意戏闹后，也就拉开了夺球之争，整个活动的氛围被推向高潮。最后绣球打开，条幅出现，表演谢幕。当然，表演者在表演时并不会完全拘泥于此，而是根据场景及现场气氛添加许多形式花样。

　　高兴线狮表演的代表性作品叫《春山嬉戏》。通过名称我们就可以得知，这种表演形式会额外再增添一个春山的表演背景。与常规表演不同之处是在表演者和狮子之间，添挡上一面用纱布做成的透明背景，背景布上绘出一幅春山图，表演者藏在背景布后进行表演，从而使前台观众看不到表演者，只会感觉到是两只小狮子在山前草坡上自由地腾跃跳转，把球嬉戏，表演效果极佳。

　　高兴镇现已将线狮列入全镇重点非物质文化遗产名录，而且提供了专门的保护资金和具体负责的保护单位，使得高兴线狮得到了进一步的传承和发扬。在七代传人中，现在已经年逾古稀的杨淑学对线狮的传承和传播发挥了重要作用。自1979年开始参加演出以来，老人数十年如一日，兢兢业业地肩负起自己作为传承人的担当，不仅精心准备各类表演，而且根据自己丰富的表演经验和心得，在动作技巧及道具方面均做了不少改进和创新，让高兴线狮进一步获得新的发展活力。在山东省民间文化艺术节、山东省个体劳动者文艺演出、山东省首届农村艺术节、中国首届非物质文化遗产博览会等展会活动中，我们都可以看到杨淑学老人的身影，而他所到之处也必然会为前来参观欣赏的观众奉献上灵活有趣的线狮表演，每次都是观者如云，赢得阵阵好评。

图四　杨淑学参加中国首届非物质文化遗产博览会

　　虽然平地舞狮、提线偶狮较常见，但高兴线狮所特有的拉线狮的表演方法在全省尚属唯一一家，即便放眼全国也是极为罕见的，活态传承高兴线狮对于研究日照地区乃至山东省在古代的表演艺术，具有重要的资料价值和学术意义。如今，高兴线狮已经作为一项优秀独特的艺术活动融入民间大众的生活，让人们在忙碌的工作学习之余也能够获得趣味横生的艺术享受，充分缓解人们的疲劳感，极大地增强日常生活的乐趣和幸福感。高兴线狮是诞生于民间的重要艺术形式，它用独特的表现方式在悠悠岁月中表达着人们对于美好生活的期盼与向往。

聊城梅花桩拳

聊城地处山东省西部，位于华东、华中、华北三大区域交界处，是中国重要的交通枢纽、能源基地、内陆口岸和辐射冀鲁豫交界地区的中心城市。聊城是国家历史文化名城，明清时期借助京杭大运河漕运之利，成为沿岸九大商都之一，繁荣昌盛达400年之久，被盛誉为"江北一都会"。

黄河与京杭大运河在此交汇，孕育了其古老辉煌的鲁西文化。阳谷景阳冈武松打虎的故事家喻户晓，名扬海外；王伦、宋景诗农民运动和义和团反帝爱国运动都发生在聊城境内。便利的交通条件、浓厚的尚武精神和社会氛围，为梅花桩拳在聊城传承发展，提供了良好的地理环境和广泛而深厚的社会群众基础。

梅花桩拳出自道家，系龙门派，内练气、外练形，拳道合一，内外兼练，文武双修，是一种攻防积极性强、体用兼备的传统拳术。梅花桩文化内涵丰富，具有浓郁的地域特色和乡土气息，是鲁西运河文化的重要组成部分。

聊城梅花桩拳至今已有400多年历史。因其表现形式以"桩功"为主，练功和技击均在桩上进行，动作有"大、小、败、仆、顺"基本五势，拳出五势，花开五瓣，取梅花迎苦寒而出，避百花而无宠，凌寒傲霜，孤自芬芳，先

图一　梅花桩拳

知先觉之意，故名"梅花桩拳"。

桩功源起于西周时期人们的生产劳动和军事战争。周穆王十七年（前960年），造父（其驾车师父为泰豆）是穆王的车夫，他驾驶马车随周穆王去昆仑山巡游狩猎。《列子·汤问》记载："泰豆乃立木为涂，仅可容足，计步而置，履之而行，趣走往还，无跌失也。"泰豆向造父传授驾驭马车技艺时，竖立起一根根木桩作为道路，每根木桩上仅够容下一只脚，又按步幅大小安排木桩的间距，然后踩在木桩上行走。只见泰豆奔走往还，既不跌下来，也不走错。这是桩功训练的最早史料记载。

《梅花桩史部根源》记载，西汉时就有梅花桩和梅花步之名。金元时期，龙门派丘处机与弟子苗善时创立干支八卦梅花桩。明朝后期，宁社道长在陕南雾影山修道，桩功高超，武功盖世。明崇祯十年（1637年），闯王李自成邀宁社道长参与反明兴顺之大业。宁社不与之同流，便手推木车身背谱，历经艰险，于太行之阳、运河两岸，将梅花桩功传于民间始祖张三。清康熙年间，四代先师孟有德沿运河在聊城境内传授拳法。清乾隆三十九年（1774年），七代拳师王伦设坛收徒，在阳谷寿张发动农民起义。据《阳谷县志》载，梅拳先师胡万岭，武艺超群，清道光二十一年（1841年）中辛丑科武进士，且屡助军饷，官至游击，赏戴花翎，为梅花桩的传承做出重要贡献。清光绪二十四年（1898年），梅花桩拳弟子在聊城冠县发起了义和团反帝爱国运动。运动失败后，团民李培金、田岳林流落寿张秘密传拳，育十五代传人闫万森、韩升海等八大红徒。闫万森苦心孤诣研读桩功秘谱，恢复完善了失迷已久的桩上功夫。抗日战争时期，闫万森为八路军送粮送衣，支援前线，为革命事业做出积极贡献。十六代传人韩清岐先后拜韩升海、闫万森为师，一生不舍梅花桩，培养出十七代韩保喜、武继才等优秀弟子。

梅花桩秘籍《梅拳意精》记载："吾梅拳当为万拳之首，应天时而创，知地利而行，得人和而传于后世，以卦行应于天文，意手足合于武学，故为文武并驱之学也。"聊城梅花桩最大特点就是"桩功"，包括干支桩和八卦桩，即阴阳桩。干支桩以天干地支配龙虎龟雀四象组成，属阴桩；八卦桩以太极两仪为心，六十四卦按四主四隅为路组成，属阳桩。由阴阳桩而衍生出十二趟架子、二十四趟对打捶、七十二路梅花应多手，其步法有群势、八方步、五行步、七星步、九宫步等三十六步，七十二手与三十六步称作"地网手"和"天罗步"，手步相合分解为一百单八势。

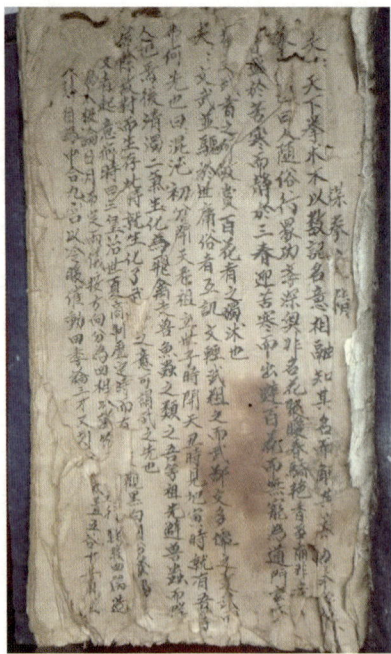

图二　梅花桩古谱秘籍《梅拳意精》

梅花桩有五势七形。五势即大势、小势、败势、仆势和顺势，五势对应五行土、金、水、木、火，歌曰："大势为土方起势，小势为金立独桩，败势为水回头望，仆势为木观四方，顺势为火猛冲进，五势七形走四方。"七形即抱式、骑马式、大耀式、小耀式、端枪式、压枪式、冲天式。其套路功法既合于阴阳五行、天干地支，又融于八卦易理，科学严谨，独具特色。梅花桩拳动作结构对称、紧凑，动静分明，刚柔相济，朴实多变，动作以柔顺为上，强调内练气，外练形，内外兼练，体用兼备。聊城梅花桩拳体系完整，资料翔实，世传珍贵的拳谱秘籍，蕴含丰厚的哲学思想和文化内容。

聊城市梅花桩拳研究会自2013年成立以来，整理了部分拳谱资料和演练套路，编写了《梅花桩拳》校本教材，创编了"梅花桩武术操"，在中小学得到很好的推广普及；积极参加各级武术赛事和展演活动，2016年在中国首届非物质文化遗产武术项目展演大会上取得个人三金和集体金奖的优异成绩，2018年取得山东省第八届全民健身运动会传统武术比赛团体三等奖、集体项目全省第二名，2019年获第二届大运河文化带非物质文化遗产优秀项目最佳展演奖，提升了梅花桩拳的社会影响力和知名度。

图三　研究会积极推动非遗进校园

聊城梅花桩历经数百年的传承与发展，有其自身的生命力。这是中华传统文化和民族传统体育历经数百年的积淀形成的，是几十代人的智慧结晶，有着鲜明的地域特色和浓郁的乡土气息，是鲁西运河文化大花园的一朵奇葩。其悠久的传承历史，与鲁西乃至中国的发展史密切相关；其科学严谨的套路功法，具有强身健体、技击御敌的价值，为推动全民健身、建设健康中国发挥积极作用。习练梅花桩拳，还可以增强自信心，开发智慧，感悟中华武术文化的独特魅力，进一步培育爱祖国、爱家乡、驱邪扶正、自强不息的民族精神。梅花桩拳具有古朴的东方神韵之美，现在进行的各种展演活动，能够丰富人民精神文化生活，服务社会，造福人类。

燕青拳

2016年，滨州市的"燕青拳"被山东省人民政府列入第四批省级非物质文化遗产代表性项目名录。

燕青拳又称"秘宗拳"或"迷踪拳"，源自少林拳法，流传至今已有200多年的历史，目前主要分布在山东滨州、河北沧州、天津、上海等地。

据传，清朝雍正乾隆年间，山东岱岳（今泰安）人孙通，跟随兖州张姓拳师学拳，后入少林寺学艺多年，将燕青拳练得炉火纯青。艺成后游历各地，分别在山东青州、河北沧县（今河北沧州）、天津等地收徒授拳，人称"铁腿孙通"。其中沧县分支的主要传承人为陈善（亦叫作陈万善），其子陈广智又传授于郭仲三（1886—1973）。1936年，郭仲三举家搬迁至山东滨县北镇（今滨州滨城），开班授艺，燕青拳开始在滨州广泛流传，目前已传至第六代郭宝申，第七代郭惠军、郭会坡等人。

据史料记载，燕青拳最早来源于河南嵩山少林寺，由元朝的"烧火僧紧那罗王"紧那罗所创。紧那罗本不是少林弟子，他年轻时遍访名师学习拳脚功夫，在游历天下后来到少林寺做了一名烧火僧，终日头不剃脸不洗，僧衣也是破破烂

图一　郭仲三

烂的，十分不起眼。少林寺以"禅武"出名，元朝时红巾军试图通过少林寺增加兵员，交涉无果后便准备用武力攻打少林寺。事发突然，众僧皆不知所措，且人数悬殊，难以抵御。这时，紧那罗手持一根烧火棍站了出来，以一己之力击退对面百万红巾军，紧那罗的名字也开始名扬四海。后来，他便借用燕青的名号创立了"燕青拳"。据说他还有一师姐，练习"秘宗拳"，于是坊间有"一路秘宗，二路燕青，燕青秘宗不分家"的说法。

燕青拳内容丰富，徒手套路包括燕青弹腿、燕青架子、绵掌拳、连手拳、插拳、燕青拳、大小五虎拳、大小进拳等，器械套路包括青萍剑、昆吾剑、八仙剑、燕青四门刀、劈挂刀、行者棒、五虎群羊枪、九枪、八卦奇门枪、十二连戟、行钩、梅花钩、太师鞭、孙膑拐、钩枪拐、双锏、鸳鸯钺等。对练套路包括徒手对练和器械对练，其中，徒手对练又分子母锤、头路靠、二路靠、靠打十八勾、拿法套（摘扣子）、套环散（桃花散）、八折等，器械对练又分单刀进枪、双刀进枪、大刀进枪、三节棍进枪、双钩进枪、拐子进枪、单刀拐子破长枪、鞭进枪、大小刀对咬、闪撤刀、太祖对棍、大刀对五杆、三路条子、对劈剑、空手夺刀。

燕青拳法注重"慢练功，快练攻"，要求"一功二力三胆四艺"。也就是说，首先是练功夫，其次是练力量和硬功，然后是练胆量、智慧，最后是练

图二　郭宝申、郭惠军练习燕青拳套路"二路靠双小缠"

艺，进招破招，四者互相联系，密不可分。基础功包括五方面，腿脚功、腰背功、手臂功、眼神功、气力功。其练功方法，主要依靠基础套路和单独练习。腿脚功主要练习站桩、压劈、悬摆、弹跳、低扫等，腰背功主要练习下折、伸长、摆涮、额甩、提拔等，手臂功主要练习环绕、摇摆、屈伸、抓捋、压托等。

　　燕青拳手型多样，有拳、掌、勾、爪、拐等十几种。手法有云手、捋手、缠手、掸手等近20种。腿法也变化多端，有弹、踢、蹬、踹、搓、跺、撩、扫、踩、勾、蹶等10多种。步型主要有马步、弓步、虚步、丁步、歇步、仆步、独立步、跪膝步等，行步则以蹚步和系统套环步为主。步法要求轻灵自然，如猿纵，似猫行，强调插裆套步，闪转腾挪，蹿蹦跳跃。

　　拳术套路大多由各种手型、步型、腿法、平衡、跳跃等多个动作组成，其技法有抱、靠、填、粘、卷、提、挎、掸、拗、顶、弹、拨、撩、击、拦等。上肢有甩、拍、滚、捋等击法，下肢有跳、截、挂、缠等腿法，配合靠、闪、定、缩等身法，组成技击性较强的攻防技术。其中，"抱、靠、填、粘、卷、提、挎、掸"被称为八大招，此八招是燕青拳法之纲要，简称"八劲"。每个字都有丰富的内涵，不能以一招一式替代，皆蕴含于招数之中，用法灵活多变，每字含八目，共六十四目。基本功练习精熟，技击法自会精深。

图三　燕青拳传承人郭宝申在表演中

  燕青拳技法全面、内容丰富，既有动作缓慢、架势较低、练力练气的架子功（即燕青架子），又有动作较猛的绵掌拳，也有以力为主的虎豹拳与手疾脚快的练手拳，还包括跳跃较多、难度较大的秘宗拳，专练腿功的蹭腿架和燕青十八勾，以"抓、挎、锁、扣、缠、拿"为核心的对练套路，以踢打为主的套环散等。

  燕青拳具有鲜明的技术特征和演练风格，功架端正，架势轻巧；发力充足，勇猛轻灵；拳脚相随，突出腿法；斜腰弯胯，拗步珠行；跳跃连用，节奏明显；起伏悬殊，高低急变；大开大合，虚实相辅，动作紧凑；奔放流畅，快慢相兼，刚柔相济。变化丰富而又体态灵动，既有内家拳练精化气、弧形走转之势，又有外家拳开合舒展、劈打纵跃之态。

  燕青拳文化内涵丰富，从动作名称来看，"仙鹤抵翅""大鹏展翅""猛虎翻身""虬龙得势"等都是以动物的姿态来命名的，体现了燕青拳造型美的特点。把动物的行动姿态通过人的形体语言表现出来，正是燕青拳造型魅力的展现。同时，还有一些诸如"赵云怀中抱太子""翻身刀劈颜良死""回身又诛文丑亡""六郎提枪人人怕"等的招式，向人们传播了历史典故，有助于习练者进入相应的文化意境，加深了民众对历史文化的了解。

图四　燕青拳传人郭宝申教授燕青拳套路

　　从美学上，燕青拳讲究"中和为美"，体现了中国传统的美学主张。"和"强调事物的多样性及其对立统一，"中"强调处理事物矛盾的原则和方法，是实现对立统一的途径。"中和为美"的美学思想对燕青拳产生了极大的影响。例如燕青拳架势轻巧、虚实相辅、变化灵活、快慢有度的功法特点和"慢练功，快练攻"的习练特点就是中和之美的体现，也是姿势美、劲力美、节奏美和结构美的具体呈现。

　　燕青拳的套路演练特别注重一正一反，动静结合，刚柔并济。遇到独立动作要求脚趾抠地，保持平衡，穿手画弧，五弓抱桩。经常练习能够全面协调身体各部分机能，调理经脉，通气血、理脏腑，达到增强体质的健身功效。燕青拳作为中华传统武术中保留相对完整的拳种之一，在近300年漫长而不间断的师徒相授过程中，潜移默化地影响着习练者的品格和修为。

定陶阴阳掌

2016年，菏泽市定陶区的"定陶阴阳掌"被山东省人民政府列入第四批省级非物质文化遗产代表性项目名录。

菏泽市定陶区地处山东省西南部，又名陶丘，优越的地理环境造就了定陶人崇文尚武的性格特征，享有"天下之中"的盛誉。菏泽市定陶区是著名的戏曲之乡、玫瑰之乡、武术之乡，丰厚的历史文化底蕴，孕育出丰富多彩的民间传统武术流派，阴阳掌便是其中代表之一。

图一　定陶阴阳掌内功展示

阴阳掌，是以掌法为主的拳种。它始于宁夏，汉末传入内地，相传为东汉末年西凉名将马超所创，流传至今已有1800余年历史。东汉初期，著名军事家伏波将军马援之子马腾割据西凉一带，与羌族交叉混居。当地民风剽悍，马腾家族世代尚武，善骑射，通摔跤之术，因此马腾及其儿子马超也是勇冠三军、武艺超群。马超承袭家族世代武功并博采众家之长，成为名震三国的西凉公子，更有"三国英雄数马超"之说。为了提高军队的战斗力，马超创编了一套适于训练的拳术套路，并与汉末道教阴阳护法武术相融合，这就是阴阳掌的前身。加之当时西蜀之地受诸葛孔明阴阳八卦学说的影响，征战阵法皆遵循阴阳之法，于是马超融合民间道家阴阳拳术，终自成一家，正式称作"阴阳掌"。

到了清末至今，阴阳掌在中国东部黑、冀、鲁、豫、苏等省得到长足发展。1836年，原籍河南省登封县（今河南省登封市）的阴阳掌大师许保山先生应李微新之邀来到定陶，在姑庵乡付楼村一带收徒传艺，乡间弟子从者如云，阴阳掌从此落地生根，风靡鲁西南。阴阳掌至今仍在菏泽市定陶区姑庵、黄店、天中、滨河街道办事处等地薪火相传、生生不息，焕发着勃勃的生命力，现有弟子门徒近千人。

图二　定陶阴阳掌展示

阴阳掌以中国传统哲学阴阳学说为理论基础，掌法讲究阴阳相合、避实击虚、真真假假、变幻莫测。阴阳掌出拳时，以气催力，"嗨"声如号令，出手快如闪电，让对手防不胜防。阴阳掌重视腿法，练拳先站桩，苦练在腿上，手似两扇门，全凭脚打人。现有拳术、器械、对练套路50余套。

阴阳掌内功掌法以道家"纳阳补阴，采阴壮阳，炼丹守一"等道法作为内功法，天为阳，地为阴，阴阳和合，乃生万物。在精神方面，讲究上武得道平天下，中武入哲安身心，下武精技防侵害。不求外人，自足而富；不求外道，自立而贵。自古武人富贵，便是此理。阴阳掌其精髓就是："外动内静，动中求静，动静兼备，有刚有柔，刚柔并济，练内练外，内外兼练。"

阴阳掌以功法练习为基础，套路设计原理以实用技击为目的，内外兼修，功法练习时配合吃（吸）气聚力，出手发力常伴随大声呼喊，意、气、力共用，威力大增。它阴阳变幻，大开大合，刚柔相济，绵里藏针，站如十字抓地、古树盘根；出手快如闪电，"嗨"声如号令；拧腰送胯，力从腰发；手法步法变幻无穷，虚虚实实，进退有章；内转腾挪，腿法灵活，时而腾跳灵如猿，时而落地如轻燕，动如波涛汹涌，静如山岳难撼，刚柔相济阴阳通，变幻莫测鬼神惊。阴阳掌中的一些动作也能体现其拳术风格，如怀中抱月、黑虎掏心、白蛇吐信、雷鸣电闪、飞龙探爪、勒马长风、气贯长虹、蛟龙探海、顺风扫雪（此招式由马上战法演化而来）……

阴阳掌是富有传统文化和民俗特色的一种传统武术项目，它和我国武术的形成与发展具有很深的历史渊源，对研究鲁西南地区的历史、人文和民俗状况具有重要价值，是传统武术文化的一种重要表现形式。这是历代拳师演习、传承、发扬下来的民间传统武术文化结晶，至今流传有歌诀云："阴阳相生出西凉，变化多端阴阳掌。十字抓地头顶天，身为弓弩拳为箭。"

阴阳掌套路齐全，难易适度，适于老、中、青演练，又具有强身健体、增强体质和技击防身之特点。此外，阴阳掌师徒们还常在传统节庆日、婚丧嫁娶等民俗活动中进行舞狮及套路器械表演，一直延续至今，因而具有了民俗性和民间娱乐性。每年春种秋收之后，人们会集合在一起，拉出刀、枪、棍、棒等器械，披上狮衣，带上引狮绣球，进行演习，来庆贺丰收，表达对丰收的感恩之情。

阴阳掌在《风尘拳术秘录》、故宫博物院藏《军机处录副奏折·农民运动》中都有记载，对研究我国武术的发展具有独特的历史文化学术价值。通过阴阳掌反映出鲁西南地区各种民间风俗，如祝贺、婚丧嫁娶活动和民间礼仪的内容、程序，能进一步了解鲁西南的历史、人文、地理、民俗等方方面面，具有民俗学研究素材的特殊价值。

图三 定陶阴阳掌进校园

武术点穴法

2016年，东明县的"武术点穴法"被山东省人民政府列入第四批省级非物质文化遗产代表性项目名录。

东明县位于山东省最西南隅。这里历史悠久，文化底蕴丰厚，是先秦大思想家庄周的故里，史有"三省通衢"之称。东明县武术点穴法是梅花拳武术武学功法的重要组成部分。自梅花拳第八代传人焦士虎到东明一带传授拳法及武术点穴法至今，已传承十代，有150多年的历史。

武术点穴法是一种武术中的稀传秘技和医学中治疗疾病的手段，是建立在中国传统医学经络理论上的一种技能，具有悠久的历史、鲜明的文化风格与浓重的民族色彩。

据有关资料考证，在少林、武当、峨眉等各大武术门派的典籍中，都有武功点穴的相关记载。在长期的历史发展过程中，历代武术家融会武术技击和中国中医经络理论，逐渐形成了完整的武术点穴法，成为我国历史上一种特有的武术技击法。

武术点穴，又称"打穴"，是运用各种武术手法，结合雄厚的劲力，点打对手身体各经络上的要害穴位，致使对手气血阻塞，产生疼痛、酸软、麻木、昏晕及死亡症状，失去抵抗能力，从而达到制服对手的目的。

武术点穴法不仅是一种重要的武术实战技击方法，还是一种疗疾健身的

图一　武术点穴法动作一

重要方法。它充分发挥武学功法的优势，针对人体不同的体质和病情，灵活运用不同的手法，通过较短时间的点穴发功，达到一次治疗、长期有效的显著效果。武术点穴法经过长期发展，形成了丰富的临床经验，对人体各种疾病均有神奇的疗效。长期习练五行功、混元功等功法，可以舒通经络、调和气血、平衡阴阳，具有防病祛病、健身强体、益寿延年的作用。

　　武术点穴法主要包括内功和外功两个方面。内功为本，外功为用，只有内外兼修，才能领悟和掌握武术点穴法的精髓。其理论基础包括"中医经络学说"和"子午流注学说"。

　　中医经络学说中，认为人与自然界是一个整体，天地万物之间相互承连，息息相通。人与自然界之间要趋于统一平衡，才能保证人体正常的活动功能。子午流注学说是中医学的主要组成部分，是研究人体气血运行的时刻表。自然界的年、季、日、时周期变化，影响着人们的生理、病理相应的周期变化，人体的穴位也在一天中随着气血的循环或打开、或关闭，这就是按时点穴的原理。该学说是点穴技击和点穴治病的一项重要基础理论。

　　师傅在教授徒弟武术点穴法时，要严守三则。其一，平日与人交手不可乱

图二　武术点穴法动作二

点要害穴位。其二，遇到死穴，点时要有分寸，不可冒点。其三，持之以恒，刻苦研练，不可半途而废，困难再大也要坚持到最后，直至学有所成。

习练点穴法要遵循以下几个要领：一要熟悉梅花拳功法；二要通晓中医经络学理论，精悉经络、穴道和气血循行之理；三要深知气血流注与五行、天时的关系，遵循"按时取穴、按窍开穴"的原理；四要熟读并牢记点穴诸诀，即"心与意合，意与力合，力与气合，手与眼合，技与巧合；阴阳归一，五行求本，本为力气；力气之本，仍为气血，气血密依；血为气之母，气为血之帅；气顺血行快，血壮气充盈"；五要增加营养以宜壮血，苦练气功以宜发力。

在中国武术发展历史上，历来都有"武医一家"的说法，武术点穴法就是武术与医学有机结合的重要代表。武术点穴法不仅是一项精深的武术技击方法，而且具有医学治疗和健身保健的显著作用。人体是典型的复杂系统，具有动态性、开放性和涌现性等特征，武术点穴法从整体层次上注重各部位的联系和规律性，利用指、肘等对全身多个重要穴位发功刺激，充分发挥点穴通络及大背治疗法的优势，功力直达肌里，激活气血，打通任督二脉，促使经络通畅，阴阳平衡，达到治愈疾病、强身健体的功效。

武术点穴法讲求实效，遵循传统医学的"虚则补之，实则泻之，寒则温之，热则清之"的医疗原则，所用手法以手指点法为主，配合掌、肘点按，灵活多变。比较常用的有点按法、点揉法、点划法三种。

点按法是用手指点按施治穴位，发功刺激穴位，时间长短及力度要适宜。这是最常用的一种手法。

点揉法是根据患者病情和体质不同，以指或肘对施治穴位前后或左右揉动。点揉法适用于风湿性疾病和大多慢性疾病。

点划法是用双手在相应穴位快速划动，瞬间刺激经络上的多个穴位，以舒通经络，解除病痛。此法多用于头部和颈部保健治疗。

武术点穴法经历代宗师长期艰苦实践，积累了宝贵的临床实用经验，可以广泛应用于临床各科多种疑难杂症的治疗康复。在治疗过程中，要求医患配合，全神贯注，轻重适度；在具体的临床应用中，针对患者不同的体质、疾病及病情的严重程度，医师所取穴位及主次、所用手法及功法轻重也应有所区别，贵在变通，灵活掌握。

长期习练五行功、混元功、九九还原功等功法能够促使人体血液循环、舒通经络、调和气血、促进人体新陈代谢，从而达到防病保健、强身健体的作用。武术点穴法历代传人，经过长年修炼，不但德行高深，而且身体强健，大

图三　武术点穴法动作三

多寿至耄耋，其祛病养生、益寿延年之功用亦被历史所证明。

武术点穴法主要传承人邢银泉，长期致力于武术点穴法的研习、传承和推广工作，全面系统地掌握了武术点穴法的各种功法和技能，并在弟子中选择德才兼备者进行传承。他在应用武术点穴功法治疗疾病方面也取得了一定的成就，使用点穴法在慢性脊柱疾病的防治领域取得了突破性进展，填补了国内外在强直性脊柱炎治疗上的空白。该课题获得了1996年（395号）山东省菏泽地区科学技术进步二等奖，为我国医学事业的发展作出积极的贡献。

武术点穴法在中国传统武术文化中独树一帜，具有悠久的历史和深厚的中国传统文化内涵。作为武术中的一种稀传秘技，它在历代战争中都曾发挥过巨大的作用。武术点穴法凝聚着中华民族的智慧和结晶，作为中国武术文化中的宝贵遗产，它以深厚的中国传统经络理论为支撑，是集功法、技击、养生、健身为一体的综合技艺。在理论、技法和功法等方面具有鲜明的特色，在历史、文化、体育和医疗等方面都有很高的文化研究价值。

洪派太极拳（山东省武术院）

　　2016年，山东省武术院的"洪派太极拳"被山东省人民政府列入第四批省级非物质文化遗产代表性项目名录扩展项目名录。

　　洪派太极拳，指洪叔雨先生所创编，后经太极拳理论家、技击家洪均生先生深入研究传授的太极拳。它是在陈式太极拳的基础上，集其他拳法之长，并融入洪均生先生自己的技击心得创编而成的。

　　洪派太极拳的整个拳法以螺旋缠丝劲为基础，遵照"怎样学就怎样练，怎样练就怎样用"的使用技击思想，在陈式太极拳的基础上深入研究了立体螺旋运动缠丝劲，运用哲学观点将武术提高到武学的境界，将生活中的一切自然动作和实战有效地结合，论述了武学中人的自然力的问题，指明了一个新的研究方向。洪派太极拳主要包括洪派太极拳套路、洪派太极擒拿三十六把及洪派太极器械三部分。

图一　洪均生先生像

　　洪派太极拳从清代传出，至今已有100余年，历经洪叔雨、洪均生等先辈的潜心研究，在第四代传人李恩久先生的带领下，以济南为中心，辐射到世界各地，成为中国传统武术中又一重要拳种。

洪均生，1907年生于河南，幼时因体弱拜入陈氏太极拳第十七代宗师陈发科门下，后奔赴济南谋生，自济南归来深得陈师真传。尤其是陈师晚年对于技击的体悟精粹，对洪均生影响极大。在老师的允许下，他将技击技法融入陈式太极拳的套路中，开创了"陈式太极拳实用拳"，被尊称为"太极魔手"。1944年，洪均生迁至济南市，1951年起在济南市汇泉寺教授太极拳，他最得意弟子有刘成德、孟宪彬等。

洪派太极拳分一路（八十三式动作）、二路（六十六式动作），其运动规律就是四肢与腰裆膝胯相互配合的旋转，又称"缠丝劲"，每一式都做到不丢不顶、刚柔相济、随势而化、随机而进。动作以技击实用为本，行拳缜密、端庄、轻灵、沉着、超逸、含蓄、雍容、自然，缠绵之处见雄浑大气。

洪派太极擒拿三十六把为对练套路，是在太极拳套路的基础上对于每一式实用技法的对打练习，强调实用，有打有破，讲究稳、准、狠、快。洪派太极器械包括太极剑、太极刀、大枪、鞭杆、朴刀等，功法主要有中定荡力桩、双人盘手、缠丝功、八纲劲实战功法等。

云手又称画圈，是洪派太极拳的基本功。它是在半马步姿势练习腰裆劲的基础上单手画圈，分正云手（正旋）圈、反云手（反旋）圈两种。主要是通过单式的练习，使练习者的手、眼、身、法、步、精、气、神、力、功等基本功得到锻炼与提高。

洪派太极拳朴实大方，注重实用，技击性强，在太极八法——掤、捋、挤、按、采、挒、肘、靠的基础上，增加了抹、搂、撩、劈、钻、崩、翻等在螺旋缠丝基础上衍生出来的技法，且注重手、眼、身、步的相互螺旋缠丝配合。

手法要求掌心微凹，大拇指

图二　洪派太极拳手法展示

内收贴食指，其余四指放松，以中指为轴，食指后仰，无名指、小拇指微内收，呈螺旋钻头状，目的是使劲力能够放长，在运动中时刻注意手法的逆缠、顺缠。眼法分为左顾、右盼两法。身法讲究中正安舒。步法上除虚步、马步、弓步等外，还在立体螺旋缠丝基础上衍生出左右偏马步、前后虚步。步法要求提膝擦地前行，前行是多以脚跟内侧着地，贴地面擦出；退步时多以前脚掌拖地而退，其目的多是为了加大脚步与地面的摩擦力，增加人体与地面的作用力与反作用力，便于练习中配合腰裆膝胯的螺旋缠丝转化，便于发力。脚法有踢、蹬、踹、劈、扫、跺、套、衬。

洪均生在其《也谈四两能拨千斤吗》中说道："太极拳也似散手，追求快灵巧，太极拳可以是以巧维护，四两拨千斤，然巧自然是需要快和灵的，是需要符合力学规律的，切不可乱灵乱快。"这正是洪派太极拳的一大特点。

洪派太极拳以技击性强闻名于世，各代宗师十分注重其技击与实用性的研究，尤其对其根本——立体螺旋缠丝劲进行了全面深刻的探讨，系统科学地归纳了顺、逆缠法的基本规律，并以"公转说""自转说"创造性地论述了拳法中身体四肢立体螺旋运动的关系。同时强调动作方向、角度的精密配合以达到身体的随遇平衡，以及精拿巧化的内中奥妙，并对业界争论已久的"双重"问题，提出本门派的看法和见解。

图三　太极拳展示

为了更好地传承洪派太极拳，各代传人不遗余力地编纂相关书籍，如洪均生的《陈式太极拳实用拳法》《学拳回忆录》、李恩久的《洪均生陈式太极拳全书》、李宝廷的《陈发科太极拳技击讲堂》、黄康辉的《陈式太极拳体用全书》、李储功的《实用太极拳对练》、蒋家骏的《洪均生陈式太极拳——陈式洪架太极拳法传真》《太极拳师门对话》及《六十年学拳讲习录——洪均生和蒋家骏两代人的太极之路》三部曲、鞠传德的

《洪式太极拳功法》等。

洪派太极拳发展至今，倾注了历代宗师的心血及智慧。它融会了中国古典哲学、医学、武学、人体力学，遵循道家太极阴阳学说，吸收了佛家、儒家思想，动作刚柔相济，虚实分明，劲力周身一家，浑圆一体。它以人体运动力学为依据，以实战求真为宗旨，具有哲理深厚，遵循人体运动力学，实用性广泛及健身养生四大特点。它内外兼修，全身各法运用协调，精气神高度统一，形成了独特优点的拳学体系。

孙膑拳（淄川）

2016年，淄博市淄川区的"孙膑拳"被山东省人民政府列入第四批省级非物质文化遗产代表性项目名录扩展项目名录。

中华武术博大精深，源远流长，古往今来涌现了一大批武学名家，孙膑便是其中之一。他独创的孙膑拳是中国稀有的古老拳种，地方特色鲜明，历经2000余年传承至今，尤其在淄博市淄川地区传播甚广，积累了深厚的群众基础。

孙膑，战国时期齐国人（今淄博临淄），兵圣孙武之后代，曾在淄川梓橦山拜鬼谷子为师学习兵法。学成出山以后，因受到同窗庞涓妒忌而遭迫害，遂投奔齐国并被齐威王任命为军师，从此开启了自己传奇的一生。他两次辅佐齐国大将田忌击败庞涓，取得了桂陵战役和马陵战役的胜利，继而奠定了齐国的霸业。我们所熟知的《田忌赛马》的故事便是孙膑巧妙运用"策对论"的结果。

孙膑于魏国受辱，在被使臣带回齐国途中，每见一物一形便创作一式，根据鬼谷子天文历算，用一年的时间独创了360式拳法。因当时人们穿的衣服袖子长而被称为"长袖拳"，又因打拳时动作幅度大、开合明显，也叫作"大架拳"。孙膑在任齐国军师期间，两次战役使其威名远扬，随后功成隐退。后齐威王召大夫，述"兵法"、演"技击"，收天下之豪杰，开展"春秋角试"

（打擂比武），把孙膑创编的拳术在齐国上下推广，并将此拳术改名为"孙膑拳"。自此以后，齐国掀起了习练"孙膑拳"的热潮。

千年来，此拳以形传、口授之法传承。到了清朝末年，山东临清艾寨人张友春得名师指导，传授孙膑拳，后又传于山东阳谷县人杨明斋。因此，张友春被后世尊为第一代传人，杨明斋为第二代传人。淄川地区孙膑拳的主要传承人高作霖便师从杨明斋。

1914年，高作霖被推荐到山东武术传习所（时为镖局培养专业人才之处）专业学习武术，因此结识了杨明斋等武术名师，并前往青岛齐燕会馆拜杨明斋为师，专心学习孙膑拳。后来，高作霖回到祖籍淄川务农，利用闲暇时间教授村民武术，培养了弟子高峰、高庆厚、韩克峰等人，使孙膑拳在淄川地区广泛传播。

孙膑拳整体动作优美大方，简洁实用，既适合个体演练，又适用于集体表演，主要内容包括母架三十二手、小架六十四手、大架九十六手、中架一百六十八手、孙膑拆、三十二手对练、孙膑拐等。腿法有截腿、弹腿、挂腿、踹腿、蹬腿、踩腿等。拳法要求拧旋寸打，冷弹蹦砸。在套路上，孙膑拳要求手手相连，技击动作往往连发，鲜有单击动作，给人以轮拳滚打的感觉。

图一　1982年，高作霖在淄博市淄川区第二届武术比赛上应邀表演醉八仙

图二　高作霖在家中教授王林孔孙膑拳

孙膑拳的套路数段中每段都有重叠动作，此乃"一招不成，再来一招"的打法。

孙膑拳拳法以组合形式为主，每一手即为一个用法，三百六十手之间能互相串联，近时可以组合连击。出拳时要求拧、绞，缠螺旋劲，旋臂出拳，出拳"走曲不走直"，曲中求直，攻中有防，防中寓攻，看似偏离，击中点却非常准确。"孙膑步"左晃右移，走弧走圆不停，时刻保持侧身对敌。要抢占站位角度，利我而不利于敌，一触即发，一发就到，一点就胜。常以动作迷惑对方，有真有假，有虚有实。演练中要求内外相合，形意相通。

对敌时高不架、低不压、左不封、右不闭，来啥打啥。身法要求侧身打、立身招，闪转腾挪；击法要求空、诳、虚、实、晃、速、巧、绵、软、小。

搏击时要抬拳不留情，踢腿不让步，一拳不到二拳跟，三拳四拳齐进身，起手三不让，出溜出溜（拟声词）往前上，三节胳膊两节腿，蹒跚步子催跟急，前进后退蹒跚移，神态自若心里记，左摇右摆找战机。

"蹒跚步""象鼻拳""瓦楞掌""长袖拳"是孙膑拳的主要特色。蹒跚步也叫"孙膑步"，练习时两大腿藏裆相夹，一膝顶住另膝之内侧，双足呈"T"形，类似瘸腿者支撑而立，这种步子缩小了迎敌面积，且形成了一个稳固重心的三角形。孙膑拳打法以寻经点穴的点法为主，故创出握拳后突出中指中节骨的拳型，中指中节骨宛若象鼻之握紧，坚实而突出，故称"象鼻拳"。有拳谱云："手似卷金中指突，寻穴先习技划路，摔打擒拿高低断，不如象鼻拳一点。"瓦楞指屋顶上的瓦片相交接而隆起的部位（也称瓦垄），因孙膑拳多用挑、劈掌法，手指并起形似瓦楞，因而称之为"瓦楞掌"。孙膑拳练"三节胳臂"讲究松肩抖腕，放劲若猿臂。练拳者一般衣着大襟长袍或短

图三　孙膑拳传承人集体演练孙膑拳

衫，皆为宽袖，放劲时力贯袖梢，发出布帛撕裂之响声，因此孙膑拳又被称为"长袖拳"。

为保护孙膑拳这项古老拳法，2015年5月，传承人在淄博市淄川区正式成立了孙膑拳研究会，组建教练队伍，有组织地开办孙膑拳培训班，吸纳新生力量，极大地丰富了传承人队伍，为孙膑拳的发展注入新鲜血液。近年来，孙膑

图四　传承人高峰在"2013中国体育文化·体育旅游博览会"展示孙膑拳

拳在诸多传承人的带领下，积极参与省级、区市级民间艺术演出活动，为基层群众送去温暖，丰富了他们的精神文化生活。除此之外，孙膑拳还斩获了多项大奖，既彰显了它良好的使用价值，也是业界对于孙膑拳的认可。

孙膑拳创立之初，不只是为了强身健体、演示娱乐，在冷兵器时代，拳术是一种用于攻击、防卫的实用而有效的方式。此外，孙膑拳由于动作简洁大方，再配以长袖，表演起来既有古风色彩，又不失现代之美。其内容丰富，变化无穷，适应人群广泛，集观赏性和艺术性于一体。

孙膑拳融合了孙膑兵法的战略、战术思想，历经几代大师的传承和齐文化的熏陶，具有很高的研究推广价值。我们从"长袖拳"的别名中也能感受到，该拳术作为一种载体，使古老的齐文化与后人的强身健体紧密结合，并不断发扬光大。

洪派太极拳（张店）

《易经》有云："太极生两仪，两仪生四象，四象生八卦。"此乃"八卦阴阳学说"，是古人最早的基本哲学概念。练武者通过参透易学的阴阳五行之变化，结合中医经络学和古代的导引术、吐纳术，在儒道辩证理念的熏陶之下，修炼自身，太极拳便由此应运而生。因其拳法变幻无穷，故以"太极"这一能够阐述拳理的哲学理论命名，具体分为用于比武的太极拳、用于体操运动的太极操和太极推手，以其柔和、缓慢、灵巧的特点吸引了诸多目光，成为"以柔克刚"的典范。它于近代形成，又分化出众多流派，各派之间既有传承，相互借鉴，又各有所长，呈现出"百花齐放，百家争鸣"的姿态。

洪派太极拳便是太极拳门派中极具生命力和凝聚力的一支。它是一代太极大师洪均生博取各派太极拳所长，特别是在陈氏太极拳的基础上，通过揣摩、创新和升华，形成的太极拳实用拳法理论体系和实用套路，故称之为"洪派太极拳"。

1907年，洪派太极拳创始人洪均生出生于书香世家，自幼颖悟过人。幼年时随其父寓居京城，由于体弱多病，父亲从小就让他学习各类武术套路，以强身健体，这也为他日后学习并创新太极拳打下了良好的基础。1915年至1944年间，洪均生在北京师从陈发科先师学习太极拳，经过刻苦练习和揣摩，渐渐领悟了太极拳之奥义。自1940年起，他开始对外传授自己的拳法，学生逐渐遍及全国各地，甚至有国外友人慕名前来，使这一武术瑰宝开始走出国门。洪派太极拳在每代传承人的共同努力下不断开枝散叶，弟子规模逐渐扩大，涌现出李玉福、杨石勇、刘卫东、侯新博、郝博等人。

洪派太极拳这一传统武术项目主要分布在以淄博市张店区为中心的省内各地市及山东省周边地带。淄博是齐文化和蒲文化的发源地，"齐国故都"临淄、"聊斋故里"淄川就坐落在这里，中心区域张店区属于龙山文化、大汶口文化的蔓延地带，历史源远流长，文化积淀深厚。齐鲁大地具有历史文化与现实文明相融合的特殊人文与地理优势，正是这种特殊性，促进了洪派太极拳的发展。

洪派太极拳区别于其他太极之处，首先是手法的公转与自转，公转的正旋、反旋，自转的顺逆以及腿部缠法的具体要求不同。洪均生对"无过不及，差之毫厘，谬以千里"的界限和要领进行了进一步诠释。他经过实践研究后发现，双重之病为前手前足同实，纠正了太极拳界一向释双重为马步的错误，阐明了陈氏太极拳未能解决的问题。其次提出眼法上也有虚实顺逆之分，并主张

图一　1993年，洪派太极拳创始人洪均生先生（第一排）生日当天，众徒弟和广大洪派太极拳拳友合影留念

目视固定目标，改变了原来练拳时眼随行运且不实用的眼法。洪均生还明确了洪派太极拳的式名、动作着法、要领以及"对缠法""明三节"，形成了独特见解，据此编写了《太极拳实用拳法三字经》《太极拳品并序》等，为后人练习太极拳提供第一手参考资料。

洪派太极拳动作内容主要有金刚捣碓类、拦擦衣类、六封四闭类、单鞭类、白鹤亮翅类、搂膝拗步类、初收倒卷肱类、掩手肱捶类、十字手类、背折靠类、三换掌类、闪通背类、云手类、高探马类、左右插脚蹬脚类、跌岔类、独立类、各种肘类、斩手类、翻花舞袖类20个大类。套路分为一路（八十一式）、二路炮捶（六十四式）和推手等，突出养生、强健体魄，以及防身、技击的统一，谓之"体用兼备"。习练时侧重下盘，体松、舒缓、连贯，谓之"刚柔相济"。长期练习洪式太极拳不仅能强身健体，还能调养气息、放松精神、延年益寿。

洪式太极拳与淄博地域民俗生活紧密相连，且兼容并蓄、包容创新，在发展流传过程中借鉴吸收了诸多太极拳成果，逐渐形成了自己的风格。拳法运用自如，神乎其神，外柔内刚，精巧轻灵，宛转含蓄，缜密缠绵，自然雍容，外示处女之秀，内含金刚之坚，不着意于大开大合，奔腾雄壮。

洪派太极拳内在价值突出，通过拳式、拳机、拳理、拳法，融会并传承了中国古代圣传文化。其人体造型之艺术感呈现极致，至高境界是"文武双修"和"先德为正"，所蕴含的武德价值观完全契合现代文明，以后或将成为山东省打造地域文化品牌，提升城市软实力的重要桥梁。

图二　2014年，洪派太极拳第二代传承人孟宪彬和第四代传承人杨石勇共同为淄博市致远洪派太极拳传承保护中心揭牌

图三　淄博致远洪式太极拳传承保护中心第六期培训仪式

图四　2015年10月，应邀参加淄博市演武大会并荣获二等奖

图五　洪派太极拳第四代传人杨石勇正在指导学生洪派太极拳动作

在传承人的共同努力下，2008年，淄博玉黛湖洪氏太极园建立。2014年冬，淄博市致远洪派太极拳传承保护中心建立。以李玉福、杨石勇为代表的洪派太极拳传人在潜心研究洪派太极拳理论与实践的基础上，积极谋划洪派太极拳的传承和发展，免费为学员提供教材、录像教学片和统一的服装，并依托张店区潘庄社区文化中心广场培训基地，举办洪派太极拳免费义务培训班八期，累计已培训学员2 000余人。近年来，保护中心还先后出版印刷了《洪派太极拳实用拳法》《洪派太极拳品并序》《洪派太极拳之推手》《洪派太极拳的步型》《洪派太极拳三字经》等书籍，为普及洪派太极拳提供了第一手资料。

据了解，淄博市致远洪派太极拳传承保护中心今后还将对洪派太极拳这一中华传统武术文化瑰宝进一步研究、挖掘、传承和保护，扩大传承基地规模，培养传承队伍，使之发扬光大，惠及大众，为实现伟大的中国梦贡献力量。

螳螂拳（海阳）

　　2016年，海阳市的"螳螂拳"被山东省人民政府列入第四批省级非物质文化遗产代表性项目名录扩展项目名录。

　　海阳市地处胶东半岛南翼，居烟台、青岛、威海三个开放城市的交通节点中心，因地处黄海之阳而得名。

　　根据螳螂门内的传说，螳螂拳为王郎所创。但王郎是何时何地人，以及其生平事迹和创拳经历，都没有史料依据。关于王郎的记载，唯有清朝道光、同治年间螳螂拳集大成者的梁学香先生，在其1852年所著的螳螂拳谱《可使有勇》中写有："昔者王郎老师，作为分身八肘、乱接、秘手，但论虚实刚柔，其妙无敌。"但此说无旁证，因此不足为史料依据。

　　而据《海阳县志》记载："李秉霄祖居大嵩卫，后徙莱阳县，清嘉庆初年外出学艺成名，重返海阳，螳螂拳遂传入县境。"可见，螳螂拳自清嘉庆初年由李秉霄传入海阳，至今已200余年。经过海阳人民的不断创新、传承，海阳螳螂拳已经成为最能体现海阳传统文化风貌和特点的文化品牌。螳螂拳在海阳分布很广，据普查，全市732个行政村，练习螳螂拳的村占65%，且主要分布在徐家店、发城、朱吴、盘石小纪等镇。

　　李秉霄成艺后，传授给莱阳人赵珠，赵珠又传授给海阳人梁学香。梁学香勤奋聪颖、吃苦耐劳，他只用3年多的时间，就秉承师艺，代师授徒。1985年

图一　2018年6月，海阳螳螂拳参加文化和自然遗产日展演活动

版《海阳县志》载："……梁学香拳术功底深厚，有创新精神……梁从各个套路和单手动作中取其精华，创编成'摘要'，使螳螂拳进一步发展提高。"

梁学香40多岁开始收徒，改单传为广传。在他的极力推广下，螳螂拳在海阳、莱阳、栖霞一带迅速推广。后梁学香游走山东烟台、济南，北至北京一带，堂号为"德顺堂"，亲传弟子若干，其中著名弟子十余名，包括梁学香之子梁敬川、海阳朱吴杨格庄人孙元昌、海阳北石河村人修坤善、莱阳县黄金沟人姜化龙、烟台初家庙后人郝宏等。经过几代人的努力，螳螂拳成为烟台地区最具代表性、最有影响力的优秀拳种，并广为传播。

螳螂拳以八刚、十二柔为其手法特征，长短起落，刚柔相济，既健身强体，又自我保护，男女老少均可练习。海阳螳螂拳形成初期，拳术套路只有崩扑、乱接、分身八肘和一些秘手。后经传人梁学香多年研究，把李秉霄的螳螂拳"摘要"分成六段，自己又创编了第七段，堪称螳螂拳之精华。除此之外，还有大翻车、梅花路、白猿偷桃、梅花单摘、梅花奇要、封抹圈等20多个传统套路。

器械有螳螂门刀、螳螂剑、六合棍、六合枪、封抹棍、梅花枪、拾八枪、五虎群羊枪、虎头双钩、春秋大刀、斩马刀、九宫三环刀、单刀、双刀、纯阳剑等。内功修习法有神仙起居法、三回九转罗汉功、易筋经、八段锦等。

　　海阳螳螂拳拳法紧凑，刚柔并济，长短兼备，上下交替，内外连接，变化莫测，手法、步法、腿法、身法密连而巧妙，稳健而灵活，并且活中具快，快中具稳，动作刚而不僵、柔而不软、脆而不弱、快而不乱，发力快速准确。《衣钵真传》中的"短打紧要"：进退虚实，蹿跳出入，闪转腾挪，开合收闭，长短起落，刚柔硬软。手法纲目有：翻车辘轳捶、六六三十六、八打八不打、八刚十二柔、七势集连拳、总是十八凑、全身十二捶、闪赚双手扣。海阳螳螂拳有"七长八短"之说，其劲路与众不同，亦有"传拳不传劲"之说。

　　海阳螳螂拳拳法中贯穿阴阳、虚实、刚柔的理论，使螳螂拳具有"螳螂之体（太极手、寒鸡步、猴式）""螳螂之式（手如蜻蜓点水、身如蝴蝶穿花、不动如泰山、动如闪电、手法如雷、雷如霹雳）"的基本特征，拳法讲究刚柔相济，手法灵活多变，多以展、采为主，结合"五合、三催"，运用自如，可以用于搏击外侵，保护自我；也用于技击，实战威力极强。

图二　2018年7月，海阳市举办2018"金大门业杯"第四届中国海阳螳螂拳国际武术节海阳螳螂拳发展传承研讨会

　　以"崇尚武德"为首要准则、以"强身健体，除暴扶弱"为根本宗旨的海阳螳螂拳历代传人，为社会的进步、人民的安宁做出了巨大贡献，为世人所敬仰。练习海阳螳螂拳可以训练上肢各关节的伸缩能力，使肌肉和韧带得到全面锻炼，还可以训练腰、胯及大腿肌肉群的力量、韧性及灵活性。螳螂拳中的玉环步较之弓步、马步等步型的负荷量大，可增强腿部肌肉的耐力、弹性和力量，从而使身体各部分全面协调发展，还可延年益寿。

　　为更好地传承、保护与发展海阳螳螂拳，每年的全国文化和自然遗产日，海阳市非遗保护中心都积极组织海阳螳螂拳参加省、市的非遗展演活动。尤其是近几年文化和自然遗产日在海阳市举办的大型展演活动中，螳螂拳都作为必演项目亮出了自己的绝活，让更多的海阳市民领略了海阳螳螂拳的巨大魅力。近年来，海阳市非遗保护中心还开展了螳螂拳进校园系列活动，与海阳市轻工艺术小学、亚沙城小学等学校合作，定期对小学生进行螳螂拳知识讲座、螳螂拳表演教学、螳螂拳技能教学，并且成立了学生螳螂拳队，这使海阳螳螂拳受到越来越多青少年的认可和喜爱。

图三　2017年4月，海阳螳螂拳走进海阳市轻工艺术小学

海阳螳螂拳作为螳螂拳的一支，其传承与发展不仅有利于优秀武术文化的传承，更能在挖掘和整理的过程中，不断完善我国传统武术文化的理论体系和研究方法，为探究中华传统武术深层的历史价值、文化价值以及在当代的应用价值提供了良好的素材和经验。

图四　2017年5月，海阳市非遗保护中心举办海阳市中小学体育教师螳螂拳教练员培训班

查　拳（任城）

　　2016年，济宁市任城区的"查拳"被山东省人民政府列入第四批省级非物质文化遗产代表性项目名录扩展项目名录。

　　济宁任城区是鲁南经济带重要城市济宁市的核心区，古运河、京杭大运河从区内流过，素有"中国运河之都"的美誉。这里历史悠久，文化深厚，古迹众多，周边名胜云集，太白楼、铁塔寺等久负盛名，唐代大诗人李白曾寓居于此23年，有"天下汉碑半济宁"之称。

　　山东的济宁任城区和聊城冠县是查拳三大流派的主要发源地，其中，济宁任城区的李氏查拳是最早形成的一支流派，主要分布在越河两岸、小南门、南菜市、柳行村、微山、汶上等回民居住的区域。山东的济南、枣庄以及河南等地，也有很多人练习此拳术，至今名师辈出，高手林立。

　　据《李氏族谱》记载，在唐朝安史之乱时，大食国曾经派3 000名回纥兵助唐平乱。李氏先人"阿里巴巴"（阿拉伯语）领兵参战，平乱后在长安居住，子孙繁衍、世代相传。明洪武二十七年（1394年），李氏家族由长安迁居山东，后来定居在任城，也就是现在的越河街道白家胡同。李氏家族世代习武，是任城最早传授拳术的，人称"阿里拳"，也称"叉拳""插拳"，即如今的"查拳"。"任城李氏查拳"因而得名，并在济宁广为流传，距今已有600多年的历史，且享誉海内外。

图一　传承人刘士新在运河畔宣阜巷查拳传承基地进行
查拳教学

到了明朝末年，倭寇经常侵扰中国东南沿海，明帝命戚继光为抗倭大将，并诏书天下，聚兵东征，抗倭保国。新疆回族查密尔（尚义）应征东来抗倭。但是由于路途遥远，气候多变，经鲁西时不幸染病。后经当地回族人民的精心照料，逐渐康复。为报答关照之情，查尚义将自己的武艺悉心传授给回族乡亲。查尚义逝世后，人们便把他传授的武艺命名为"查拳"。而滑拳乃是他的师弟滑宗歧所传，故有"查滑不分"之说。

经过长期的发展演变，大约在清朝乾隆年间，又在冠县形成了张氏、杨氏两个查拳技术流派，故有任城李氏、冠县张氏和杨氏三大查拳技术流派的传承。任城李氏查拳舒展而紧凑，一动无不动，一静无不静，动静相宜，虽静欲动，内外合一，形神兼备，刚劲有力，招式连贯。因此，民间谚语云："学会十路查，打遍天下都不怕。"任城李氏查拳以李恩聚为代表，尤其精通查、滑、炮、洪、腿拳。冠县张氏查拳，快速敏捷，以张其维为代表。冠县杨氏查拳，舒展大方，以杨鸿修为代表。

李恩聚精于技击，清光绪三年（1877年）曾被河标营录为营官，后因种种原因辞官回家，在父亲李振基的大力支持下，离家寻师访友，增进武艺；清光绪十五年（1889年），李恩聚在任城开设锦源公镖局；晚年，应小他12岁的霍元甲之邀前往上海精武体育会任教，把查拳传至上海及全国各地。在此期间，李恩聚曾在全国武术擂台赛中获奖。1928年，71岁高龄的李恩聚再次参加国考，被授予"勇士"称号，为李式查拳的弘扬与发展做出了重大贡献。

图二　传承人刘士新在运河畔宣阜巷查拳传承基地习练查拳

查拳的套路功法全面，技击特点是重腿法、多摔法，以十路弹腿为基本功，综合其腿法可归结为14个字：踩、弹、踢、踹、泼、扫、勾、挂、排、缠、点、撩、截、拐。其风格舒展而紧凑，一动无不动，一静无不静，动静相宜，快而不乱，虽静欲动，内外合一，既有利于广大群众练习和传播，又能强身健体、防身自卫，是历代先师在实战搏击中总结经验、不断完善演化而来的。由于实战性强，很多查拳门人都在当时朝廷做过武官或开过镖局。任城李氏查拳以言传身授的方式传承，提倡"习艺尚德、学拳明理、艺德并举"，李氏查拳第三代传人李振基曾跟随清朝名将僧格林沁到大沽、天津抗击英法联军；第四代传人李恩聚与著名爱国武术家霍元甲相识后共创上海精武会；第五代传人李龙彪曾赴东北参加抗日义勇军，后任国民革命军武术教官，培养了无数抗日战士；同是第五代传人的李瑞彪，受上海精武总会委托派往新加坡，任南洋精武体育会武术总教练；第六代查拳传人王强在继承先人传统套路拳法的基础上加以改进，将拳法套路刻成光盘以传徒授艺，上海精武会武馆练的就是王强整理的查拳套路，很多武术老师也都是用这套光盘去教学。

查拳有李家棍、五虎群羊棍、三义刀、八卦刀、精武八卦刀、双刀、关公大刀、铲、少林棍、二路枪、三彩剑、钩、镧、镗、查钩二路、查刀四路、查枪六路、查棍二路、查镗十二路等器械单练套路，四路查拳对打、鲁八杰对打、康八腿对打、板塔铐子对练、单刀进枪、朴刀进枪、双钩进枪、大铲进枪、对扎中平大枪、对劈刀、对刺枪、镗进枪、双刀进枪、朴刀进枪、棍进枪、空手夺刀等器械对练套路。

查拳的套路功法全面，有利于广大群众练习和传播，既能强身健体，又能防身自卫。查拳既可单练，又能集体练习，适合于在校园内开展，能培养学生吃苦耐劳、敢于拼搏的精神。

查拳是一种传统的套路，历经数百年的沧桑，经得起考验，它的技击特点突出，以抓、拿、摔、跑、走、飞、打、轰、踢、弹、排、跺、蹬为要点，是其他拳种不可比拟的。

为扩大查拳影响力，此前曾举办"非遗项目展示、展演""非遗进校园"等活动。还计划通过开办武术场馆，组织查拳传承人参加有关传统文化论坛、义演活动，印刷出版查拳图书，组织查拳传承人积极参加武术比赛等措施，提高查拳的知名度。

图三　传承人刘士新在运河畔宣阜巷查拳传承基地习练查拳

张鲁查拳

2016年，莘县的"张鲁查拳"被山东省人民政府列入第四批省级非物质文化遗产代表性项目名录扩展项目名录。

　　查拳是中国传统武术中的优秀拳种之一，由查、滑、洪、炮、腿等组成，在武林天地中有"南拳、北腿、山东查"之说。张鲁回族镇地处冀、鲁、豫三省交界处，是全省5个少数民族乡镇之一，是聊城市唯一的回族镇，也是继冠县后，习练查拳最早的根据地。张鲁回族镇的张鲁查拳历史悠久，传承谱系清晰，"喝了张鲁水，就会踢趟腿"，充分说明了张鲁查拳的深厚底蕴。

　　张鲁查拳在明清时期就已流行，据说由新疆回族人查尚义的姓氏命名。查尚义原名查密尔，当年倭寇侵扰沿海各地，明政府下令，征集义民抗暴御敌，查密尔请缨东来，后来留在鲁西一带传授技艺。当地人为了纪念他，将他传授的武术命名为"查拳"。师传记载，清中期时，一代宗师李老崇授予张鲁蔡常青（武举人），才使查拳在张鲁和周边地区发扬光大。

　　张鲁查拳基本套路包括十路查拳、三路滑拳、三路炮拳、四路洪拳、两路腿拳，器械有刀、枪、剑、棍、大刀、梢子、三节棍、月牙铲、双头枪等。查拳动作采用了5种动物的形象特点演练，即龙、虎、蛇、鹤、猴，演练时强调手、眼、身、法、步和精、神、气、力、功的协调配合，称之为"六合"，即"内三合"与"外三合"。"外三合"即手与足合、肘与膝合、肩与胯合，

图一 张鲁查拳

"内三合"即神与意合、意与气合、气与力合。查拳中的攻防动作都表现在踢、打、摔、拿中，运用时要掌握十字要诀，即缩、小、绵、软、巧、错、速、硬、脆、滑。展现形式有实战搏击技术、套路、器械、对练等部分。演练查拳能够强筋骨、增体力、调气息、除疾病，全面提高身体素质，已成为一项集技击、养生、健身与艺术相结合的最佳体育项目。

张鲁穆民对查拳情有独钟，把习武看作是圣行。明末清初，查拳在张鲁就十分盛行。据师传，蔡常青文武全才，艺高技精，考中武举后，在家乡培养出众多查拳精英。如马宪龙，他功夫深厚，做过镖师，在南京时路见不平，为当地百姓铲除恶霸；其再传弟子杨兆吉曾帮助官府捉拿江洋大盗金大力，用鹰爪功使其就擒，得到官府的奖赏。

张鲁另一支查拳传承，来自黄派查拳宗师黄丙（明）星。黄丙星为邱县陈村人，与民国查拳大师马永贞是同村人，是马永贞的前辈。黄丙星与冠县查拳大师张乾是表兄弟，黄丙星自幼住在冠县张乾家，一起拜查拳宗师李老崇为师学艺，两人练功都十分刻苦，功高精深，但由于年轻气盛，互相之间都不服气。有次在清真寺练完功，两人发生了争执，张乾一腿踢向黄丙星，黄丙星侧身一闪，张乾踢在墙角上，把砖角踢下一块，黄丙星就此离开了冠县。后来黄丙星应邀成为两江总督马新怡的保镖。因看不惯清政府的腐败，黄丙星后又去了河南、安徽等地传授查拳，成为有史以来在外传承查拳最早的查拳大师。而后又应张鲁同门师兄蔡常青的邀请，在张鲁李家大户传授查拳。

东街查拳大师杨学德是冠县查拳大师张乾的学生，其武功高强，远近闻名，人称"杨武老师"。1871年，应东昌府（今聊城市）武林人氏邀请

图二　张鲁查拳传承人

传授查拳，至今已有150多年历史。杨鸿修是杨学德的侄子，后居冠县，功夫精妙，技术全面，应邀在山东济南、上海等地传授查拳，在济南马良部队任教时，曾击败前来挑战的一位武林高手而名声大振。沧州千斤神力王王子平、上海名师马金镖等都是杨鸿修的学生。杨鸿修对查拳有所创新，有十路埋伏锤、对四十八棍等，并自成一派。

为了挖掘发扬古老的民族文化，张鲁查拳第十四代传人郭连成，刻苦学习，先后在各位老师的精心培养和指导下，系统地掌握了查拳的套路和精髓。为了推动查拳的传承与创新，他成立了莘县查拳协会，建立了查拳传习馆。查拳协会每年举办武术交流会，邀请国内拳术专家前来切磋技艺，在周边县市拥

图三　传授张鲁查拳

图四　张鲁查拳演出

有较高的知名度，不少高校的学生都曾慕名前来张鲁查拳传习馆观摩学习。2016年，郭连成参加了在韩国举办的武术交流会，获特等奖。还应中央电视台的邀请，参加了黄山论剑的视频录制。查拳协会与张鲁回族小学、刘庄小学、莘县翰林学校、莘县消防队等单位建立了长期合作关系，为"非遗项目进校园""非遗项目进机关"活动做出了表率。

查拳技术包罗万象，它是经过历代拳师近千年的实战经验，用套路形式汇集总结出来的。它犹如一部技法词典，内容丰富，功法全面，是不可多得的艺中精品。张鲁是名副其实的查拳发源地之一，历史悠久，人才辈出。张鲁查拳汇集了各派代表性查拳传人的精华，风格独特，别具一格，流淌着各位查拳宗师的血汗，值得保护和尊重，并弘扬光大。

东阿二郎拳

2016年，东阿县的"东阿二郎拳"被山东省人民政府列入第四批省级非物质文化遗产代表性项目名录扩展项目名录。

东阿是中国著名的养生福地，被誉为"万户喜鹊吉祥地，千年阿胶福寿乡"。历史上，此地民间习武之风极盛，名家辈出。早在明清中后期，就村村设拳场，人人练武艺，江湖上传有"好拳不打铜城""镖不喊铜城"的说法。在东阿县民间流传着二郎拳、孙膑拳、大小红拳、形意拳、八卦掌、燕青拳、少林拳、猴拳、猿功拳等拳种及各种器械，尤以"二郎拳"家喻户晓，流传古今。

据《老拳谱》记载和东阿二郎拳老拳师口传，东阿二郎拳起源于明朝洪武年间，盛行于明末清初，距今已有600多年的历史，属于少林派系、外家拳、长拳类。当时东阿武师高氏将本地的两人搏斗技击术与少林武僧相传的一种传统拳法融会贯通，并在此基础上创编二郎拳套路"四门斗""调膀连环捶"等。因该拳术以二人对练为主，且在当地男子称为"郎"，又始创于东阿，故称之为"东阿二郎拳"。

东阿二郎拳内容丰富，技法全面，各有特点，相互补充，形成了招式多变、灵活敏捷、攻防兼备、风格独特的拳法，经久不衰。东阿二郎拳技击性比较强，练起来比较刚猛，手脚并用，招式相连，一气呵成，动作舒展。二

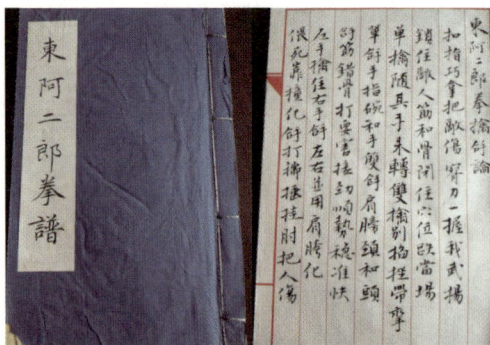

图一 《东阿二郎拳谱》

郎拳区别于其他拳种之处在于，其可放长击远，近打一寸，进攻时踩边门为主，猛打快攻，以勇见长，动作较大，大开大合，有"练洪拳的穿衣裳，练二郎的光脊梁"和"二郎拳大架子"的说法。

东阿二郎拳主要内容体系由基本功法，套路架子，器械，短打擒拿、摔跌法，硬气功、拍打功、打桩法，点穴大拆大卸、接骨拿环6部分组成。另有外武场和内武场之说。外武场即基本功法、套路架子和器械，属于普遍教场教习、外门弟子练习的武艺；内武场即短打擒拿、摔跌法、硬气功、拍打功、打桩法，点穴大拆大卸法，属于亲传弟子学习的技艺。

二郎拳拳法动作迅猛，练起拳来技法攻如风，刚猛有力，爆发力强，威猛雄浑，朴实无华，气势磅礴，"震脚如闷雷、击掌如爆竹"，旋臂出拳，抖膀发力，砸实腰眼，挺起胸脯，以鞭锤震脚居多，发力迅达，运动量较大。每趟单练套路都能对练，还能拆招实战，有侧面上势及正面上势架子，终式回归起式原位。

东阿二郎拳的打拳也称"拉架子""跑架子"，拉架子要求"慢拉架子、快打拳、疾打招"，手似流星眼似电，腰如杨柳脚似钻，拳打卧牛之地、拳打四面八方，上场如猛虎，下场似绵羊，先看一步走，再看一伸手，眼随手转，手到、眼到、步到、身法架托到，呼吸讲究"提气、托气、聚气、沉气、腹式呼吸、气沉丹田""外练筋骨皮，内练一口气"，需"明三节、懂六合、功纯青、步稳固"。其中个别动作要求"拳似象鼻拳，掌似瓦楞掌，攥拳如卷饼，出掌如瓦垄"。招法有叶里穿花、叶里藏猴、大金丝、小金丝、外撇骨、千斤坠、金钩挂玉瓶、捆猪不用绳、左打黑狗强食、右打老鸹登枝、飞筋点穴、老牛大背筋、小二家跨篮子、黄鹰握爪、鲤鱼托腮、怀中抱月、翻手握腕、大小手别子、托裆、大背小背、倒钩、跪腿、耙子、坐腿、串腿、捋臂摸眉手等

图二　董德平、于庆芝演练东阿大红拳——双飞燕势

等，讲究"演、练、看、用"，确为精巧实用之术。

东阿二郎拳套路包括拳术器械单、对练，硬气功等，具体为四趟遛腿式、一百单八式、十二路谭腿、三步架子、四门斗、二郎长拳、大小迷魂阵架、四步架子、大小八步架、关西架、少林小架、八翻捶、六手搂、磨盘嘴巴子、八大绝命捶、大捻手、小捻手、抽劈挂掌八法、大扑大盖法、调膀连环捶、名堂捶、小迷魂阵捶、七十二擒拿、二十四摔跤式子、四门单刀、四门枪、滚堂单刀、三截单刀、春秋大刀、大盘龙梢子、小双手梢子、三节棍、赵家棍法、七节鞭、绳鞭、流星、双刀、双手带、钩镰枪、杖杆子鞭、虎头双钩等四十多种单对练拳术和器械，以及铁板桥、油锤灌顶、双风灌耳、人驮石磙、金枪刺喉、钢筋缠脖、气鼓钢丝、单掌开石等十多种硬气功。

东阿二郎拳目前传人为东阿县刘集镇北双庙村的于庆芝，从2006年开始，于庆芝就在原所学的基础上，自己出资，对鲁西地区的二郎拳师进行了走访，挖掘、整理具有民间传统体育竞技项目的二郎拳，并在东阿二郎拳研究会的组织指导下，下设了5个东阿二郎拳武术队，会员达2 600多人，会员实行免费培

图三　东阿二郎拳部分传承人合影

训；还在县青少年活动中心和部分中小学开设了东阿二郎拳术课程，使之尽可能和国家高考传统项目衔接，并且每年都举行2～3次大型东阿二郎拳会演，进一步激发了青少年学习东阿二郎拳积极性。通过不懈努力，多名东阿二郎拳习练者多次在国家、省、市、县武术比赛中取得了优异成绩。

东阿作为中华武术文化的发祥地之一，底蕴深厚，有着1 000多年的武术发展史。千百年来，东阿武术在传承与发展中形成了自己独特的文化，勾勒出东阿人在这一文化的熏陶中所形成的勤劳、勇敢、不屈不挠、重义诚信的品格，为东阿积累了宝贵的文化资源。

程派高氏八卦掌

滨州是武圣孙武的故里，"齐人隆技击"，崇武尚勇之风兴盛。悠久的历史和多元文化的融会，赋予了滨州深厚的历史文化内涵，形成了独特的地域文化特征，孕育了丰富的传统体育形式。现存包括程派高氏八卦掌、太极拳、二郎拳等在内的36个武术门派，习武人数超过两万人。

其中，八卦掌是众多武术门派中的集大成者，它以"搬拦截扣、推托带领"为主要掌法，以"拧旋翻转"为主要身法，以"蹚泥步"为主要步法，沿弧形或圆形走转摆扣。传说最初为清朝末年河北文安人董海川（1797—1882）所创，后遍及京、津、冀一带，形成了许多风格不同的流派。程派高氏八卦掌是传统八卦掌的一个重要分支，目前主要分布在山东滨州和天津地区。

程派高氏八卦掌的创始人为高义盛（1866—1951），字德源，山东滨州无棣人，后迁居天津武清。程派高氏八卦掌形成于高义盛几十年间往返于山东和天津传艺授拳的过程之中。他从强身健体的角度，博采众长，提炼精华，将先天掌、后天掌分而练之，"先天为后天之本，后天为先天之用"，创编了独具特色、自成一派的八卦掌体系。据考证，程派高氏八卦掌在1926年时已形成

289

雏形;1932年重校掌谱时初成技理兼备的架构;1936年,高义盛审定《八卦揉身连环掌》谱稿,标志着程派高氏八卦掌体系的建树完成,历时大约27年;1997年,经专家评审委员会评审通过,这一拳术获国家体委批准,正式命名为"程派高氏八卦掌"。

程派高氏八卦掌内容丰富,套路众多,包括桩功、先天八卦掌、后天六十四掌及器械八卦刀、八卦枪、八卦钺、八卦剑等。演练方法独具一格,自成体系,包括基本掌型掌法、步型步法、腿型腿法、身型身法和技击原则。掌型主要有仰掌、俯掌、竖掌、抱掌、穿掌、劈掌、撩掌、挑掌、塌掌、撞掌、掖掌等。掌法有"推托带领,搬扣劈进""穿闪截拦,沾连粘随""削砸劈挎,缠挑刁钻""撩塌掖撞,片探切翻"。在劲力上要求刚柔相济,沾粘连随,拧旋挣裹,沉实圆活,注重腰力,靠寸劲爆发。形状主要是龙爪掌,即拇指外展,食指上竖,四指微拢,掌心内含,掌背呈瓦垅状,掌心朝前,掌根前顶。

程派高氏八卦掌的手法共36种,包括搬手、拦手、截手、扣手、推手、托手、带手、领手、拧手、翻手、抖手、转手、缠手、切手、钻手、按手、拨手、扳手、劈手、刺手、捋手、站手、顺手、换手、封手、闪手、展手、旋手、撩手、挂手、弹手、反手、扑手、撞手、压手、穿手。步型包括掰步、扣步、仆步、半马步等。步法有起落摆扣、进退跟撤、开掰插闪等,强调行步蹚

图一　程派高氏八卦掌的五种主要器械

泥，换式摆扣。腿型腿法遵循"两腿形似剪，行步如蹚泥"，摆扣踢曲，兜崩翻踹，劈蹚截切，挂搓扎趟，注重底盘和桩法，有明腿、暗腿之用，腿掌齐至，暗腿为主。

程派高氏八卦掌身形似游龙，腰如轴立，身法讲究拧裹钻翻，圆活不滞，身随步动，掌随身变，步随掌转，上下协调。周身拧旋走转似流水，上下翻动如蛟龙。在形象上讲究行走如龙，回转若猴，换式若鹰，三形兼备，且演练动作较大，大开大合，舒展大方。

技击原则以掌为法，以走为用，融踢、打、摔、拿为一体，循循相生，永无穷尽，避正就斜，顺势顺劲，虚实莫测，脱身化影。柔则绵里藏针，沾粘随化；刚则冷弹崩炸，迅如闪电惊雷。在技法上讲究游身绕进，斜出正入，走化沾打，脱身化影，背身击敌。

程派高氏八卦掌保留了传统八卦掌转圈、用掌、蹚泥步、左右相对、简单易学的优势，在发展过程中，亦形成了与其他诸家八卦掌不同的特点。例如先天掌和后天掌分而练之，先天掌以炼内培本为主要目的，养生、健身、增长气力；后天掌以技击为目的，为先天掌之用，诸式都有明显的技击意义，主要用于防身御敌，并讲究本卸拆变，为程派高氏八卦掌技击之真髓。

图二　肖军和高国友正在演练对练中的"挑掌"

先天掌为"一动无不动"的整体运动，要求以柔为主，柔里含刚，劲如螺旋，含而不露，以达逆中求顺，内外三合，练出整力。后天掌动作简练，刚柔相济，纵横矫变，直趋来回。每招每式都具有巧妙的攻防技巧和制胜能力，演练时环环相接，式式相生。后天掌64个单操式是程派高氏八卦掌区别于当今社会流传的其他八卦掌的最显著特点。

习练程派高氏八卦掌不仅可以激发人体正气，增强体内活力，解除疲劳，提高防病抗病能力，还能加强武功内力，提高搏击意识，防身御敌。程派高氏八卦掌内容丰富，可以满足人们"生存、安全、社交、尊重、自我实现"5个层次的需求。另外，习练程派高氏八卦掌十分讲究武德，要做到"传艺德为先，学艺品为上"，要求习练者孝敬父母、为人诚信、和睦乡里、禁毒戒毒，这对社会主义精神文明建设具有良好的推动作用。

程派高氏八卦掌姿势造型舒展大方，演练时力道圆整，气势雄劲，纵横缠绕，时而如飞龙在天，时而如蛟龙戏水，轻而不浮，稳而不僵，刚柔相济，能够展现人体力与美、健与美、刚柔美、协调美等，以及精气神合一、浑然一体的整体运动美，使演绎者和观赏者同时得到"美"的视觉和心理享受，此为程派高氏八卦掌的艺术本质。

图三　程派高氏八卦掌培训班

　　程派高氏八卦掌第五代传承人肖军自幼爱好武术，1983年12月正式拜八卦掌大师、程派高氏八卦掌第二代掌门人刘凤彩学习八卦掌，经师父的多方指教，他武功精进，受益匪浅，系统地掌握了程派高氏八卦掌拳术套路及器械。近年来，肖军多次参加国际及省市级比赛，表演的八卦掌及器械均以同组最高分获得一等奖。业余时间，肖军以弘扬和传承传统文化为己任，自20世纪80年代末开始授徒传艺，至今已收徒千余人，把中国武术与摔跤、散打相结合，采取科学的训练方法，培养了一批批优秀的传承人，为程派高氏八卦掌的发展做出了卓越的贡献。

　　程派高氏八卦掌源流有序，拳理明晰，风格独特，自成体系，以易理说拳理，借武技以修身，把中国传统文化的武技精华和养生要术融于绕圈走转之中，闪耀着"文武结合、体用合一"的光彩，乃体用艺兼备，健身、技击、文化艺术合一的武学，值得我们在当代去传承和保护，使它发挥更大的价值。

图四　传承人肖军正在指导八卦掌练习

梅花拳（东明）

　　2016年，东明县的"梅花拳"被山东省人民政府列入第四批省级非物质文化遗产代表性项目名录扩展项目名录。

　　东明县位于山东省最西南隅，是先秦大思想家庄周故里。历史上，东明地处冀、鲁、豫三省结合部，为兵家必争之地。在历次朝代更迭中，东明之域便成了群雄并起、逐鹿中原的烽火之地。在残酷的斗争中，东明人民为防身自卫，练就了丰富多彩的武术绝技，梅花拳、佛汉拳、掌拳、炮拳等10多个拳种各具特色，造就出无数英豪。

　　梅花拳是我国较为古老的拳种之一。数百年来，经过历代梅花拳武师的不断锤炼，以文养武，以武济文，吸收儒佛道之精华，是中华武术中文武双修的拳派。

　　据史料记载，明末清初，邹宏义集各派武术之长，融周易八卦、阴阳五行于拳法，历经数载精心锤炼，创立了梅花拳。为了将梅花拳推向社会，邹宏义离开徐州北上寻根，途经东明县五霸岗时，设坛开场收李绍先为徒，传授予文武妙法。后经历世传承，现已发展至十九世，弟子数万人，成为当地流传最广、习练人数最多的著名地方拳种。梅花拳弟子已遍布东明的各乡镇及开发区。这块古老的土地无处不浸透着梅花拳的踪迹。

　　东明梅花拳人才辈出，如人称"黄河两岸一杆枪"的司挺彪，"快手"李

图一　梅花拳动作展示

绍先，以武入仕、保定守备王仪臣，山东国考甲等奖得主杨西增，盐民领袖支二刚，孤胆英雄、东明县原抗日政府县长梁子庠，在王高寨保卫战中坚决不让日寇入村的王宪文等，都是东明梅花拳的佼佼者。1949年后，梅花拳在东明得到进一步发展，涌现出一批优秀的武术人才，如亚洲武术锦标赛女子全能冠军、六届全国运动会棍术冠军"世纪武星"张玉萍，全国武术锦标赛拳术第三名、山东省运动会武术冠军鲁国庆等都是梅花拳弟子。

梅花拳自开创以来就有"文场"和"武场"两大组织结构，并以"文场"指导"武场"，以口传身授的形式授徒。基本内容包括文理和武功两大类，这也是梅花拳的与众不同之处。

梅花拳的文理包括多个层面的内容。首先是梅花拳的武德，根据文理的指导思想，梅花拳的武德概括为："敬天地、忠国君、尊师长、孝双亲、重道德、讲礼仪、守国法、遵纲纪，既防身、又延年、和乡里、保家园、不图名、不贪利、扶倾危、杜私欲、敬长辈、爱徒弟、除邪恶、伸正义。"其次是梅花拳文场，这是它与其他拳派的根本不同之处，也是梅花拳能够保持长盛不衰的根本奥秘。梅花拳是一种具有高度文化素养和优良传统的拳派，武功的修炼必须以中国传统文化为导向。其指导理论是集儒释道三家之精义和周易阴阳五行、生克、制化理论，并且讲究理论的神奇变化和具体妙用，讲究修身养性，练精练气练神，这些内容统称为文功。佛教和道教思想使梅花拳披上了一层出世的迷彩，把梅花拳区别于世俗生活，便于强调梅花拳弟子的精神追求。而在现实世界的思维和行动方面，则始终把儒家思想作为根本标准，要求弟子遵"三纲"、循"五常"、沿"五伦"、袭"八德"；强调尊师重道，不许犯上作乱，不许欺师灭祖；要求弟子不贪爱钱财，供奉"天地君亲师"牌位，时刻警醒弟子，一切言行举止都要按照"天地君亲师"的规范约束自己的行为。

梅花拳的武场，包括武功和拳理两个方面。梅花拳武功主要是指传授拳法，切磋技艺，习练武功，内容丰富多彩，概括起来主要包括架子、成拳、拧拳和器械四部分。

1. 架子

架子是练功的基本方法，俗称"拉架子"或"摆架子"，分为两套架子，即梅花大架和花架。二套架子合为七路，在黄河以南亦称"七星梅花架"。架子由桩步和行步两部分组成，桩步为静，行步为动，动静分明，交错出现。桩步犹如梅花五朵，灿烂开放。练习时，静止站桩可循环往复，符合传统的五行相生相克学说。运动变化灵活迅速，忽进忽退，忽上忽下，行东就西，灵活多变，使敌如坠五里雾中而不辨其方向，宛如梅树枝干，盘旋穿插，趋避交错。

图二　梅花拳动作展示

桩步和行步相结合，犹如梅花枝干相连，是邹宏义按照五行易理创造出来的，因其最开始是在桩上练习，所以称为"干枝五势梅花桩"。

2. 成拳

成拳是在基本功架子基础上两人或多人对练的方法，主要套路有"抓""拿""摔""打"。初练时有一定之手，也要走四六八方的行步，是比架子更高级的练习方法。

3. 拧拳

拧拳是训练出手引手、见手使手的拳法。它要求察敌之来势，审敌之短长，他动我动，借用他劲，见劲使劲，占其行气，训练出其不意的制敌能力。使用的步法是无拘无束的大八方步为主的步法，目的是窥敌弱点，攻敌不备，克敌制胜。

4. 器械

梅花拳的器械主要由古代兵器演化而来，并依附于演练健身的需要以及显示自身的技击特点而创新改进，逐渐形成了自己独特的武术器械与套路技法。梅花拳所用器械很多，以棋盘大枪为帅，以春秋大刀为先锋。梅花拳器械除了常见的兵器外，还有自己独特的稀有兵器，如镗耙、燕翅镗、拦马橛等，可谓长短杂陈，奇正并有。

梅花拳的功法强调内外兼练，要求外练形，内练气，形气合一，达到浑元一气的程度。基本功法主要包括七种拳法、十三腿法、步法和功法等。

梅花拳的七种拳法包括蹦、挑、点、带、平拗、大摆、直拳，腿法即正踢、侧踢、前蹬、展弹、大劈、外摆、踹腿、鞭腿、扫堂腿、二起脚、旋风腿、寸腿、连环腿13种腿功。

梅花拳的步法有八方步和行步两种。八方步也称群步，分大中小三种。小八方步是基础步法，运动中便于闪转，伺机进击；中八方步和大八方步用以对付多个对手，快而不乱，进退自如，可取主动位置，占据有利地形，进退随情，起落随形，变化有法，动静有术。行步共有三法，即摆法、扎法、撤法。摆法是在拳中的横向运动，扎法是纵向运动，撤法是斜线运动。行步三法组成架子的四门八方（即八卦），即架子的套路。

梅花拳作为中华武术的精华，不是单纯练武，它的文理武功与中国传统文化相依相生，共存共荣，是一种以文养武、以武济文、文武合一的优秀武术拳种，一直与国家的命运紧密相连。如我们所熟知的义和团运动，就是由梅花拳传人赵三多领导组织发起的。这充分彰显了梅花拳的爱国精神和历史功绩，从而推动了中国近代历史的发展。因而梅花拳不仅仅是一种拳术，也代表了中华民族光辉灿烂的文化。

总之，梅花拳不论从强身健体、防身护家、爱国爱民，还是从它的信仰宗旨、以德育人等方面看，都是一个优秀的武术门派，是一个奉公守法、有益于民的拳派，也是我国齐鲁大地传统文化的重要组成部分。

图三　梅花拳动作展示